# Die Investmentaktiengesellschaft aus aufsichtsrechtlicher und gesellschaftsrechtlicher Perspektive

Studien zum europäischen
# Privat- und Prozessrecht
Herausgegeben von Marina Wellenhofer
Begründet von Manfred Wolf

**Band 12**

## PETER LANG
Frankfurt am Main · Berlin · Bern · Bruxelles · New York · Oxford · Wien

Carsten Fischer

# Die Investmentaktiengesellschaft aus aufsichtsrechtlicher und gesellschaftsrechtlicher Perspektive

PETER LANG
Internationaler Verlag der Wissenschaften

**Bibliografische Information der Deutschen Nationalbibliothek**
Die Deutsche Nationalbibliothek verzeichnet diese Publikation in
der Deutschen Nationalbibliografie; detaillierte bibliografische
Daten sind im Internet über <http://www.d-nb.de> abrufbar.

Zugl.: Frankfurt (Main), Univ., Diss., 2007

Gedruckt auf alterungsbeständigem,
säurefreiem Papier.

D 30
ISSN 1434-2405
ISBN 978-3-631-57437-9

© Peter Lang GmbH
Internationaler Verlag der Wissenschaften
Frankfurt am Main 2008
Alle Rechte vorbehalten.

Printed in Germany 1 2 3 4 5   7

www.peterlang.de

## Vorwort der Herausgeberin

Die vorliegende Schriftenreihe zum europäischen Privat- und Prozessrecht wurde von Herrn Prof. Dr. Manfred Wolf begründet. Der erste Band der Reihe erschien 1999. Nach seinem Tod im Juni 2007 habe ich als seine Lehrstuhlnachfolgerin an der Universität Frankfurt am Main die Herausgeberschaft übernommen.

Die Schriftenreihe wird sich weiterhin sowohl dem materiellen Recht als auch dem Verfahrensrecht widmen. Bevorzugt werden wirtschaftsrechtliche Themen unter Berücksichtigung der europäischen und internationalen Zusammenhänge präsentiert werden. Der Begriff des Wirtschaftsrechts wird in einem weiten Sinne verstanden und auch bürgerlich-rechtliche Abhandlungen umfassen, soweit sie einen Bezug zum Wirtschaftsleben aufweisen. Beiträge hierzu sind willkommen.

Marina Wellenhofer

**Meinen Eltern**

# Vorwort

Die vorliegende Arbeit wurde im Oktober 2007 von der juristischen Fakultät der Johann Wolfgang Goethe-Universität, Frankfurt am Main als Dissertation angenommen.

Mein besonderer Dank gilt meinem viel zu früh verstorbenen Doktorvater Prof. Dr. Manfred Wolf, der mich bei der Erstellung dieser Arbeit in zahllosen Diskussionen und mit wertvollen Gedankenanstößen begleitet und inspiriert hat. So wurden beispielsweise die Ausführungen zur Insolvenzfähigkeit von Teilfonds einer Investmentaktiengesellschaft aufgrund einer seiner Anregungen in diese Arbeit aufgenommen. Es war mir eine besondere Ehre, einen solch honorigen und großen Rechtswissenschaftler als Doktorvater für mein Promotionsvorhaben gewinnen zu können. Die vielen gemeinsamen rechtwissenschaftlichen Diskussionen werden mir genauso in Erinnerung bleiben wie seine Leidenschaft für Automobile.

Des Weiteren möchte ich mich bei meinem Mentor und Vorbild Dr. Kai-Uwe Steck bedanken, der mich im Sommer 2004 für das Thema „Investmentaktiengesellschaft" begeistern konnte und zu Recht als der geistige Vater der deutschen Investmentaktiengesellschaft gilt. In zahllosen Stunden diskutierten wir gemeinsam all jene praxisbezogenen Rechtsfragen der Investmentaktiengesellschaft, die letztlich auch Gegenstand dieser Arbeit wurden. Besonderer Dank gilt auch Heike Richter, Dr. Ullrich Keil und Jan Witter für die vielen rechtswissenschaftlichen Diskussionen und ihrer Hilfe bei der Erstellung des Manuskripts.

Tiefer Dank gilt meinen lieben Eltern, die mich bei meinem Studium und der Erstellung dieser Arbeit in jeder Hinsicht unterstützt und damit im Besonderen zum Gelingen dieser Arbeit beigetragen haben.

Nicht zuletzt Danke ich der Rechtsanwaltssozietät Dewey & LeBoeuf LLP und meinen Kollegen für die Unterstützung bei der Erstellung und der Veröffentlichung dieser Arbeit.


Frankfurt am Main, im Januar 2008

Carsten Fischer

# Inhaltsverzeichnis

# Abkürzungsverzeichnis

Die verwendeten Abkürzungen richten sich nach *Kirchner, Hildebert / Butz, Cornelie*: Abkürzungsverzeichnis der Rechtssprache, 5. Aufl., Berlin 2003. Insbesondere werden folgende Abkürzungen verwendet:

| | |
|---|---|
| a.F. | alte Fassung |
| ABl. der EU | Amtsblatt der Europäischen Union |
| Abs. | Absatz |
| AcP | Archiv für civilistische Praxis (Zeitschrift) |
| AG | Die Aktiengesellschaft (Zeitschrift); Amtsgericht |
| AGB | Allgemeine Geschäftsbedingungen |
| AktG | Aktiengesetz |
| AktG 1937 | Aktiengesetz von 1937 |
| AntklV | Verordnung über die buchhalterische Darstellung, Rechnungslegung und Wertermittlung der Anteilklassen von Sondervermögen („Anteilklassenverordnung") |
| AnzVO | Anzeigenverordnung |
| Art. | Artikel |
| AuslInvestmG | Auslandinvestment-Gesetz |
| | |
| BaFin | Bundesanstalt für Finanzdienstleistungsaufsicht |
| BaKred | Bundesamt für Kreditwesen |
| Bankrechtskoordinierungs-RiLi | Bankrechtskoordinierungsrichtlinie 200/12/EG |
| BB | Betriebsberater (Zeitschrift) |
| BewG | Bewertungsgesetz |
| BGB | Bürgerliches Gesetzbuch |
| BGBl. | Bundesgesetzblatt |
| BGH | Bundesgerichtshof |
| BGHZ | Entscheidungen des Bundesgerichtshofes in Zivilsachen (Entscheidungssammlung) |
| BKR | Bank- und Kapitalmarktrecht |

| | |
|---|---|
| BT-Drucks | Bundestags-Drucksache |
| BVerfG | Bundesverfassungsgericht |
| BVerfGE | Entscheidungen des Bundesverfassungsgerichts (Entscheidungssammlung) |
| BörsG | Börsengesetz |
| bzw. | beziehungsweise |
| | |
| DB | Der Betrieb (Zeitschrift) |
| DepotG | Depotgesetz |
| DStR | Deutsches Steuerrecht |
| DNotZ | Deutsche Notar-Zeitschrift |
| DVBl | Deutsches Verwaltungsblatt (Zeitschrift) |
| | |
| EDS | Electronic Data Systems |
| EG | Vertrag zur Gründung der Europäischen Gemeinschaft; Europäische Gemeinschaft |
| EGV | Vertrag zur Gründung der Europäischen Gemeinschaft |
| etc. | et cetera |
| EU | Europäische Union |
| EuGH | Gerichtshof der Europäischen Gemeinschaft |
| EUR | Euro |
| EUV | Vertrag zur Gründung der Europäischen Union |
| EuZW | Europäische Zeitschrift für Wirtschaftsrecht |
| EWiR | Entscheidungen zum Wirtschaftsrecht, Kurzkommentare (Zeitschrift) |
| EWG | Europäische Wirtschaftsgemeinschaft |
| | |
| f. | folgende |
| ff. | Fortfolgende |
| FGG | Gesetz über die Angelegenheiten der freiwilligen Gerichtsbarkeit |

| | |
|---|---|
| GewStG | Gewerbesteuergesetz |
| GG | Grundgesetz |
| GM | General Motors |
| GmbHG | Gesetz betreffend die Gesellschaften mit beschränkter Haftung |
| | |
| HGB | Handelsgesetzbuch |
| Hrsg. | Herausgeber |
| | |
| InvAG | Investmentaktiengesellschaft |
| InvG | Investmentgesetz |
| InvG n.F. | neue Fassung des Investmentgesetzes nach dem Investmentänderungsgesetz |
| InvStG | Investmentsteuergesetz |
| InsO | Insolvenzverordnung |
| i.R.d. | im Rahmen der/des |
| i.S.d. | im Sinne der/des |
| IStR | Internationales Steuerrecht (Zeitschrift) |
| i.S.v. | im Sinne von |
| IUG | Gesetz über Investmentunternehmen (Liechtenstein) |
| IUV | Verordnung über Investmentunternehmen (Liechtenstein) |
| i.V.m. | in Verbindung mit |
| | |
| JuS | Juristische Schulung (Zeitschrift) |
| JZ | Juristenzeitung |
| | |
| KAGG | Kommentar zum Gesetz über Kapitalanlagegesellschaften und Auslandsinvestmentgesetz |
| Kap-RiLi | Kapitalrichtlinie 77/91/EWG |
| KO | Konkursordnung |
| KOM | Kommission der Europäischen Union |

| | |
|---|---|
| KonTraG | Gesetz zur Kontrolle und Transparenz im Unternehmensbereich |
| KWG | Gesetz über das Kreditwesen |
| | |
| lit. | litera |
| | |
| MarkenG | Gesetz über den Schutz von Marken und sonstigen Kennzeichen (Markengesetz) |
| MüKo | Münchener Kommentar |
| m.v.K. | mit veränderlichem Kapital |
| | |
| NJW | Neue Juristische Wochenzeitschrift (Zeitschrift) |
| NJW-RR | Neue Juristische Wochenzeitschrift-Rechtsprechungsreport (Zeitschrift) |
| NVwZ | Neue Zeitschrift für Verwaltungsrecht |
| Nr. | Nummer |
| | |
| OEIC | Open-Ended Investment Company |
| OGA | Organismus für gemeinsame Anlagen |
| OGAG | Gesetz über Organismen für gemeinsame Anlagen vom 20. Dezember 2002 (Luxemburg) |
| OGAW | Organismen für gemeinsame Anlagen in Wertpapieren |
| OGAW-RiLi | Richtlinie 85/611/EWG des Rates zur Koordinierung der Rechts- und Verwaltungsvorschriften betreffend bestimmte Organismen für gemeinsame Anlage in Wertpapieren („OGAW-Richtlinie") |
| | |
| RGZ | Entscheidungen des Reichsgerichtes in Zivilsachen (Entscheidungssammlung) |
| Rn. | Randnummer |
| RPflG | Rechtspflegergesetz |
| Rs. | Rechtssache |
| Rz. | Randzeichen |

| | |
|---|---|
| S. | Seite |
| SICAF | Société d'Investissement á Capital Fixe |
| SICAV | Société d'Investissement á Capital Variable |
| Slg. | Sammlung der Rechtsprechung des Gerichtshofes und des Gerichts Erster Instanz |
| SV | Sondervermögen |
| | |
| T | Teilfonds |
| Tz. | Teilziffer |
| | |
| UmwG | Umwandlungsgesetz |
| | |
| vgl. | vergleiche |
| | |
| WM | Wertpapier-Mitteilungen (Zeitschrift) |
| WpÜG | Wertpapiererwerbs- und Übernahmegesetz |
| WuB | Wirtschafts- und Bankrecht |
| | |
| ZBB | Zeitschrift für Bankrecht und Bankwirtschaft |
| ZEuS | Zeitschrift für europarechtliche Studien |
| ZGR | Zeitschrift für Unternehmens- und Gesellschaftsrecht |
| ZHR | Zeitschrift für das gesamte Handelsrecht und Wirtschaftsrecht |
| ZIP | Zeitschrift für Wirtschaftsrecht |
| ZPO | Zivilprozessordnung |

# Einleitung

## A. Über Luxemburg zum Investmentmodernisierungsgesetz

Trotz der im Zuge des dritten und vierten Finanzmarktförderungsgesetzes durchgeführten Reformen, sah sich der deutsche Gesetzgeber 2003 erneut vor dem Problem einer stetig schwindenden Bedeutung des deutschen Kapitalanlagemarkts im europäischen Wettbewerb.[1]

*„Der Investmentstandort Deutschland steht in intensivem Wettbewerb mit anderen europäischen Finanzplätzen. Die rechtlichen Rahmenbedingungen von Staaten wie Luxemburg, Irland und Großbritannien werden von Anbietern von Investmentfonds vielfach für attraktiver gehalten als die nationalen. Investmentfonds werden daher zunehmend im Ausland aufgelegt. Diese Entwicklung dürfte sich aufgrund der weiteren Harmonisierung auf europäischer Ebene verstärken. Um der Abwanderung von Investmentfonds ins Ausland gegenzusteuern und die Leistungsfähigkeit und Attraktivität des Investmentstandorts Deutschlands zu steigern, bedarf es einer Fortentwicklung und Modernisierung der aufsichts- und steuerrechtlichen Vorschriften unter Anpassung an die geänderten europäischen Vorgaben."[2]*

Zur Fortentwicklung des Investmentstandorts Deutschland wurde deshalb vom Deutschen Bundestag am 15. Dezember 2003 das Investmentmodernisierungsgesetz[3] beschlossen. Am 01. Januar 2004 haben das Investmentgesetz und das Investmentsteuergesetz das Gesetz über Kapitalanlagegesellschaften und das Auslandinvestment-Gesetz abgelöst. Erklärtes Ziel der umfangreichen Überarbeitung des in die Jahre gekommen Kapitalanlagerechts war die Schaffung moderner und einheitlicher Gesetze, die die aktuellen Entwicklungen im Investmentwesen aufgreifen und der Investmentbranche attraktive Rahmenbedingungen für die Ausübung ihrer Geschäftstätigkeit bieten, ohne jedoch die Gesichtspunkte der Aufsicht und des Anlegerschutzes zu vernachlässigen.[4]

---

[1]  BT-Drucks 13/ 8933, S. 55 f.; BT-Drucks 14/8017, S. 62 ff.

[2]  BT-Drucks 15/1553, S. 65.

[3]  Gesetz zur Modernisierung des Investmentwesens und zur Besteuerung von Investmentvermögen; Bundesgesetzblatt Jahrgang 2003 Teil I, Nr. 62. Hierzu allgemein, *Escher/Walz*, BKR 2003, 645 ff.; *Lang*, WM 2004, 53 ff.; *Kaune/Oulds*, ZBB 2004, 114 ff.; *Köndgen/Schmies*, WM 2004, Sonderbeilage Nr. 1/2004.

[4]  BT-Drucks 15/1553, S. 65.

Auch die bis dato in den §§ 51 – 67 KAGG geregelte Investmentaktiengesellschaft hat weit reichende Änderungen erfahren. Vor der Neuordnung des Investmentrechts konnte eine Investmentaktiengesellschaft lediglich als Aktiengesellschaft mit fixem Kapital aufgelegt werden.[5] Im Zuge des Investmentmodernisierungsgesetzes wurden die Vorschriften über die Investmentaktiengesellschaft nach dem Vorbild einer luxemburgischen Société d'Investissement à Capital Variable (SICAV) mit den internationalen Standards in Einklang gebracht.[6]
Damit steht den am deutschen Kapitalanlagemarkt agierenden Finanzintermediären nun auch die Investmentaktiengesellschaft mit veränderlichem Kapital als
Plattform für Kapitalanlageprodukte zur Verfügung.

Gesetzgeber und Wissenschaft sind sich darüber einig, dass der im Zuge des
dritten Finanzmarktförderungsgesetzes eingeführten Investmentaktiengesellschaft mit fixem Kapital aufgrund steuerlicher Nachteile und den Anforderungen des Kapitalanlagemarkts nicht gerecht werdender rechtlicher Rahmenbedingungen der erhoffte Erfolg versagt geblieben ist.[7] Das Investmentmodernisierungsgesetz brachte die ersehnten Reformen: Zunächst wurde die steuerliche
Schlechterstellung der Investmentaktiengesellschaft im Verhältnis zum klassischen Sondervermögen beseitigt. Gemäß § 11 Abs. 1 Satz 2 und 3 InvStG ist
nun auch die Investmentaktiengesellschaft von der Körperschaftssteuer und der
Gewerbesteuer befreit. Ferner wird nach § 11 Abs. 2 InvStG vom Zinsabschlag
und vom Solidaritätszuschlag Abstand genommen. Bereits einbehaltene Kapital-
ertragssteuern und Solidaritätsbeiträge werden auf Antrag zurückerstattet. Damit
ist die Investmentaktiengesellschaft die erste steuerrechtlich transparente Kapitalgesellschaft nach deutschem Recht. Eine Besteuerung findet nicht auf Ebene
der Gesellschaft, sondern erst auf Ebene der Aktionäre statt, eine Doppelbelas-
tung der Anleger wird damit vermieden.[8]

Neben der steuerlichen Schlechterstellung wurden in der Literatur insbesondere
die mangelnde Flexibilität der Investmentaktiengesellschaft bei der Ausgabe
neuer Aktien und die fehlende Fähigkeit zur Rücknahme ihrer Aktien als weitere

---

[5]   Dazu ausführlich, *Thoma/Steck*, AG 2001, 335; *Gstädtner/Elicker*, BKR 2006, 94.
[6]   Neben der luxemburgischen SICAV hat die britische OEIC (Open-Ended Investment
       Company) als offenes Fondsvehikel am europäischen Kapitalanlagemarkt besonders gro-
       ßen Erfolg. *Gstädtner/Elicker*, BKR 2006, 94; BT-Drucks 15/1553, S. 68.
[7]   BT-Drucks 15/1553, S. 68; *Berger/Steck*, ZBB 2003, 201.
[8]   *Fock*, BB 2003, 1589 f.; *Lübbehüsen/Schmitt*, DB 2004, 268 f.; *Lübbehüsen/Schmitt*, DB
       2003, 1696 f.

Gründe für den ausgebliebenen Erfolg bezeichnet.[9] Entsprechend dem luxemburgischen Leitbild wurde deshalb neben der Investmentaktiengesellschaft mit fixem Kapital die Investmentaktiengesellschaft mit veränderlichem Kapital in das Investmentgesetz aufgenommen. Dieses Investmentvermögen im Kleid einer Aktiengesellschaft zeichnet sich zum einen durch das Recht des Vorstands zur jederzeitigen Ausgabe neuer Aktien aus, ohne dass es eines zeitaufwändigen Beschlusses der Hauptversammlung bedarf. Um die Nachfrage nach jungen Aktien noch schneller befriedigen zu können, ist zum anderen per Gesetz das Bezugsrecht der Altaktionäre ausgeschlossen. Als Ausgleich für diesen Rechtsverlust erhalten die Aktionäre gegen die Gesellschaft einen Anspruch auf Rücknahme ihrer Aktien.

In Luxemburg hat die Investmentaktiengesellschaft mit veränderlichem Kapital – SICAV – aufgrund ihrer steuer- und aufsichtsrechtlichen Privilegien einen wahren Siegeszug angetreten. Nach einer von der luxemburgischen Aufsichtsbehörde am 31.05.2006 veröffentlichten Statistik sind 964 der 2113 in Luxemburg aufgelegten offenen Fonds als SICAV bzw. unter dem Dach einer SICAV aufgelegt. Dies entspricht einem Anteil von 45,62%.[10] Da ihr deutsches Pendant über einen nahezu identischen rechtlichen Rahmen verfügt, ist es nun an den Finanzintermediären, das Potential der Investmentaktiengesellschaft mit veränderlichem Kapital auszuschöpfen und damit im europäischen Wettbewerb gleichzuziehen.

## B. Gang der Untersuchung

Ziel dieser Arbeit ist es, die zentralen Rechtsfragen aus dem täglichen Geschäft einer Investmentaktiengesellschaft mit veränderlichem Kapital heraus- und aufzuarbeiten sowie – falls erforderlich – gesetzeskonformen Lösungen zuzuführen. Es wurden ausschließlich gesellschafts- und aufsichtsrechtliche Probleme untersucht. Die steuerlichen Besonderheiten blieben weitestgehend ausgeblendet, da ihre Darstellung den Rahmen dieser Arbeit gesprengt hätte.

Die Ausführungen sind in zwölf Kapitel aufgeteilt. Vor der Darstellung der eigentlichen Rechtsprobleme wird im 1. Kapitel der Frage der OGAW-

---

[9]   *Gstädtner/Elicker*, BKR 2006, 94.
[10]  http://www.cssf.lu/index.php?id=84.

Richtlinienkonformität einer Investmentaktiengesellschaft mit veränderlichem Kapital nachgegangen. Es gilt zu zeigen, dass der deutsche Gesetzgeber, wenngleich er bei der Kodifizierung dieser Variante eines Investmentvermögens keine weitere Umsetzung der OGAW-Richtlinie in das deutsche Kapitalanlagerechte beabsichtigte, *de facto* dennoch einen rechtlichen Rahmen geschaffen hat, der es einem Initiator ermöglicht, eine Investmentaktiengesellschaft mit veränderlichem Kapital richtlinienkonform auszugestalten.[11] Diese Ausführungen wurden an den Beginn der Untersuchungen gestellt, da im Falle einer Richtlinienkonformität die entsprechenden Umsetzungsvorschriften im Lichte der europäischen Vorgaben zu betrachten und zu bewerten sind.

Im 2. Kapitel wird auf die Besonderheiten der Gründung einer Investmentaktiengesellschaft eingegangen. Da eine Investmentaktiengesellschaft eine vollwertige Aktiengesellschaft ist, ist diese nach den allgemeinen aktienrechtlichen Grundsätzen zu gründen. Bereits im Zeitpunkt zeigen sich jedoch erste Regelungskonflikte zwischen dem Aktien- und dem Investmentrecht, die einer Lösung zuzuführen sind.

Der Vollständigkeit halber werden im 3. Kapitel die Besonderheiten der Organe Vorstand und Aufsichtsrat aufgearbeitet.

Einen ersten Schwerpunkt der Arbeit bilden die im 4. Kapitel dargestellten gesellschaftsrechtlichen Novitäten des „atmenden" Grundkapitals, des Gebots der jederzeitigen Deckung der Grundkapitalziffer, der Ausschluss des Bezugsrechts der Altaktionäre und der Rücknahmeanspruch der Aktionäre. Insbesondere das Gebot der jederzeitigen Deckung des Grundkapitals ist aufgrund seines unklaren Regelungszwecks unter Beachtung der investmentrechtlichen Besonderheiten der Investmentaktiengesellschaft mit veränderlichem Kapital einer gesellschaftsrechtlichen Lösung zuzuführen.

Wie ein herkömmliches Sondervermögen kann auch eine Investmentaktiengesellschaft seit dem Investmentmodernisierungsgesetz Anteilklassen bilden. Der Frage nach der aktienrechtlichen Zulässigkeit von Anteilklassen wird im 5. Kapitel nachgegangen.

Seit dem Investmentmodernisierungsgesetz können unter dem Dach einer Investmentaktiengesellschaften neben den Anteilklassen nun auch Teilfonds aufgelegt werden. Sie sind Thema des 6. Kapitels. Die Einführung von Teilfonds ist

---

[11]    BT-Drucks 15/1553, S. 104.

wohl als die zentrale Weichenstellung für den sich abzeichnenden Durchbruch der Investmentaktiengesellschaft in Deutschland anzusehen. Vor der Einführung der Teilfonds konnte eine Investmentaktiengesellschaft lediglich als Plattform für ein einziges Anlagevermögen verwendet werden. In der Praxis wurde der zeitliche und finanzielle Aufwand für jeden einzelnen Fonds eine separate Investmentaktiengesellschaft gründen zu müssen, als zu groß und ineffektiv angesehen. Deshalb entschieden sich lediglich hochspezialisierte Hedge-Fonds-Initiatoren für eine Investmentaktiengesellschaft als Vehikel für ihre Kapitalanlageprodukte.[12] Als so genannte Umbrella-Struktur ist es einer Investmentaktiengesellschaft hingegen möglich, eine Vielzahl von unterschiedlichen Fonds unter ihrem Schirm aufzulegen. Insoweit ist die Möglichkeit der Teilfondsbildung für eine Investmentaktiengesellschaft von wesentlich größerer Bedeutung als für ein klassisches Sondervermögen, das nach dem Willen des Gesetzgebers ebenfalls Teilfonds bilden kann. Da der Gründungsaufwand eines Sondervermögens dem eines Teilfonds entspricht, werden Kapitalanlagegesellschaften die Gründung eines zusätzlichen Sondervermögens nach sich abzeichnender Übung grundsätzlich der Teilfondsbildung vorziehen. Die Einführung von Teilfonds wirft unter anderem die Frage nach der Teilfondshaftung, nach der Auflösung eines Teilfonds und nach der Zulässigkeit von unterschiedlichen Depotbanken je Teilfonds auf.

Im 7. Kapitel wird der Rahmen eines zulässigen Outsourcings erörtert. Da sich eine Investmentaktiengesellschaft grundsätzlich durch eine schlanke Struktur und damit einhergehend geringe Verwaltungskosten auszeichnet, ist sie zur Steigerung ihrer Effektivität oftmals auf eine weit reichende Auslagerungslösung angewiesen. In Umsetzung der Vorgaben der OGAW-Richtlinie wurden die Voraussetzungen an ein zulässiges Outsourcing konkret im Investmentgesetz geregelt.

Der Initiator einer Investmentaktiengesellschaft gründet eine Investmentaktiengesellschaft nicht, um ihre Aktien selbst dauerhaft zu halten. Er hat nicht das althergebrachte Gesellschafterinteresse an der Teilhabe am Gesellschaftsvermögen. Ihm ist vielmehr daran gelegen, möglichst alle Aktien der Gesellschaft zu veräußern, um über die Verwaltung des eingelegten Kapitals Einnahmen zu erzie-

---

[12] So waren die als Hedge-Fonds ausgestalteten SASCAM Global I Investmentaktiengesellschaft m.v.K. und die Hasenbichler Investmentaktiengesellschaft m.v.K. die ersten am deutschen Kapitalanlagemarkt gegründeten Investmentaktiengesellschaften.

len. Folglich treibt die Investmentaktiengesellschaft bereits nach kurzer Zeit „führerlos" auf hoher See. Die Preisgabe der Mehrheitsbeteilung wirft das Problem der „feindlichen" Übernahme einer Investmentaktiengesellschaft auf. Diesem wird im 8. Kapitel nachgegangen.

In Zeiten eines stetig verschmelzenden europäischen Kapitalanlagemarkts ist der EU-Pass für Kapitalanlageprodukte oftmals Erfordernis für einen wirtschaftlichen Erfolg. Unter Verstoß gegen die OGAW-Richtlinie enthält das Investmentgesetz der Investmentaktiengesellschaft den EU-Pass vor. Auch hier gilt es einen Lösungsansatz zu entwickeln.

Auch für die Investmentaktiengesellschaft, als vollwertige Kapitalgesellschaft, stellt sich die Frage nach den Konsequenzen einer Zahlungsunfähigkeit. Im 10. Kapitel wird deshalb den Besonderheiten einer Investmentaktiengesellschaft im Lichte des allgemeinen Insolvenzrechts nachgegangen. Insbesondere wurde eine praxisorientierte Lösung für das Problem der „Zahlungsunfähigkeit" eines Teilfonds erarbeitet.

Zum Abschluss wird im 11. Kapitel das vom deutschen Gesetzgeber noch ungenutzte Potential der Investmentaktiengesellschaft betrachtet. In Luxemburg verzeichnet beispielsweise die fremdverwaltete Investmentaktiengesellschaft neben der eigenverwalteten Investmentaktiengesellschaft großen Erfolg.

## C. Das Investmentänderungsgesetz

Wie vorstehend ausgeführt ist es das Ziel dieser Arbeit, den rechtlichen Rahmen für Investmentaktiengesellschaften mit veränderlichem Kapital auf der Basis des Investmentmodernisierungsgesetzes rechtswissenschaftlich zu untersuchen, die bestehenden rechtlichen Probleme herauszuarbeiten und Lösungen für deren Behebung zu entwickeln.

Die Arbeit wurde im August 2006 fertig gestellt und zur Begutachtung vorgelegt. Im Verlauf des Prüfungsverfahrens veröffentlichte am 25. April 2007 die Bundesregierung den Kabinettsentwurf des Investmentänderungsgesetzes.[13] Motiv für den Erlass dieses Reformgesetzes ist unter anderem die Behebung der Defizite im rechtlichen Rahmen für Investmentaktiengesellschaften mit verän-

---

[13] Am 24. Oktober 2007 wurde eine überarbeite Fassung des Investmentänderungsgesetzes veröffentlicht.

derlichem Kapital. Wenngleich eine vollumfängliche Aufarbeitung der Reformen des Investmentänderungsgesetzes nicht Gegenstand dieser Dissertation ist, so wird jedoch an den betreffenden Stellen in den hierfür angelegten Fußnoten sowie vereinzelt am Ende eines Kapitals auf die Auswirkungen des Investmentänderungsgesetzes auf die Ergebnisse dieser Arbeit eingegangen. Erfreulich ist hierbei, dass nicht wenige der zu begrüßenden Reformen des Investmentänderungsgesetzes in dieser Arbeit als Lösungen für bestehende Rechtsfragen entwickelt wurden.

## 1. Kapitel: Die OGAW-Richtlinie als Beurteilungsmaßstab

Noch bevor die einzelnen Details und zentralen Rechtsprobleme der Investmentaktiengesellschaft mit veränderlichem Kapital dargestellt werden, ist – in der gebotenen Kürze – der Frage nachzugehen, ob der Gesetzgeber bei der Aufnahme dieser zweiten Variante einer Investmentaktiengesellschaft ein richtlinienkonformes Investmentvermögen im Sinne der OGAW-Richtlinie schuf.[14] Denn nur, wenn es sich um ein richtlinienkonformes Investmentvermögen handelt, sind die Vorschriften der Investmentaktiengesellschaft mit veränderlichem Kapital am Maßstab der OGAW-Richtlinie zu messen, und nur dann können die Vorgaben der OGAW-Richtlinie in den Zweifelsfällen zur Auslegung der Normen des Investmentgesetzes herangezogen werden.

Die OGAW-Richtlinie dient der Koordinierung der Rechts- und Verwaltungsvorschriften der Mitgliedstaaten der Europäischen Gemeinschaft betreffend Organismen für gemeinsame Anlagen in Wertpapieren und fördert damit die Schaffung eines einheitlichen europäischen Kapital(anlage)markts.[15] Um die vorgenannten Ziele zu verwirklichen, führte der europäische Gesetzgeber mit der OGAW-Richtlinie gemeinschaftsweite Mindestregelungen bezüglich der Zulassung, der Aufsicht, der Form, der Geschäftätigkeit sowie der Informationspflichten über Investmentfonds ein.[16] Gemäß Art. 1 Abs. 3 Satz 1 OGAW-RiLi können diese Organismen nach den Rechtsvorschriften der Mitgliedstaaten in der Vertragsform[17], in der Form des Trust[18] oder in der Satzungsform[19] ausgestaltet werden. Entsprechend der Rechtsnatur einer europäischen Richtlinie

---

[14] ABl. Der EU L 375, 31. Dezember 1985, S. 3. Die OGAW-Richtlinie wurde zunächst im Rahmen des ersten Finanzmarktförderungsgesetzes in das deutsche Kapitalanlagerecht umgesetzt. *Zeller*, in Brinkhaus/Scherer (Hrsg.), Gesetz über Kapitalanlagegesellschaften und Auslandinvestment-Gesetz, Kommentar, 2003, Einleitung KAGG I, Rn. 26 ff.

[15] ABl. der EU L 145, 30. April 2004, S. 2.

[16] ABl. der EU L 145, 30. April 2004, S. 2.

[17] Hierbei handelt es sich um den Fall des klassischen Sondervermögens, der von einer Kapitalanlagegesellschaft verwalteten Investmentfonds.

[18] Der Begriff Trust ist als „unit trust" zu verstehen. Gemäß Art. 1 Abs. 3 Satz 2 OGAW-RiLi definiert die OGAW-Richtlinie den „unit trust" als Investmentfonds.

[19] Die Satzungsform meint die Investmentgesellschaft. Hierbei überlies die Europäische Gemeinschaft die konkrete rechtliche Ausgestaltung den Mitgliedstaaten. Deutschland hat sich entsprechend dem luxemburgischen Vorbild für die Rechtsform der Aktiengesellschaft entschieden.

hat der europäische Gesetzgeber über die Formulierung „können" in Art. 1 Abs. 3 Satz 1 OGAW-RiLi den Mitgliedstaaten die Kompetenz eingeräumt, zu entscheiden, welche OGAW-Formen sie für den eigenen nationalen Kapitalanlagemarkt als am besten geeignet erachten.[20] Es ist somit zu untersuchen, ob mit der Aufnahme der Investmentaktiengesellschaft mit veränderlichem Kapital dem deutschen Kapitalanlagemarkt neben dem herkömmlichen Sondervermögen eine weitere Rechtsform für die Ausgestaltung eines richtlinienkonformen Investmentvermögens zur Verfügung gestellt wurde.

**A.   Die Investmentaktiengesellschaft als OGAW**

Gemäß Art. 1 Abs. 1 OGAW-RiLi unterwerfen die Mitgliedstaaten der Europäischen Gemeinschaft die in ihrem Gebiet ansässigen Organismen für gemeinsame Anlagen in Wertpapieren der OGAW-Richtlinie. Damit haben die Mitgliedstaaten mit der Rechtsetzung durch die Europäische Gemeinschaft insoweit grundsätzlich ihr Recht zur Regelung der auf ihrem Staatsgebiet ansässigen richtlinienkonformen OGAW verloren. Denn nach Art. 249 Abs. 3 EG ist eine Richtlinie für jeden Mitgliedstaat hinsichtlich des zu erreichenden Ziels verbindlich. Sie überlässt den Mitgliedstaaten lediglich die Wahl der Form und der Mittel, um dieses Ziel zu erreichen.

Dennoch sind nicht alle in den Mitgliedstaaten ansässige Organismen für die gemeinsame Anlage in Wertpapieren von den Vorgaben der OGAW-Richtlinie erfasst.[21] Eine deutsche Investmentaktiengesellschaft mit veränderlichem Kapital fällt nur dann in den Anwendungsbereich der OGAW-Richtlinie, wenn sie unter Beachtungen der Regelungen des Investmentgesetzes als richtlinienkonformer Organismus ausgestaltet werden kann.

---

[20]   *Ruffert*, in Calliess/Ruffert (Hrsg.), Kommentar zum EU- und EG-Vertrag, 2. Auflage 2002, Art. 249 EG, Rn. 43 ff.; *Schroeder*, in Streinz (Hrsg.), Kommentar zum EUV/EGV, 2003, Art. 249 EG, Rn. 66 ff.

[21]   ABl. der EU L 145, 30. April 2004, S. 2.

**B.     Der Negativkatalog des Art. 2 Abs. 1 OGAW-RiLi**

In Art. 2 Abs. 1 OGAW-RiLi hat der Europäische Gesetzgeber in einem vier Punkte umfassenden Negativkatalog abschließend aufgezählt, welche OGAW nicht in den Anwendungsbereich der OGAW-Richtlinie fallen:

**I.     Geschlossene Fonds**

Gemäß Art. 2 Abs. 1 1. Spiegelstrich OGAW-RiLi gelten OGAW des geschlossenen Typs nicht als Organismus im Sinne dieser Richtlinie. Bereits in den Erwägungsgründen führt der Rat der Europäischen Union aus, dass die OGAW-Richtlinie sich zunächst auf Organismen für gemeinsame Anlagen des nicht geschlossenen – also offenen – Typs beschränkt.[22] Geschlossene Fonds sind im Wesentlichen durch die einmalige Ausgabe einer bestimmten Anzahl von Anteilen – hier Aktien – und der fehlenden Verpflichtung zur Rücknahme der Anteile gekennzeichnet.[23] Die Investmentaktiengesellschaft mit fixem Kapital nach §§ 96 Abs. 2 Satz 1, 107 ff. InvG ist ein OGAW des geschlossenen Typs. Die Aktionäre einer solchen Investmentaktiengesellschaft haben keinen Anspruch auf Rücknahme ihrer Aktien gegenüber der begebenden Gesellschaft.[24] Dies wird in § 107 Abs. 4 Satz 2 InvG nochmals ausdrücklich hervorgehoben. Der Anleger ist hierauf im Börsenzulassungsprospekt einer Investmentaktiengesellschaft mit fixem Kapital in einem gesonderten Hinweis aufmerksam zu machen. Die an einer Investmentaktiengesellschaft mit fixem Kapital gehaltenen Aktien können die Anleger lediglich auf einem Sekundärmarkt – beispielsweise an einer Wertpapierbörse – veräußern. Jedenfalls die Investmentaktiengesellschaft mit fixem Kapital fällt somit nicht in den Anwendungsbereich der OGAW-Richtlinie.

---

[22]    ABl. der EU L 145, 30. April 2004, S. 2. Damit wird deutlich, dass sich der Rat die Möglichkeit offen hält, auch die OGAW des geschlossenen Typs zu harmonisieren.

[23]    *Förster/Hertrampf*, Das Recht der Investmentfonds, 3. Auflage 2000, Rn. 13; *Thoma/Steck* AG 2001, 331.

[24]    Einen solchen Anspruch auf Rücknahme der Aktien haben gemäß § 105 Abs. 2 Satz 1, Abs. 3 Satz 1 InvG lediglich die Aktionäre einer Investmentaktiengesellschaft mit veränderlichem Kapital.

Die Frage, ob eine deutsche Investmentaktiengesellschaft mit veränderlichem Kapital ein Organismus im Sinne der OGAW-Richtlinie ist, wird hiermit jedoch noch nicht beantwortet. Insbesondere darf aus Art. 2 Abs. 1 1. Spiegelstrich OGAW-RiLi nicht der Umkehrschluss gezogen werden, eine Investmentaktiengesellschaft mit veränderlichem Kapital würde folglich zwingend in den Anwendungsbereich der in Rede stehenden Richtlinie fallen. Vielmehr muss auch dieses Ausgestaltungsalternative für Investmentfonds die übrigen Anforderungen der OGAW-Richtlinie erfüllen.

## II. Spezialfonds

Nach Art. 2 Abs. 1 2. Spiegelstrich OGAW-RiLi fallen OGAW, die sich Kapital beschaffen, ohne ihre Anteile beim Publikum in der Europäischen Gemeinschaft oder einem Teil der Europäischen Gemeinschaft zu vertreiben, ebenfalls nicht in den Anwendungsbereich der Richtlinie. Organismen, die sich Kapital beschaffen, ohne ihre Anteile dem Publikum, und damit nicht einem unbestimmten Kreis von Anlegern anzubieten, werden als Spezialfonds oder auch als Spezial-Sondervermögen bezeichnet.[25] Die Spezial-Sondervermögen sind im Investmentgesetz in den §§ 91 bis 95 InvG geregelt. Gemäß § 99 Abs. 3 InvG finden die §§ 91 bis 95 InvG auch auf eine Investmentaktiengesellschaft entsprechende Anwendung.[26] Damit kann eine Investmentaktiengesellschaft mit veränderlichem Kapital auch als Spezial-Investmentvermögen ausgestaltet werden. Diese Verweisung führt für sich alleine jedoch noch nicht zum Ausschluss der Anwendbarkeit der Richtlinie. Denn nicht jede Investmentaktiengesellschaft ist ein Spezial-Investmentvermögen. Vielmehr eröffnet § 99 Abs. 3 InvG mit der Verweisung auf die §§ 91 bis 95 InvG einem Initiator die Möglichkeit, eine Investmentaktiengesellschaft auch als Spezial-Investmentvermögen auszugestalten.[27] Nach Satz 2 dürfen die Anleger keine natürlichen Personen sein.

---

[25]  Hierzu ausführlich: *Förster/Hertrampf*, Das Recht der Investmentfonds, 3. Auflage 2000, Rn. 65 ff.

[26]  Insoweit ist die Überschrift des 6. Abschnitts des Investmentgesetzes ungenau, wenn sie von Spezial-Sondervermögen spricht. Sie sollte aufgrund § 1 Satz 1 Nr. 1 InvG und § 99 Abs. 3 InvG genauer „Spezial-Investmentvermögen" lauten.

[27]  Gemäß § 91 Abs. 1 Satz 1 InvG dürfen die Anteile an einem Spezial-Investmentvermögen von nicht mehr als 30 Anlegern gehalten werden.

Zweck der OGAW-Richtlinie ist allerdings nicht nur die Verwirklichung eines europäischen Kapitalanlagemarkts, sondern auch der Schutz der privaten Anleger.[28] Da natürliche Personen jedoch keine Anteile an einem Spezial-Investmentvermögen erwerben dürfen, besteht für diese insoweit auch kein Schutzbedürfnis. Um eine Überregulierung zu vermeiden und den Gedanken des freien Markts zur größtmöglichen Geltung zu verhelfen, wurden folglich Spezial-Investmentvermögen vom Anwendungsbereich der OGAW-Richtlinie ausgenommen. Damit ist für den Tatbestand des Art. 2 Abs. 1 2. Spiegelstrich OGAW-RiLi entscheidend auf die rechtliche Ausgestaltung der Investmentaktiengesellschaft mit veränderlichem Kapital abzustellen. Ist diese als klassisches Publikums-Investmentvermögen ausgestaltet, das sich an einen unbestimmten Personenkreis, insbesondere Privatpersonen wendet, so ist Art. 2 Abs. 1 2. Spiegelstrich OGAW-RiLi nicht einschlägig und eine Investmentaktiengesellschaft mit veränderlichem Kapital zumindest insoweit richtlinienkonform.


## III. Drittländer

Grundsätzlicher Zweck aller europarechtlichen Regelungen ist die Beseitigung der Handelshemmnisse und die Verwirklichung eines gemeinsamen Europäischen Markts.[29] Die Beziehungen zu Drittländern werden insoweit nur geregelt, als dies zur Förderung oder zur Erreichung der vorgenannten Ziele erforderlich ist. Folglich unterliegen OGAW, deren Anteile aufgrund der Vertragsbedingungen des Investmentfonds oder der Satzung der Investmentgesellschaft nur an das Publikum von Drittländern verkauft werden dürfen, gemäß Art. 2 Abs. 1 3. Spiegelstrich OGAW-RiLi nicht der OGAW-Richtlinie. Regelt die Satzung einer Investmentaktiengesellschaft mit veränderlichem Kapital, dass diese ihre Aktien nur in Drittländern – also beispielsweise Schweiz, USA oder Australien – anbieten darf, so wird sie von der OGAW-Richtlinie nicht erfasst. In diesem Fall fehlt es in Ermangelung eines Gemeinschaftsbezugs am Bedürfnis einer gemeinschaftsweiten einheitlichen Regelung. Die Ausnahmeregelung ist somit nur logische Konsequenz und dient der Verhinderung einer Überregulierung. Der klassische Fall bleibt eine Investmentaktiengesellschaft mit veränderlichem

---

[28]   ABl. der EU L 145 vom 30.04.2004, S. 2.

[29]   *Fischer/Köck/Karollus*, Europarecht, 4. Auflage 2002, Rn. 21 ff.; *Bieber/Epiney/Haag*, Die Europäische Union, 6. Auflage 2005 § 10 Rn. 5 ff.

Kapital, die ihre Aktien in Deutschland und / oder im übrigen Gemeinschaftsgebiet anbieten möchte.[30]

## IV. Anlage- und Kreditpolitik

Schließlich fällt ein OGAW gemäß Art. 2 Abs. 1 4. Spiegelstrich OGAW-RiLi dann nicht in den Anwendungsbereich der OGAW-Richtlinie, wenn die durch die Rechtsvorschriften des Mitgliedstaates, in dem der OGAW ansässig ist, festgelegte Anlage- und Kreditpolitik nicht den Vorgaben der Richtlinie entspricht.

Die Verpflichtungen, betreffend die *Anlagepolitik*, sind in Abschnitt V der Richtlinie (Art. 19 bis 26 OGAW-RiLi) normiert. In Art. 19 OGAW-RiLi werden die Anlageobjekte für einen richtlinienkonformen OGAW definiert. Dies sind im Wesentlichen Wertpapiere, Geldmarktinstrumente, Derivate, Sichteinlagen und richtlinienkonforme OGAW-Anteile.[31] Die Umsetzung der zulässigen Anlagegegenstände für ein richtlinienkonformes Investmentvermögen findet sich in §§ 46 bis 65 InvG. Die Anlagegrundsätze des 2. Abschnitts für ein richtlinienkonformes Sondervermögen finden aufgrund des Verweises in § 99 Abs. 3 InvG auch auf eine Investmentaktiengesellschaft entsprechende Anwendung. Damit ist diese bei einer entsprechenden Ausgestaltung an die Vorschriften über die Anlagepolitik für ein herkömmliches Sondervermögen gebunden und insoweit ebenfalls richtlinienkonform.[32]

Schließlich ist gemäß Art. 2 Abs. 1 4. Spiegelstrich OGAW-RiLi ein OGAW nur dann richtlinienkonform, wenn die mitgliedstaatlichen Regelungen der *Kreditpolitik* mit Art. 36 OGAW-RiLi vereinbar sind. Nach Art. 36 Abs. 1, 1. Spiegelstrich OGAW-RiLi darf eine Investment(aktien)gesellschaft grundsätzlich

---

[30] Zu den Anforderungen eines grenzüberschreitenden Vertriebs der Aktien einer Investmentaktiengesellschaft mit veränderlichem Kapital und dem Erfordernis des „EU-Passes" ausführlich im 9. Kapitel unter A.

[31] Die nach der OGAW-Richtlinie zulässigen Anlagegegenstände wurden im Zuge der Änderungsrichtlinie 2001/108/EG entsprechend den Erfordernissen des europäischen Kapitalanlagemarkts erweitert. ABl. der EU L 41 vom 13.2.2002, S. 35 ff.

[32] Damit ist nicht gesagt, dass jede deutsche Investmentaktiengesellschaft mit veränderlichem Kapital als richtlinienkonforme OGAW anzusehen ist. Aufgrund der Verweisung in § 99 Abs. 3 InvG auf die §§ 83 ff., 91 ff. InvG sind auch Investmentaktiengesellschaften rechtlich zulässig, die als Spezial-Sondervermögen oder als gemischtes Sondervermögen (etc.) ausgestaltet werden können.

keine Kredite aufnehmen. Gemäß §§ 99 Abs. 3, 53 InvG darf eine Investmentaktiengesellschaft für gemeinschaftliche Rechnung der Aktionäre kurzfristige
Kredite bis zur Höhe von 10 % des Gesellschaftsvermögens aufnehmen, wenn
die Bedingungen der Kreditaufnahme marktüblich sind und dies in der Satzung
vorgesehen ist. Doch auch diese Regelung führt nicht zum Ausschluss der Richtlinienkonformität. In Art. 36 Abs. 2 Buchstabe a OGAW-RiLi ermächtigt der
Europäische Gesetzgeber die Mitgliedstaaten, den Investment(aktien)gesell-
schaften die Aufnahme von vorübergehenden Krediten in Höhe von 10 % des
Gesellschaftsvermögens einzuräumen. Von dieser Kompetenz hat der deutsche
Gesetzgeber folglich in §§ 99 Abs. 3, 53 InvG Gebrauch gemacht. Damit besteht
auch hier völliger Gleichlauf zwischen der Richtlinie und den entsprechenden
Vorschriften des Investmentgesetzes.

## V.  Zwischenergebnis

Die Investmentaktiengesellschaft mit veränderlichem Kapital kann somit nicht
unter den Negativkatalog des Art. 2 Abs. 1 OGAW-RiLi subsumiert werden. Sie
ist damit grundsätzlich ein OGAW im Sinne der Richtlinie und fällt insoweit in
ihren Anwendungsbereich.

## C.  Die sonstigen Voraussetzungen der OGAW-Richtlinie

In den Abschnitten IV und IV a der OGAW-Richtlinie finden sich weitere spezifische Voraussetzungen für die richtlinienkonforme Ausgestaltung einer Investmentaktiengesellschaft mit veränderlichem Kapital.

## I.  Zulassung, Unternehmensgegenstand und Anfangskapital

Gemäß Art. 12 Abs. 1 OGAW-RiLi bedarf eine richtlinienkonforme Investmentaktiengesellschaft für die Ausübung ihrer Tätigkeit der vorherigen förmli-
chen Zulassung durch die zuständigen Aufsichtsbehörden des Herkunftsmit-
gliedstaats. Eine entsprechende Regelung findet sich in § 97 Abs. 1 Satz 1 InvG.

Hiernach benötigt eine Investmentaktiengesellschaft zum Geschäftsbetrieb eine schriftliche Erlaubnis der Bundesanstalt für Finanzdienstleistungsaufsicht.[33]

Nach Art. 13 OGAW-RiLi ist der Unternehmensgegenstand einer Investmentaktiengesellschaft auf die in Art. 1 Abs. 2 OGAW-RiLi bezeichneten Tätigkeiten beschränkt. Ihr Zweck ist das Kapital der Anleger für gemeinsame Rechnung nach dem Grundsatz der Risikomischung in Wertpapiere und/oder andere in der Richtlinie näher bezeichnete liquide Finanzanlagen zu investieren.[34] Auch diese Voraussetzung wird von der deutschen Investmentaktiengesellschaft erfüllt. Denn gemäß §§ 96 Abs. 2 Satz 2, 2 Abs. 5 InvG muss ihr satzungsmäßig festgelegter Unternehmensgegenstand die Anlage und Verwaltung ihrer Mittel nach dem Grundsatz der Risikomischung in die oben bezeichneten und in § 2 Abs. 4 Nr. 1 bis 4 und 7 bis 9 InvG genannten Vermögensgegenstände sein, mit dem Ziel die Aktionäre an dem Gewinn aus der Verwaltung des Vermögens der Gesellschaft zu beteiligen. Einer Investmentaktiengesellschaft mit veränderlichem Kapital ist es damit möglich, ihre Anlagegrundsätze in ihrer Satzung auf die richtlinienkonformen Anlagegegenstände des § 2 Abs. 4 Nr. 1 bis 4 InvG zu beschränken.[35]

Des Weiteren muss nach Art. 1 Abs. 2 2. Spiegelstrich OGAW-RiLi sichergestellt sein, dass die Anteile auf Verlangen der Anteilinhaber unmittelbar oder mittelbar zu Lasten des Vermögens der Investmentaktiengesellschaft zurückgenommen oder ausgezahlt werden. Gemäß § 105 Abs. 2 Satz 1, Abs. 3 Satz 1 InvG begibt eine Investmentaktiengesellschaft mit veränderlichem Kapital ausschließlich Aktien, die dem Aktionär das Recht gewähren, von der Gesellschaft den Rückerwerb der Aktien zu verlangen.

Nach Art. 13a Abs. 1 OGAW-RiLi darf die mitgliedstaatliche Aufsichtbehörde einer Investment(aktien)gesellschaft die erforderliche Zulassung nur erteilen, wenn diese eine Verwaltungsgesellschaft benannt hat oder wenn sie mit einem

---

[33] Hierzu ausführlich im 2. Kapitel unter C.I.

[34] In Art. 1 Abs. 2 OGAW-RiLi wird neben den Wertpapieren auf die in Art. 19 Abs. 1 der Richtlinie genannten liquiden Finanzanlagen Bezug genommen. Die dort bezeichneten Anlagegegenstände entsprechen den Regelungen in §§ 46 bis 52 InvG.

[35] Auch ohne die OGAW-Richtlinie ist die abstrakt-generelle Regelung des § 96 Abs. 2 Satz 2 InvG auf diese Weise ausgelegt werden. Mit Blick auf die Richtlinie ist diese Auslegung zwingend, da nur so dem Europarecht zur größtmöglichen Geltung verholfen werden kann. *Streinz* in Streinz (Hrsg.), EUV/EGV, 2003, Art. 10 EG Rn. 16 ff.

ausreichenden Anfangskapital von mindestens EUR 300.000 ausgestattet ist. Die OGAW-Richtlinie unterscheidet folglich zwischen einer fremdverwalteten und einer selbstverwalteten Investment(aktien)gesellschaft. Gemäß § 97 Abs. 1 Satz 2 Nr. 1 InvG bedarf eine Investmentaktiengesellschaft für die Erlaubniserteilung durch die BaFin eines Mindestanfangskapitals von EUR 300.000. Auch die anderen Voraussetzungen des § 97 Abs. 1 Satz 2 InvG bzw. des § 99 Abs. 2 InvG i.V.m. § 32 Abs. 1 Satz 2 KWG entsprechen den Vorgaben des Art. 13a OGAW-RiLi.[36] Insoweit kann die deutsche Investmentaktiengesellschaft grundsätzlich als selbstverwaltete Investmentaktiengesellschaft eingeordnet werden.[37]

## II. Besondere Voraussetzungen bei Selbstverwaltung

Benennt eine Investment(aktien)gesellschaft keine Verwaltungsgesellschaft, so muss sie gemäß Art. 13a Abs. 1 Unterabsatz 1 OGAW-RiLi weitere Voraussetzungen bei der Antragstellung erfüllen:

### 1. Geschäftsplan und Organigramm

Nach Art. 13a Abs. 1 Unterabsatz 1, 1. Spiegelstrich OGAW-RiLi ist mit dem Antrag ein Geschäftsplan und ein Organigramm einzureichen. Diese Erfordernisse bestehen für eine deutsche Investmentaktiengesellschaft gemäß § 99 Abs. 2 InvG i. V. m. § 32 Abs. 1 Satz 2 Nr. 5 KWG. Denn gemäß § 99 Abs. 2 InvG sind die für Finanzdienstleistungsinstitute geltenden Vorschriften des Kreditwesengesetzes auf Investmentaktiengesellschaften anwendbar, soweit sie nicht ausdrücklich für nicht anwendbar erklärt worden sind.[38] Die Vorschrift § 32 KWG findet sich nicht im Negativkatalog des § 99 Abs. 2 InvG.

---

[36]  Hierzu sogleich im 2. Kapitel unter C.II.

[37]  Die Frage, ob der deutsche Gesetzgeber die fremdverwaltete Investmentaktiengesellschaft ebenfalls in das Investmentgesetz aufgenommen hat, ist damit noch nicht beantwortet. Er hat sich zumindest nicht positiv gegen die fremdverwaltete Investmentaktiengesellschaft entschieden hat. In Rahmen der Überarbeitung des Investmentgesetzes sollte die ausdrückliche Aufnahme dieser Variante in Erwägung gezogen werden. Sowohl für Anleger und Kapitalanlagegesellschaften bietet dieses Investmentvermögen neben der geringen Kostenstruktur interessante Vorteile. Dazu ausführlich im 12. Kapitel unter A.

[38]  Nach dem in Kraft treten des Investmentänderungsgesetzes wird die grundsätzliche Anwendung der KWG-Vorschriften über Finanzdienstleistungsinstitute wegfallen, da dies ausweislich der Gesetzesbegründung nicht mit der Vorgabe einer „eins zu eins"-

## 2. Anforderungen an die Geschäftsleitung

Gemäß Art. 13a Abs. 1 Unterabsatz 1, 2. Spiegelstrich OGAW-RiLi müssen die Geschäftsleiter der Investment(aktien)gesellschaft ausreichend gut beleumdet sein und auch in Bezug auf die Art der Geschäftstätigkeit über ausreichende Erfahrung verfügen. Nach § 97 Abs. 1 Satz 2 Nr. 3 InvG darf einer Investmentaktiengesellschaft die Erlaubnis zum Geschäftsbetrieb nur erteilt werden, wenn die Geschäftsleiter der Investmentaktiengesellschaft zuverlässig sind und die zur Leitung einer Investmentaktiengesellschaft erforderliche fachliche Eignung haben.

## 3. Keine Interessenkollision

Ferner ist gemäß Art. 13a Abs. 1 Unterabsatz 1, 3. Spiegelstrich OGAW-RiLi die Erlaubnis nicht zu erteilen, wenn etwaige enge Verbindungen, die zwischen der Investment(aktien)gesellschaft und anderen natürlichen oder juristischen Personen bestehen, die Aufsichtsbehörde bei der ordnungsgemäßen Erfüllung ihrer Aufsichtsfunktion behindern. Nach § 99 Abs. 2 InvG i.V.m. § 33 Abs. 3 Satz 1 KWG kann die Bundesanstalt der Investmentaktiengesellschaft die Erlaubnis versagen, wenn Tatsachen die Annahme rechtfertigen, dass eine wirksame Aufsicht über das Institut beeinträchtigt wird. Gemäß § 99 Abs. 2 InvG i.V.m. § 33 Abs. 3 Satz 2 Nr. 1 KWG ist dies insbesondere der Fall, wenn die Investmentaktiengesellschaft mit anderen Personen oder Unternehmen so eng verbunden ist, dass aufgrund der Struktur des Beteiligungsgeflechts oder der mangelhaften wirtschaftlichen Transparenz eine wirksame Aufsicht durch die BaFin beeinträchtigt wird.

## 4. Keine Beeinträchtigung der Aufsicht durch eine andere Jurisdiktion

Schließlich darf die zuständige Aufsichtsbehörde nach Art. 13a Abs. 1, 2. Unterabsatz OGAW-RiLi der Investment(aktien)gesellschaft keine Zulassung erteilen, wenn sie bei der ordnungsgemäßen Erfüllung ihrer Aufsichtsfunktion durch die Rechts- und Verwaltungsvorschriften eines Drittlands, denen eine natürliche

---

Umsetzung der OGAW-Richtlinie zu vereinbaren ist. In Zukunft werden die Investmentaktiengesellschaften wie auch die Kapitalanlagegesellschaften als „Gesellschaften *sui generis*" qualifizieren.

oder juristische Person untersteht, zu denen die Investment(aktien)gesellschaft enge Verbindungen besitzt, oder durch Schwierigkeiten bei deren Anwendung behindert wird. Die Umsetzungsvorschrift für die Investmentaktiengesellschaft findet sich erneut über § 99 Abs. 2 InvG im Kreditwesengesetz. Zunächst ist auch hier die oben genannte Generalklausel des § 33 Abs. 3 Satz 1 KWG einschlägig. Aus dem Katalog des § 33 Abs. 3 Satz 2 KWG entspricht Nummer 2 den Anforderungen der Richtlinie. Nach § 99 Abs. 2 InvG i. V. m. § 33 Abs. 3 Satz 2 Nr. 2 KWG kann die Bundesanstalt die Erteilung der Erlaubnis insbesondere dann verweigern, wenn eine wirksame Aufsicht über die Investmentaktiengesellschaft wegen der Rechts- oder Verwaltungsvorschriften eines Drittstaats, die für Personen oder ein Unternehmen gelten, die mit der Investmentaktiengesellschaft eng verbunden sind, beeinträchtigt wird.

### D. Die entsprechende Anwendung der Art. 5g und 5h OGAW-RiLi

Aufgrund der Verweisung in Art. 13b Abs. 1 Satz 1 OGAW-RiLi finden auf eine eigenverwaltete Investmentaktiengesellschaft die Regelungen der Art. 5g und 5h OGAW-RiLi entsprechende Anwendung.

Gemäß Art. 5g Abs. 1 OGAW-RiLi liegt es im Ermessen der Mitgliedstaaten, ob sie den Investment(aktien)gesellschaften die Möglichkeit der Auslagerung verschiedener Tätigkeiten auf Dritte zum Zwecke einer effizienteren Geschäftsführung einräumen. Hierbei handelt es sich jedoch um keine Besonderheit der Investment(aktien)gesellschaft, da diese Vorschrift auf Investment(aktien)-gesellschaften ebenfalls lediglich entsprechende Anwendung findet. Die Möglichkeit der Auslagerung ist kein Wesensmerkmal einer richtlinienkonformen Investmentaktiengesellschaft. Insoweit kann dieser Punkt an dieser Stelle noch offen bleiben.[39]

Schließlich sind gemäß Art. 13b Abs. 1 Satz 1 i.V.m. Art. 5h OGAW-RiLi *Wohlverhaltensregelungen* für die Ausübung der Tätigkeit einer Investment(aktien)gesellschaft zu erlassen. Hierbei handelt es sich ebenfalls um keine Besonderheit der Investment(aktien)gesellschaft, da Art. 5h OGAW-RiLi eigentlich Anforderungen an eine Kapitalanlagegesellschaft normiert. Insoweit ist es nur konsequent, dass über den Verweis in § 99 Abs. 3 InvG die in § 9 InvG

---

[39] Ausführlich zum Thema Auslagerung im 7. Kapitel.

normierten allgemeinen Verhaltensregeln und Organisationspflichten für Kapitalanlagegesellschaften auf eine Investmentaktiengesellschaft entsprechende Anwendung finden. Die Regelung des § 9 Abs. 1 Satz 1 InvG tritt an die Stelle des ehemaligen § 10 Abs. 1 Satz 1 KAGG.[40] Ausweislich der Gesetzesbegründung setzt diese Regelung als Generalklausel zugleich den Grundgedanken der Art. 5f Abs. 1 und Art. 5h OGAW-RiLi um.[41] Die im Katalog des § 5h Satz 3 OGAW-RiLi aufgezählten Anforderungen wurden im Katalog des § 9 Abs. 2 InvG umgesetzt.[42]

**E. Allgemeine Verhaltensregeln für Investmentaktiengesellschaften**

Gemäß Art. 13c Abs. 1 OGAW-RiLi sind von den Mitgliedstaaten für eigenverwaltete Investment(aktien)gesellschaften fortwährend einzuhaltende Aufsichtsregelungen zu erlassen. Diese Aufsichtsregeln haben insbesondere Vorschriften über eine ordnungsgemäße Verwaltung und Buchhaltung, Kontroll- und Sicherheitsvorkehrungen in Bezug auf die elektronische Datenverarbeitung sowie angemessene interne Kontrollverfahren zu enthalten.[43]

Nach § 99 Abs. 1 InvG finden auf eine Investmentaktiengesellschaft die allgemeinen Vorschriften für Aktiengesellschaften Anwendung, soweit das Investmentgesetz nichts anderes bestimmt. Im Investmentgesetz finden sich lediglich in den §§ 110 f. InvG einige Regelungen über die spezifischen Rechnungslegungspflichten einer Investmentaktiengesellschaft. Im Übrigen ist damit auf die allgemeinen Vorschriften zurückzugreifen. Da eine Investmentaktiengesellschaft gemäß § 99 Abs. 1 InvG i. V. m. § 3 Abs. 1 AktG als Formkaufmann anzusehen ist, unterliegt sie den Buchführungspflichten des § 238 HGB.[44] Gemäß § 91 Abs. 1 AktG hat der Vorstand dafür zu sorgen, dass die erforderlichen Handels-

---

[40] BT-Drucks. 15/1553, S. 78 f.

[41] BT-Drucks. 15/1553, S. 78.

[42] Ursprünglich diente § 9 InvG, bzw. der alte § 10 KAGG, der Umsetzung des Art. 5f OGAW-RiLi. In Art. 5f OGAW-RiLi finden sich Anforderungen an allgemeine Verhaltensregeln für eine Kapitalanlagegesellschaft, die im Wesentlichen den des Art. 5h OGAW-RiLi entsprechen. Insoweit konnte über § 99 Abs. 3 InvG auf die in § 9 InvG bestehende Regelung zurückgegriffen werden.

[43] Art. 13c Abs. 2 OGAW-RiLi.

[44] Zu den Buchführungspflichten mit weiteren Quellen, *Merkt*, in *Baumbach/Hopt*, Handelsgesetzbuch, 31. Auflage 2003, § 238 HGB, Rn. 1 ff.

bücher geführt werden und die Gesellschaft ihrer Buchführungspflicht nach-
kommt.[45] Ferner ist er gemäß § 91 Abs. 2 AktG zur Errichtung eines Überwa-
chungssystems (Interne Revision) verpflichtet.[46] Im Übrigen findet auf eine Investmentaktiengesellschaft über § 161 AktG der vom Bundesministerium der
Justiz veröffentlichte *Corporate Governance Kodex* Anwendung.[47] Insoweit waren keine spezialgesetzlichen Regelungen für die Umsetzung des Art. 13c
OGAW-RiLi erforderlich.

## F.   Verwahrstelle – Depotbank

Zuletzt ist eine Investmentaktiengesellschaft mit veränderlichem Kapital nur
dann richtlinienkonform, wenn sie mit der Verwahrung ihres Vermögens eine
Verwahrstelle – eine Depotbank – im Sinn der Art. 14 ff. OGAW-RiLi betraut.
Gemäß § 97 Abs. 1 Satz 2 Nr. 5 InvG wird der Investmentaktiengesellschaft die
Erlaubnis zum Geschäftsbetrieb unter anderem nur erteilt, wenn sie eine Depotbank nach § 20 Abs. 1 InvG als Verwahrstelle für ihr Gesellschaftsvermögen
beauftragt hat. Über § 99 Abs. 3 InvG finden die Regelungen der §§ 20 bis 29
InvG über die Depotbank einer Kapitalanlagegesellschaft auf die Depotbank ei-
ner Investmentaktiengesellschaft entsprechende Anwendung. Die investmentrechtlichen Regelungen über eine Depotbank setzten ursprünglich die Anforderungen der Art. 7 bis 11 OGAW-RiLi um.[48] Die Vorschriften der Art. 14 bis 18
OGAW-RiLi entsprechen im Wesentlichen den Anforderungen des Art. 7 bis 11
OGAW-RiLi. Beispielsweise findet sich sowohl in Art. 14 Abs. 3 lit. a OGAW-
RiLi als auch in Art. 7 Abs. 3 lit. a OGAW-RiLi die inhaltsgleiche Regelung,
die Depotbank trage dafür Sorge, dass der Verkauf, die Ausgabe, die Rücknahme, die Auszahlung und die Aufhebung der Anteile durch die Gesellschaft oder
für ihre Rechnung gemäß den gesetzlichen Vorschriften oder der Satzung bzw.

---

[45]   *Mertens*, in Kölner Kommentar zum Aktiengesetz, 2. Auflage 1996, § 91 AktG, Rn. 1 ff.;
       *Hüffer*, AktG, 7. Auflage 2006, § 91 AktG, Rn. 2.

[46]   *Hüffer*, AktG, 7. Auflage 2006, § 91 AktG, Rn. 6 ff.

[47]   Jeweils mit weiteren Quellen: *Semler*, in Münchener Kommentar, 2. Auflage 2003, § 161
       AktG, Rn. 1 ff.; *Hüffer*, AktG, 7. Auflage 2006, § 161 AktG, Rn. 1 ff. Gemäß § 99 Abs. 1
       InvG n.F. wird die Regelung des § 161 AktG über den Corporate Governance Kodex in
       Zukunft auf eine Investmentaktiengesellschaft keine Anwendung mehr finden.

[48]   Die §§ 20 ff. InvG ersetzen die alten Regelungen der § 12 ff. KAGG. *Schödermei-
       er/Baltzer*, in Brinkhaus/Scherer (Hrsg.), Kommentar zum Gesetz über Kapitalanlagege-
       sellschaften und Auslandinvestmentgesetz, 2003, § 12 KAGG, Rn. 2.

den Vertragsbedingungen erfolgen muss. Entsprechende Regelungen finden sich in §§ 23, 25, 27 InvG. Aufgrund des Gleichlaufs der Anforderungen der Richtlinie an eine Depotbank konnte der Gesetzgeber folglich im Rahmen der Umsetzung der Art. 14 bis 18 OGAW-RiLi in § 99 Abs. 3 InvG auf die bestehenden Regelungen der § 20 bis 29 InvG verweisen.

## G.  Zusammenfassung

Wenngleich der deutsche Gesetzgeber ausweislich der Begründung[49] zum Investmentmodernisierungsgesetz nicht beabsichtigte der Investmentaktiengesellschaft eine Geschäftstätigkeit zu ermöglichen, die die Voraussetzungen der OGAW-Richtlinie erfüllt, hat er aufgrund der weit formulierten Anlagegrundsätze in §§ 2 Abs. 5, 96 Abs. 2 Satz 2 InvG die Möglichkeit eröffnet, eine Investmentaktiengesellschaft als Organismus i.S.d. OGAW-Richtlinie auszugestalten. Der deutsche Gesetzgeber war aufgrund der OGAW-Richtlinie keineswegs zur Aufnahme eines richtlinienkonformen Investmentvermögens in Satzungsform verpflichtet. Dennoch ist er gemäß Art. 1 Abs. 1 OGAW-RiLi durch die Vorgaben der Richtlinie gebunden, sobald er die gemeinschaftsrechtlichen Voraussetzungen an einen OGAW in das deutsche Kapitalanlagerecht aufnimmt. Damit sind die deutschen Behörden und Gerichte für die Beurteilung und bei der Anwendung der nationalen Vorschriften an die Vorgaben der OGAW-Richtlinie gebunden, falls ein Initiator eine Investmentaktiengesellschaft mit veränderlichem Kapital richtlinienkonform ausgestaltet und ihre Anlagegrundsätze den §§ 46 – 65 InvG entsprechen.

## H. Investmentänderungsgesetz

Bereits vor Veröffentlichung des Entwurfs des Investmentänderungsgesetzes kommunizierte die BaFin gegenüber verschiedenen Initiatoren von Investmentaktiengesellschaften mit veränderlichem Kapital ihre Bereitschaft zur Erteilung eines EU-Passes auf der Grundlage des geltenden Investmentrechts. Damit ging auch die Aufsichtsbehörde davon aus, dass eine Investmentaktiengesellschaft bereits nach geltendem Recht bei entsprechender Ausgestaltung der Satzung als

---

[49]  BT-Drucks 15/1553, S. 104.

richtlinienkonform aufgelegt werden kann. Im Rahmen des Investmentänderungsgesetzes wird in § 96 Abs. 3 InvG n.F. eine klarstellende Regelung aufgenommen, nach der eine Investmentaktiengesellschaft als richtlinienkonform ausgestaltet gilt, wenn die Anlage ihrer Mittel ausschließlich nach den Regelungen der §§ 46 bis 65 InvG erfolgt.

## 2. Kapitel: Die Gründung einer Investmentaktiengesellschaft

Gemäß § 96 Abs. 1 Satz 1 InvG dürfen Investmentaktiengesellschaften nur in der Rechtsform der Aktiengesellschaft betrieben werden. Die Investmentaktiengesellschaft ist damit nicht nur die *gesellschaftsrechtliche Einkleidung*[50] eines Investmentvermögens, sondern eine vollwertige Aktiengesellschaft im Sinne der aktienrechtlichen Vorschriften.[51]

### A. Die OGAW-Richtlinie als Ausgangspunkt

Die OGAW-Richtlinie sieht die Investment(aktien)gesellschaft neben dem herkömmlichen Sondervermögen und den in Deutschland noch nicht eingeführten Trust als dritte Alternative für die rechtliche Ausgestaltung eines OGAW im Sinne der Richtlinie vor.[52] Um die Wettbewerbsfähigkeit des deutschen Kapitalanlagemarkts zu steigern, entschied sich der deutsche Gesetzgeber im Rahmen des Investmentmodernisierungsgesetzes die Rechtsform einer Investmentaktiengesellschaft nicht mehr nur als Vehikel für Hedgefonds, wie ursprünglich im Zuge des dritten Finanzmarktförderungsgesetzes beabsichtigt, sondern auch als Rahmen für alle anderen Anlageformen auszugestalten. Im Zuge der Einführung der Investmentaktiengesellschaft mit veränderlichem Kapital hat der Gesetzgeber dem deutschen Kapitalanlagemarkt im Ergebnis auch die richtlinienkonforme Investmentaktiengesellschaft als Plattform für Kapitalanlageprodukte zur Verfügung gestellt.[53] Ähnlich wie für eine Kapitalanlagegesellschaft in § 6 Abs. 1 Satz 2 InvG hätte der deutsche Gesetzgeber den Initiatoren einer Investmentgesellschaft damit auch die Wahlmöglichkeit zwischen der Rechtsform der Gesellschaft mit beschränkter Haftung und der einer Aktiengesellschaft einräumen können, da die OGAW-Richtlinie den Mitgliedstaaten in Art. 12 Abs. 2

---

[50] Der europäische Gesetzgeber spricht in Art. 1 Abs. 3 OGAW-RiLi von einem Investmentvermögen in Satzungsform und der deutsche von einer organisationsrechtlichen Form eines Investmentfonds. BT-Drucks 15/1553, S. 104.

[51] *Schmitt*, in Brinkhaus/Scherer (Hrsg.), Kommentar zum Gesetz über Kapitalanlagegesellschaften und Auslandinvestment-Gesetz, 2003, § 51 KAGG, Rn. 3.

[52] Zur Frage der Richtlinienkonformität der Investmentaktiengesellschaft, siehe 1. Kapitel.

[53] Eine Investmentaktiengesellschaft mit fixem Kapital kann aufgrund Art. 2 Abs. 1, 1. Spiegelstrich OGAW-RiLi nie richtlinienkonform ausgestaltet werden. Damit muss eine Investmentaktiengesellschaft mit fixem Kapital in Ermangelung einer gemeinschaftsweiten Regelung auch nicht Anforderungen der OGAW-Richtlinie erfüllen.

OGAW-RiLi die Wahl der Rechtsform für eine Investmentgesellschaft überlässt. In Art. 96 Abs. 1 Satz 1 InvG entschied sich der deutsche Gesetzgeber jedoch ausschließlich für die Rechtsform der Aktiengesellschaft entschieden. Bereits bei der Einführung der Investmentaktiengesellschaft mit fixem Kapital
1998 hatte er sich am Vorbild einer luxemburgischen SICAF orientiert, welche
ebenfalls als Aktiengesellschaft ausgestaltet ist. Hieran hat er auch bei der Kodifizierung der Investmentaktiengesellschaft mit veränderlichem Kapital fest-
gehalten.[54] Pate stand nun die SICAV.

## B. Die gesellschaftsrechtlichen Voraussetzungen einer Gründung

Die rechtliche Ausgestaltung der Investmentaktiengesellschaft als vollwertige
Aktiengesellschaft wird in § 99 Abs. 1 InvG nochmals bestätigt. Gemäß § 99
Abs. 1 InvG unterliegt die Investmentaktiengesellschaft den allgemeinen Vorschriften für Aktiengesellschaften, soweit das Investmentgesetz nichts anderes
bestimmt. In Ermangelung spezialgesetzlicher Regelungen im Investmentgesetz
ist eine Investmentaktiengesellschaft somit nach den aktienrechtlichen Vorschriften zu gründen. Bei der Gründung einer Investmentaktiengesellschaft sind
aus gesellschaftsrechtlicher Perspektive dennoch einige investmentrechtliche
Besonderheiten zu beachten.

## I. Die Satzung

Die Gründung einer Investmentaktiengesellschaft setzt zunächst die Errichtung
der Satzung in notarieller Form nach § 99 Abs. 1 InvG i.V.m. §§ 2, 23 Abs. 1
Satz 1 AktG voraus.[55] Der Mindestinhalt der Satzung der Investmentaktiengesellschaft folgt aus § 99 Abs. 1 InvG i.V.m. § 23 Abs. 3 AktG und wird durch
einige investmentrechtliche Spezialvorschriften ergänzt.

---

[54]  Es war sinnvoll für die Investmentgesellschaft die Rechtsform der Aktiengesellschaft zu
      wählen. Ein Investmentvermögen setzt eine einfache und leichte Fungibilität der Anteile
      voraus. Aktien- und Wertpapierrecht bieten einen entsprechenden Rahmen für eine prob-
      lemlose Handelbarkeit von Aktien.
[55]  Grundlegend zur Gründung einer herkömmlichen Aktiengesellschaft: *Schmidt*, Gesell-
      schaftsrecht, 4. Auflage 2002, 784 f.

## 1. Firma und Sitz

Gemäß § 23 Abs. 3 Nr. 1 AktG muss die Satzung einer Investmentaktiengesellschaft neben dem Sitz auch die Firma der Gesellschaft bestimmen. In Abweichung von § 4 AktG muss die Firma einer Investmentaktiengesellschaft mit veränderlichem Kapital gemäß § 106 InvG die Bezeichnung *„Investmentaktiengesellschaft mit veränderlichem Kapital"* oder eine allgemein verständliche Abkürzung dieser Bezeichnung enthalten.[56] Von Aufsichtsbehörde und Registergericht wird die Abkürzung *„Investmentaktiengesellschaft m.v.K."* als ausreichend im Sinne der Vorschrift angesehen.

## 2. Unternehmensgegenstand

Ferner ist nach § 23 Abs. 3 Nr. 2 AktG der Gegenstand des Unternehmens in der Satzung näher anzugeben. Gemäß §§ 96 Abs. 2 Satz 2, 2 Abs. 5 InvG muss der satzungsmäßige Unternehmensgegenstand einer Investmentaktiengesellschaft auf die Anlage und Verwaltung der Mittel der Gesellschaft nach dem Grundsatz der Risikomischung in Vermögensgegenstände nach Maßgabe des § 2 Abs. 4 Nr. 1 bis 4 und 7 bis 9 InvG lauten.[57] Eine Investmentaktiengesellschaft kann somit als richtlinienkonformes, als gemischtes und als Spezial-Investmentvermögen ausgestaltet werden. Daneben kann eine Investmentaktiengesellschaft auch als Single-Hedgefonds und als Dach-Hedgefonds aufgelegt werden. Lediglich Immobilien und Immobiliengesellschaften i.S.v. § 2 Abs. 4 Nr. 5 und Nr. 6 InvG sind somit als Anlagegegenstände einer Investmentaktiengesellschaft ausgeschlossen. Einziges zulässiges Ziel der Investmentaktiengesellschaft ist die Beteiligung ihrer Aktionäre an dem Gewinn aus der Verwaltung des Gesellschaftsvermögens.

## 3. Grundkapital

Nach § 23 Abs. 3 Nr. 3 InvG ist des Weiteren die Höhe des Grundkapitals in der Satzung zu nennen und das in § 105 Abs. 1 Satz 1 InvG vorausgesetzte Mindest-

---

[56] In Zukunft findet sich die einschlägige Regelung in § 98 Abs. 1 InvG n.F.
[57] Zur Frage der richtlinienkonformen Auslegung der §§ 96 Abs. 2 Satz 2; 2 Abs. 5 InvG, siehe 1. Kapitel C.I.

und Höchstkapital festzulegen.[58] Gemäß § 7 AktG beträgt der Mindestnennbetrag einer herkömmlichen Aktiengesellschaft EUR 50.000. Gemäß § 97 Abs. 1 Satz 2 Nr. 1 InvG darf einer Investmentaktiengesellschaft die aufsichtsrechtliche Erlaubnis nur erteilt werden, wenn sie mit einem Anfangskapital von mindestens EUR 300.000 ausgestattet ist.

## a) Der Begriff: Grundkapital

Der Begriff des Grundkapitals wird in verschiedenen Normen des Investmentgesetzes vorausgesetzt, ist dort aber nicht definiert. Eine Definition dieses Begriffes ist im Investmentgesetz jedoch nicht erforderlich, da es sich hierbei um einen aktienrechtlichen Begriff handelt, für den über § 99 Abs. 1 InvG die aktienrechtliche Definition zu verwenden ist. Gemäß § 1 Abs. 2 AktG hat eine (Investment-)Aktiengesellschaft ein in Aktien zerlegtes Grundkapital. Das Grundkapital dient der Sicherung der Gläubiger bzw. der späteren Aktionäre, da die (Investment) Aktiengesellschaft über Vermögensgegenstände verfügen muss, deren Gesamtwert wenigstens dem Betrag des Grundkapitals entspricht.[59] Nach § 7 AktG ist der Mindestnennbetrag des Grundkapitals EUR 50.000. Im Jahresabschluss ist das Grundkapital gemäß § 266 Abs. 3 HGB als Passivposten auszuweisen. Seiner Rechtsnatur nach ist das Grundkapital folglich eine satzungsmäßig fixierte Bilanzziffer mit bestimmten Funktionen – insbesondere der Garantiefunktion – bei der Gründung einer (Investment)Aktiengesellschaft.[60]

## b) Der Begriff: Anfangskapital

Der Begriff des Anfangskapitals in § 97 Abs. 1 Satz 2 Nr. 1 InvG darf nicht mit dem Begriff des Grundkapitals vermischt werden. Während der Begriff „Grundkapital" dem Aktienrecht entstammt, ist der Begriff „Anfangskapital" investmentrechtlicher Natur; er beruht auf Art. 13a Abs. 1 OGAW-RiLi. Allerdings

---

[58] Um die investmentrechtliche Besonderheit des veränderlichen Kapitals der Investmentaktiengesellschaft hervorzuheben und es vom Grundkapital einer herkömmlichen Aktiengesellschaft abzugrenzen, wird der bislang auch für die Investmentaktiengesellschaft verwendete Begriff des „Grundkapitals" durch den Begriff des „Gesellschaftskapitals" ersetzt.

[59] *Brändel*, in Großkommentar, Aktiengesetz, 4. Auflage 1992, § 1 AktG, Rn. 75 ff.; *Hüffer*, AktG, 7. Auflage 2006, § 1 AktG, Rn. 10; *Kraft*, in Kölner Kommentar zum Aktiengesetz, 2. Auflage 1988, § 1 AktG, Rn. 27 ff.

[60] *Hüffer*, AktG, 7. Auflage 2006, § 1 AktG, Rn. 10.

beinhaltet die OGAW-Richtlinie, mit Blick auf die Rechtsformwahlfreiheit des Art. 12 Abs. 2 OGAW-RiLi, für die konkrete rechtliche Ausgestaltung des Mindestanfangskapitals keine weiteren Vorgaben.

Im deutschen Kapitalanlagerecht hat der Terminus Anfangskapital seinen Ursprung in § 33 Abs. 1 Satz 1 Nr. 1 KWG. Diese Norm verweist für die Rechtsform der Aktiengesellschaft auf § 10 Abs. 2a Satz 1 Nr. 2 KWG. Nach den Vorschriften des Kreditwesengesetzes ist gemäß §§ 33 Abs. 1 Satz 1 Nr. 1, 10 Abs. 2a Satz 1 Nr. 2 KWG unter dem „Anfangskapital" einer (Investment-)Aktiengesellschaft das eingezahlte Grundkapital ohne die Aktien, die mit einem Vorzug bei der Verteilung des Gewinns ausgestattet sind, sowie die Rücklagen zu verstehen. Allerdings hat auch diese Vorschrift einen europarechtlichen Hintergrund. Denn die Regelung des § 10 Abs. 2a Satz 1 Nr. 2 KWG setzt die Anforderungen der Art. 1 Nr. 11, 34 Abs. 2 Nr. 1 und 2 BankrechtskoordinierungsRiLi an das Anfangskapital eines Kredit- oder Finanzinstitut um.[61] Das Grundkapital und die Rücklagen – soweit vorhanden – bilden damit zusammen das Anfangskapital.

**c) Zwischenergebnis**

Durch die Regelung des § 97 Abs. 1 Satz 2 Nr. 1 InvG wird der Mindestnennbetrag des Grundkapitals einer Investmentaktiengesellschaft somit nicht aufgrund einer investmentrechtlichen Spezialvorschrift im Sinne des § 99 Abs. 1 InvG von EUR 50.000 auf EUR 300.000 angehoben. Aufgrund des § 97 Abs. 1 Satz 2 Nr. 1 InvG steht lediglich fest, dass im Zeitpunkt der Gründung das (Mindest-)Grundkapital von EUR 50.000 durch ein (Mindest-)Anfangskapital von EUR 300.000 verkörpert werden muss.

*Beispiel:*
*Im Rahmen der Gründung der ABCD Investmentaktiengesellschaft mit veränderlichem Kapital werden 10.000 Aktien mit einem Nennwert von EUR 5 und einem Ausgabebetrag von EUR 100 ausgegeben.*

---

[61] Deshalb wird das Anfangskapital in Art. 1 Nr. 1 OGAG schlicht mit einem einfachen Verweis auf die Regelung des Art. 34 Abs. 2, Nr. 1 und 2 BankrechtskoordinierungsRiLi definiert. Die Bankrechtskoordinierungsrichtlinie 2000/12/EG ist abgedruckt unter ABl. der EU L 126 vom 26. Mai 2000.

In diesem Beispiel verkörpern die 10.000 Aktien den gesetzlichen Mindestnennbetrag des Grundkapitals in Höhe von EUR 50.000 (§§ 6, 7 AktG). Aufgrund der gemäß § 9 Abs. 2 AktG zulässigen Überpari-Emission[62] beträgt das Anfangskapital der ABCD Investmentaktiengesellschaft mit veränderlichem Kapital EUR 1.000.000. Dem Erfordernis des § 97 Abs. 1 Satz 2 Nr. 1 InvG an das Mindestanfangskapital wäre genüge getan, wenn die einzelnen Aktien zu einem Ausgabepreis von EUR 30 ausgegeben worden wären, da in diesem Fall mit der Übernahme der ersten Aktien das Anfangskapital EUR 300.000 betragen hätte.[63]

### 4. Angaben des § 43 Abs. 4 InvG

Auch auf § 43 Abs. 4 InvG wird in § 99 Abs. 3 InvG Bezug genommen. Nach § 99 Abs. 3 Nr. 2 InvG ist diese Vorschrift wie folgt zu lesen:

*„Die Satzung muss mindestens folgende Angaben enthalten:"*

Damit ergänzt § 43 Abs. 4 InvG den § 23 Abs. 3 AktG in Bezug auf den Mindestinhalt der Satzung einer Investmentaktiengesellschaft.[64]

So muss die Satzung beispielsweise in Ergänzung des § 105 Abs. 3 InvG gemäß § 43 Abs. 4 Nr. 4 1. Halbsatz InvG Angaben darüber enthalten, unter welchen Voraussetzungen, zu welchen Bedingungen und bei welchen Stellen die Aktionäre die Rücknahme ihrer Aktien verlangen können. Ferner muss eine Investmentaktiengesellschaft gemäß § 43 Abs. 4 Nr. 1 und 2 InvG Angaben über ihre Anlagegrundsätze in die Satzung aufnehmen.

---

[62] *Heider*, in Münchener Kommentar zum Aktiengesetz, 2. Auflage 2000, § 9 AktG, Rn. 34 ff.; *Hüffer*, AktG, 7. Auflage 2006, § 9 AktG, Rn. 8.

[63] Das Gebot der jederzeitigen Deckung der Grundkapitalziffer in § 105 Abs. 1 Satz 2 InvG macht es erforderlich, dass das Anfangskapital das Grundkapital deutlich übersteigt. Dazu, 4. Kapitel F.I.7.

[64] Im Falle eines Verstoßes der Satzung gegen die Anforderungen des § 43 Abs. 4 InvG wird die BaFin grundsätzlich die gemäß § 97 Abs. 1 Satz 1 InvG erforderliche Erlaubnis nicht erteilen. Mit Blick auf § 275 Abs. 1 Satz 2 AktG kann eine Nichtigkeitsklage grundsätzlich nicht auf eine Verletzung des § 43 Abs. 4 InvG gestützt werden. Dies wäre lediglich dann der Fall, wenn der Unternehmensgegenstand der Investmentaktiengesellschaft aufgrund der gemäß § 43 Abs. 4 Nr. 1 InvG zu konkretisierenden Vermögensgegenstände wegen Gesetzwidrigkeit als nichtig anzusehen ist. Hierzu allgemein: *Hüffer*, AktG, 7. Auflage 2006, § 275 AktG, Rn. 15; *Hüffer*, in Münchener Kommentar zum Aktiengesetz, 2. Auflage 2001, § 275 AktG, Rn. 20 ff.

Trotz der ausdrücklichen Anordnung in § 99 Abs. 3 InvG sind nicht alle genannten Regelungen des § 43 Abs. 4 InvG tatsächlich auf eine Investmentaktiengesellschaft anwendbar. Gemäß § 99 Abs. 3 InvG ist die Vorschrift des § 43 Abs. 4 Nr. 3 InvG für eine Investmentaktiengesellschaft wie folgt zu lesen:

*„[...] ob die zum Gesellschaftsvermögen gehörenden Gegenstände im Eigentum der Investmentaktiengesellschaft oder im Miteigentum der Anleger stehen."*

Diese Norm ergänzt für ein klassisches Sondervermögen die Regelung des § 30 Abs. 1 Satz 1 InvG. Hiernach können die zu einem Sondervermögen gehörenden Vermögensgegenstände nach Maßgabe der Vertragsbedingungen im Eigentum der Kapitalanlagegesellschaft oder im Miteigentum der Anleger stehen. Der Investmentaktiengesellschaft ist eine solche Regelung fremd. Gemäß § 96 Abs. 2 Satz 2 InvG verwaltet sie ausschließlich ihre eigenen Mittel, die im alleinigen Eigentum der Gesellschaft stehen, und nicht wie eine Kapitalanlagegesellschaft treuhänderisch gehaltene Sondervermögen.[65]

Die entsprechende Anwendung des § 43 Abs. 4 Nr. 3 InvG ist damit ein erstes Beispiel dafür, dass im Rahmen des Gesetzgebungsverfahrens zum Investmentmodernisierungsgesetz nicht alle Verweisungen in § 99 InvG zu Ende gedacht wurden.[66] Die meisten Problemfälle können jedoch unter Heranziehung der allgemeinen Auslegungsgrundsätze im Lichte der Motive des Gesetzgebers einer vertretbaren Lösung zugeführt werden.

## 5. Gründungsaufwand

Wenngleich nicht Bestandteil des notwendigen Inhalts einer Satzung i.S.v. § 23 Abs. 3 AktG, kann es für eine Investmentaktiengesellschaft sinnvoll sein, eine Regelung über den (teilweisen) Ersatz der Gründungskosten zu Lasten der Gesellschaft im Sinne des § 26 Abs. 2 AktG in die Satzung aufzunehmen, falls eine (teilweise) Erstattung des Gründungsaufwands beabsichtigt ist. Trotz ihrer rechtlichen Ausgestaltung als Aktiengesellschaft ist eine Investmentaktiengesellschaft vornehmlich ein Investmentvermögen. Für Investmentvermögen ist es

---

[65] Ausführlich zur Frage eines Treuhandverhältnisses zwischen Investmentaktiengesellschaft uns Aktionär im 6. Kapitel unter Ziffer C.III.3.

[66] Dieser für eine Investmentaktiengesellschaft unzutreffender Verweis wurde im Zuge des Investmentänderungsgesetzes nicht behoben.

jedoch im Allgemeinen üblich, die Kosten der Gründung zumindest teilweise an die Anleger weiter zu geben.[67] Erfolgt keine Festsetzung der Gründungsaufwandsentschädigung in der Satzung, so sind nach § 26 Abs. 3 Satz 1 AktG Verträge und Rechtshandlung zur Ausführung dieser Entschädigungsleistungen der Gesellschaft gegenüber unwirksam. Des Weiteren entstehen Schadensersatzansprüche der Investmentaktiengesellschaft gegenüber den Initiatoren nach § 99 Abs. 1 InvG i.V.m. § 46 AktG und gegenüber Dritten nach § 99 Abs. 1 InvG i.V.m. § 47 Nr. 1 AktG.

## II. Die Übernahme der Aktien

Zeitgleich mit der Feststellung der Satzung erfolgt die Erklärung der Übernahme der Aktien der Investmentaktiengesellschaft durch die Initiatoren gemäß § 99 Abs. 1 InvG i.V.m. §§ 23 Abs. 2 Nr. 1 und 2, 28, 29 AktG.[68] Mit Abschluss des Beurkundungsvorganges ist die Gesellschaft als Vor-Aktiengesellschaft errichtet.[69] Zu diesem Zeitpunkt ist sie noch keine „Vor-Investmentaktiengesellschaft", da dies den Erhalt der aufsichtsrechtlichen Erlaubnis des § 97 Abs. 1 Satz 1 InvG voraussetzt.

## III. Eintragung in das Handelsregister

Als grundsätzlich letzten Schritt ist die Investmentaktiengesellschaft nach § 99 Abs. 1 InvG i.V.m. §§ 36, 37 AktG beim örtlich zuständigen Registergericht[70] zur Eintragung in das Handelsregister anzumelden. Im Rahmen des Eintragungsverfahrens prüft das Registergericht nach § 38 Abs. 1 Satz 1 AktG, ob die

---

[67] *Beckmann/Scholtz*, Investment, Ergänzbares Handbuch für das gesamte Investmentwesen, Kommentar, Loseblatt, 448 Nr. 23; *Baur*, Investmentgesetze, 2. Auflage 1997, § 2 AuslInvestmG, Rn. 75.

[68] Nur Gründer im Sinne des § 28 AktG sind zur Übernahme der Aktien in § 29 AktG zugelassen. Weil gemäß § 28 AktG Gründer nur ist, wer an der Feststellung der Satzung mitwirkt, und nach § 23 Abs. 2 Nr. 1 AktG schon die Feststellungsurkunde die Gründer benennen muss, entsteht mit Beendigung des Beurkundungsvorgangs eine Vor-Gesellschaft. *Hüffer*, AktG, 7. Auflage 2006, § 29 AktG, Rn. 2; *Schmidt*, Gesellschaftsrecht, 4. Auflage 2002, S. 786.

[69] *Schmidt*, Gesellschaftsrecht, 4. Auflage 2002, S. 784 ff.; *Hüffer*, Aktiengesetz, 7. Auflage 2006, § 41 AktG, Rn. 2 ff.

[70] § 125 FGG i.V.m. §§ 3 Nr. 2d, 17 Nr. 1a RPflG.

Investmentaktiengesellschaft ordnungsgemäß errichtet und angemeldet ist. Die Eintragung setzt insbesondere eine Erlaubnis der Aufsichtbehörde zur Aufnahme des Geschäftsbetriebs voraus.[71] Mit der Eintragung wird aus der Vor-Gesellschaft unter Bewahrung ihrer Identität eine vollwertige juristische Person – eine Investmentaktiengesellschaft.[72]

Im Übrigen erfolgt die Gründung einer Investmentaktiengesellschaft nach den allgemeinen aktienrechtlichen Vorschriften, welche in Ermangelung investmentrechtlicher Besonderheiten hier nicht dargestellt werden.[73]

## C. Die investmentrechtlichen Aspekte einer Gründung

Da die Investmentaktiengesellschaft zwar das Kleid einer Aktiengesellschaft trägt, aufgrund ihres eingeschränkten Unternehmensgegenstands aber auch als Investmentvermögen einzuordnen ist (so auch der erklärte Wille des Gesetzgebers in § 1 Satz 1 Nr. 1 InvG), beinhaltet das Investmentgesetz weitere spezifische Anforderungen an die Gründung einer Investmentaktiengesellschaft.

## I. Das Erfordernis einer aufsichtsrechtlichen Erlaubnis

Die wichtigste Voraussetzung für das Entstehen einer Investmentaktiengesellschaft in Abgrenzung zur herkömmlichen Aktiengesellschaft ist die nach § 97 Abs. 1 Satz 1 InvG erforderliche schriftliche Erlaubnis zum Geschäftsbetrieb durch die BaFin. Im Rahmen des Eintragungsverfahrens gehört auch die Erteilung dieser Erlaubnis zum Prüfungsumfang des § 38 AktG. Nur wenn eine aufsichtsrechtliche Erlaubnis dem Eintragungsantrag beigefügt wird, erfolgt eine Eintragung der Investmentaktiengesellschaft in das Handelsregister. Denn gemäß § 97 Abs. 1 Satz InvG darf eine Investmentaktiengesellschaft ihren Geschäftsbetrieb erst aufnehmen, wenn sie eine schriftliche Erlaubnis der Bundesanstalt besitzt. Da das Handelsregister nach § 15 HGB öffentlichen Glauben genießt, würde es den Rechtsverkehr in die Irre führen, falls eine Investmentakti-

---

[71] Hierzu sogleich im Text unter C.I. und II.

[72] *Schmidt*, Gesellschaftsrecht, 4. Auflage 2002, S. 298 ff.; *Hüffer*, Aktiengesetz, 7. Auflage 2006, § 41 AktG, Rn. 16; BGHZ 80, 137; *BGH*, NJW 1982, 932.

[73] Ein Überblick über die weiteren Aspekte der Gründung der Gesellschaft findet sich bei *Schmidt*, Gesellschaftsrecht, 4. Auflage 2002, S. 784 ff.

engesellschaft bereits vor der Erlaubniserteilung in das Handelsregister eingetragen werden würde.[74]

## II. Die Voraussetzungen einer Erlaubnis nach dem Investmentgesetz

Aufsichtsrechtlich wird eine Investmentaktiengesellschaft – im Gegensatz zur
Kapitalanlagegesellschaft – weder als Kreditinstitut i.S.v. § 1 Abs. 1 Satz 2 Nr. 6
KWG noch als Finanzdienstleistungsinstitut i.S.v. § 1 Abs. 1a KWG betrachtet.[75] Allerdings benötigt auch eine Investmentaktiengesellschaft gemäß § 97
Abs. 1 InvG eine schriftliche Erlaubnis durch die BaFin. Die Erlaubniserteilung
ist an ein gewisses Mindestanfangskapital, an die fachliche Eignung der Vorstände und an bestimmte satzungsmäßige Voraussetzungen geknüpft. Die im
Katalog des § 97 Abs. 1 Satz 2 InvG genannten Anforderungen sind im Wesentlichen auf Vorgaben der OGAW-Richtlinie zurückzuführen.[76] Sie sind jedoch
deutlich weniger hoch als diejenigen, die an Kreditinstitute i.S.v. § 1 Abs. 1 Satz
1 KWG gestellt werden.[77]

## 1. Mindestanfangskapital

Nach § 97 Abs. 1 Satz 2 Nr. 1 InvG muss eine Investmentaktiengesellschaft mit
einem Anfangskapital von mindestens EUR 300.000 ausgestattet sein.[78] Hier
zeigt sich ein weiterer Vorteil der Investmentaktiengesellschaft gegenüber der
herkömmlichen Variante einer Plattform für Kapitalanlageprodukte – einer Kapitalanlagegesellschaft. Gemäß § 11 Abs. 1 Nr. 1 InvG muss eine Kapitalanlagegesellschaft mit einem Mindestanfangskapital von EUR 720.000 ausgestattet

---

[74] Das Handelsregister genießt ähnlich einem Grundbuch nach § 15 HGB öffentlichen
Glauben, jedoch ohne Vermutung der Richtigkeit der Eintragung. Dennoch vertraut der
Rechtsverkehr auf die Richtigkeit der Eintragung. § 15 HGB ist insoweit als Vertrauens-
schutznorm einzuordnen. BGHZ 65, 309, 311; *Lieb*, in Münchener Kommentar zum Handelsgesetzbuch, 1996, § 15 HGB, Rn. 6; *Hopt*, in Baumbach/Hopt (Hrsg.), Handelsgesetzbuch, 31. Auflage 2003, § 15 HGB, Rn. 1.

[75] *Gstädtner/Elicker*, BKR 2006, 93.

[76] Hierzu ausführlich im 1. Kapitel unter C.I und II.

[77] *Gstädtner/Elicker*, BKR 2006, 93.

[78] Zur Frage des Verhältnisses von Anfangs- zu Grundkapital siehe, 2. Kapitel B.I.3.

sein.[79] Eine Investmentaktiengesellschaft benötigt jedoch nicht nur ein deutlich geringeres Anfangskapital, um den Geschäftsbetrieb aufnehmen zu können. Im Unterschied zur Kapitalanlagegesellschaft kann die Investmentaktiengesellschaft das durch die Übernahme bzw. Ausgabe der Aktien eingenommene Kapital unmittelbar in Finanzinstrumente investieren und daher mit grundsätzlich jedem der mindestens EUR 300.000 von Beginn an wirtschaftlich tätig sein. Diese Möglichkeit hat eine Kapitalanlagegesellschaft nicht. Ihr Anfangskapital dient lediglich der eigenen Vermögensanlage, der Finanzierung von Nebengeschäften und als Haftungsmasse für Gläubiger.[80] Im Gegenzug hat eine Kapitalanlagegesellschaft jedoch keine Rücknahme von Anteilen zu Lasten ihres Eigenkapitals vorzunehmen.[81] Ferner besteht sowohl für die Kapitalanlagegesellschaft als auch für die Investmentaktiengesellschaft das Verbot der Sacheinlage.[82] Für die Investmentaktiengesellschaft ist das Verbot der Sacheinlage ausdrücklich in § 103 Abs. 1 Satz 2 InvG aufgenommen.[83] Damit sollen insbesondere die mit der Feststellung des wirtschaftlichen Wertes der Sacheinlagen verbundenen Probleme und Risiken unterbunden werden.[84] Die Regelung des § 27 AktG findet insoweit keine Anwendung.

Wie bei einer Kapitalanlagegesellschaft verlangt die BaFin im Rahmen des Erlaubnisverfahrens eine Bestätigung eines konzernfremden Kreditinstitutes mit

---

[79]  Gemäß § 11 Abs. 1 Nr. 1 InvG n.F. bedarf auch eine Kapitalanlagegesellschaft in Zukunft lediglich eines Anfangskapitals in Höhe von EUR 300.000.

[80]  *Zeller*, in Brinkhaus/Scherer (Hrsg.), Kommentar zum Gesetz über Kapitalanlagegesellschaften und Auslandinvestment-Gesetz, 2003, § 2 KAGG, Rn. 6 bis 8.

[81]  Zum Anspruch des Aktionärs auf Rücknahme seiner Aktien siehe 4. Kapitel D.II. *Baur*, Investmentgesetze, 2. Auflage 1997, § 2 KAGG, Rn. 9.

[82]  Wird eine Investmentaktiengesellschaft als Spezialfonds ausgestaltet, so findet das Verbot der Sacheinlage gemäß §§ 99 Abs. 3, 95 Abs. 8 InvG n.F. in Zukunft keine Anwendung mehr. Die Regelung des § 103 InvG n.F. ist insoweit unpräzise formuliert. Gleiches gilt im Übrigen auch für Spezial-Sondervermögen.

[83]  Unter der Geltung des § 2 Abs. 2 a) KAGG wurde aus dem Wortlaut – „ das eingezahlte Nennkapital" – geschlossen, dass bei der Gründung einer Kapitalanlagegesellschaft Sacheinlagen unzulässig sind. *Baur*, Investmentgesetze, 2. Auflage 1997, § 2 KAGG, Rn. 13. Für von einer Kapitalanlagegesellschaft verwaltete Sondervermögen findet sich in § 23 Abs. 1 Satz 3 InvG das grundsätzliche Verbot der Sacheinlage.

[84]  BT-Drucks. 13/8933, S. 130.

Sitz im Geltungsbereich des Kreditwesengesetzes über die Höhe der erfolgten Einzahlung.[85]

## 2. Sitz und Geschäftsleitung

Gemäß § 97 Abs. 1 Satz 2 Nr. 2 InvG muss die Investmentaktiengesellschaft ihren Sitz und ihre Geschäftsleitung im Geltungsbereich des Investmentgesetzes und damit im Hoheitsgebiet der Bundesrepublik Deutschland haben. Auch diese Anforderung dient im Ergebnis dem Schutz der Anleger und der Gläubiger. Es soll verhindert werden, dass Investmentaktiengesellschaften Sitz oder Geschäftsleitung ins Ausland verlagern, um sich so dem Zugriff der Aufsichtsbehörde, der Anleger und der Gläubiger zu entziehen.

## 3. Zuverlässigkeit und fachliche Eignung der Geschäftsleitung

Nach § 97 Abs. 1 Satz 2 Nr. 3 InvG müssen die Geschäftsleiter der Investmentaktiengesellschaft zuverlässig sein und über die zur Leitung der Investmentaktiengesellschaft erforderliche fachliche Eignung verfügen.[86] Ergänzt wird die Vorschrift durch verschiedene Anforderungen des § 33 Abs. 1 Satz 1 KWG. Denn gemäß § 99 Abs. 2 InvG sind die für Finanzdienstleistungen geltenden Vorschriften des Kreditwesengesetzes mit einigen Ausnahmen auf Investmentaktiengesellschaften ebenfalls anwendbar.[87] In der Verwaltungspraxis der BaFin setzt fachliche Eignung im Sinne von § 97 Abs. 1 Satz 2 Nr. 3 InvG i.V.m. § 33 Abs. 1 Satz 1 Nr. 3 und 4 KWG im ausreichenden Maße theoretische und praktische Kenntnisse in den betreffenden Geschäften sowie Leitungserfahrung voraus.[88] Für die persönliche Zuverlässigkeit der Vorstände i.S.v. § 97 Abs. 1 Satz 2 Nr. 3 InvG i.V.m. § 33 Abs. 1 Satz 1 Nr. 2 KWG gibt es keine positiven Krite-

---

[85]  Ausführlich hierzu *Baur*, Investmentgesetze, 2. Auflage 1997, § 2 KAGG, Rn. 13; *Zeller*, in Brinkhaus/Scherer (Hrsg.), Kommentar zum Gesetz über Kapitalanlagegesellschaften und Auslandinvestment-Gesetz, 2003, § 2 KAGG, Rn. 9.

[86]  Diese Regelung ist auf Art. 4 OGAW-RiLi zurückzuführen. Dazu, 1. Kapitel C.II.2.

[87]  Nach in Kraft treten des Investmentänderungsgesetzes finden die Regelungen des Kreditwesengesetzes auf die Investmentaktiengesellschaft keine Anwendung mehr. Die Investmentaktiengesellschaft qualifiziert in Zukunft als „Gesellschaft *sui generis*".

[88]  Ausführlich: *Fischer*, in Boos/Fischer/Schulte-Mattler (Hrsg.), Kommentar zum Kreditwesengesetz, 2. Auflage 2004, § 33 KWG, Rn. 30 ff.; *Zeller*, in Brinkhaus/Scherer (Hrsg.), Kommentar zum Gesetz über Kapitalanlagegesellschaften und Auslandinvestment-Gesetz, 2003, § 2 KAGG, Rn. 13 ff. sowie § 51 KAGG, Rn. 10.

rien.[89] Vielmehr wird die Zuverlässigkeit unterstellt, wenn keine Tatsachen erkennbar sind, die Unzuverlässigkeit begründen.[90]

## 4. Satzung

Nach § 97 Abs. 1 Satz 2 Nr. 4 InvG darf einer Investmentaktiengesellschaft die Erlaubnis zur Aufnahme des Geschäftsbetriebs nur erteilt werden, wenn die Satzung vorsieht, dass nur die in § 96 Abs. 2 Satz 2 InvG genannten Geschäfte und die damit unmittelbar verbundenen Nebentätigkeiten betrieben werden und die Satzung den Anforderungen des § 43 InvG entspricht. Sollte die Investmentaktiengesellschaft gemäß §§ 112, 113 InvG als Hedgefonds ausgestaltet sein, so muss die Satzung § 118 InvG entsprechen.

## 5. Nachweis einer Depotbank[91]

Schließlich ist nach § 97 Abs. 1 Satz 2 Nr. 5 InvG der Nachweis über die Bestellung einer Depotbank im Sinne von § 20 Abs. 1 InvG zu führen. Damit findet sich auch bei dieser Kapitalanlageplattform das von der Kapitalanlagegesellschaft bekannte „Investmentdreieck" wieder. Die Beauftragung einer Depotbank ist ein elementarer Bestandteil des Anlegerschutzsystems.[92] Gemäß § 22 Abs. 1 Satz 1 InvG handelt die Depotbank bei der Wahrnehmung ihrer Aufgaben unabhängig von der Investmentaktiengesellschaft und ausschließlich im Interesse der Anleger. Der Depotbank obliegt unter anderem gemäß § 24 Abs. 1 Satz 1 InvG die Verwahrung der von der Investmentaktiengesellschaft gehaltenen Wertpapiere und Zertifikate, nach § 23 Abs. 1 Satz 1 InvG die Ausgabe und Rücknah-

---

[89] *Fischer*, in Boos/Fischer/Schulte-Mattler (Hrsg.), Kommentar zum Kreditwesengesetz, 2. Auflage 2004, § 33 KWG, Rn. 33.

[90] Hierzu ausführlich: *Fischer*, in Boos/Fischer/Schulte-Mattler (Hrsg.), Kommentar zum Kreditwesengesetz, 2. Auflage 2004, § 33 KWG, Rn. 30 ff.

[91] Weitere Ausführungen zur Depotbank finden sich im 6. Kapitel unter K.

[92] *Beckmann*, in Beckmann/Scholtz, § 12 KAGG, Rn. 12. *Zeller*, in Brinkhaus/Scherer (Hrsg.), Kommentar zum Gesetz über Kapitalanlagegesellschaften und Auslandinvestment-Gesetz, 2003, § 51 KAGG, Rn 12. Das Investmentdreieck findet seine Wurzeln bei den US-amerikanischen Kapitalanlagegesellschaften, die den deutschen Kapitalanlagegesellschaften als Vorbild dienten. Dazu, *Geßler*, WM 1957, Sonderbeilage Nr. 4, 10 f. Im Übrigen entspricht das Investmentdreieck den Vorgaben der Art. 7 Abs. 1 und Art. 14 Abs. 1 OGAW-RiLi. *Schödermeier/Baltzer*, in Brinkhaus/Scherer (Hrsg.), Kommentar zum Gesetz über Kapitalanlagegesellschaften und Auslandinvestmentgesetz, 2003, § 12 KAGG, Rn. 10.

me der Aktien und gemäß §§ 26, 27 InvG die Kontrollfunktion über die dort genannten Geschäfte.

### a) Die Depotbank als Gesellschafterin

Gemäß § 22 Abs. 1 Satz 1 InvG handelt die Depotbank bei der Wahrnehmung ihrer Aufgaben unabhängig von der Investmentaktiengesellschaft und ausschließlich im Interesse der Anleger. Damit stellt sich die Frage, ob eine Depotbank auch Gesellschafterin der Investmentaktiengesellschaft sein kann.

Im Fall eines herkömmlichen Sondervermögens ist es der Depotbank erlaubt, gleichzeitig auch Gesellschafterin der Kapitalanlagegesellschaft zu sein.[93] Die Depotbank muss lediglich ein anderes Kreditinstitut sein. Dies entspricht auch den Vorgaben des Art. 10 OGAW-RiLi. Es ist zu prüfen, ob diese Grundsätze auf das Verhältnis von Depotbank und Investmentaktiengesellschaft übertragen werden können. Im Unterschied zur Struktur unter einer Kapitalanlagegesellschaft ist die Depotbank hier nämlich als Aktionär der Investmentaktiengesellschaft unmittelbar am Investmentvermögen selbst beteiligt. Allerdings ist es einem Kreditinstitut auch nicht verwehrt, Anteile eines Sondervermögens zu erwerben, für das es von der Kapitalanlagegesellschaft als Depotbank bestellt worden ist.[94] In diesem Fall ist das Kreditinstitut sowohl Depotbank als auch Anleger. Das Investmentdreieck wird aufgegeben und es besteht lediglich ein zweiseitiges Verhältnis zwischen Kapitalanlagegesellschaft und Depotbank. Die gleiche Situation tritt grundsätzlich ein, wenn eine Depotbank Aktien einer sie als Depotbank bestellenden Investmentaktiengesellschaft erwirbt. Hierbei besteht allerdings die Besonderheit, dass mit dem Erwerb der Aktien nicht nur Teilhaberrechte am Investmentvermögen, sondern insbesondere auch Mitgliedschaftsrechte erworben werden. Dies ist bei einem herkömmlichen Sondervermögen nur dann der Fall, wenn die Depotbank sowohl Anteile an der Kapitalanlagegesellschaft, als auch Anteil am Sondervermögen hält.

Deshalb wird im Folgenden auf die einzelnen Voraussetzungen des § 22 InvG näher eingegangen:

---

[93]　*Baur*, Investmentgesetz, 2. Auflage 1997, § 12 KAGG, Rn. 13.

[94]　*Baur*, Investmentgesetze 2. Auflage 1997 § 11 KAGG, Rn. 12 und § 12 KAGG, Rn. 15; *Schödermeier/Baltzer*, in Brinkhaus/Scherer (Hrsg.), Kommentar zum Gesetz über Kapitalanlagegesellschaften und Auslandinvestment-Gesetz, 2003, § 12 KAGG, Rn. 11.

### aa) Die Aktionärsinteressen

Gemäß § 22 Abs. 1 InvG handelt die Depotbank bei der Wahrnehmung ihrer Interessen ausschließlich im Interesse der Anleger. Die Depotbank übt die ihr zugewiesene Überwachungs- und Kontrollfunktion als gesetzlich bestellte Treuhänderin im Interesse der Aktionäre wie ein eigenes Interesse (im eigenen Namen) aus.[95]

Hält sie selbst Aktien der Gesellschaft, übt sie ihre Tätigkeit damit zum einen im fremden Interesse der anderen Aktionäre wie eigene Interessen und zum anderen aufgrund der Beteiligung im eigenen Interesse im engeren Sinn aus. Die Depotbank und die übrigen Aktionäre haben das gleiche Interesse am wirtschaftlichen Erfolg der Investmentaktiengesellschaft. Eine Beteiligung steht somit grundsätzlich nicht im Widerspruch zu den Überwachungs- und Kontrollfunktionen der Depotbank, vielmehr setzt sich lediglich der bereits durch die gesetzliche Treuhänderschaft begründete Gleichlauf der Interessen von Depotbank und Anleger aufgrund der gemeinsamen Kapitalanlage fort.

### bb) Unzulässigkeit personeller Verflechtungen

Ferner muss die Depotbank ihre Entscheidungen unabhängig von der Investmentaktiengesellschaft treffen. Deshalb sind nach § 22 Abs. 2 InvG personelle Verflechtungen auf leitender Ebene der Gesellschaften verboten. Für die Frage der Einflussnahme im Sinn von § 22 Abs. 1, 1. Alternative und Abs. 2 Satz 1 und 2 InvG besteht zwischen einer Beteiligung der Depotbank an einer Kapitalanlagegesellschaft und einer Beteiligung der Depotbank an einer Investmentaktiengesellschaft kein Unterschied. Die zusätzlichen Teilhaberechte am Investmentvermögen sind ohne Bedeutung, da i.R.d. § 22 Abs. 2 InvG lediglich auf die Herrschaftsrechte abzustellen ist.

### b) Zwischenergebnis

Damit kann eine Depotbank gleichzeitig auch Aktionärin der sie bestellenden Investmentaktiengesellschaft sein, ohne dass hierdurch die ihr übertragenen Kontroll- und Treuhandpflichten beeinträchtigt werden.

---

[95] *Schödermeier/Baltzer*, in Brinkhaus/Scherer (Hrsg.), Kommentar zum Gesetz über Kapitalanlagegesellschaften und Auslandinvestment-Gesetz, 2003, § 12 KAGG, Rn. 16.

## III. Spezifische Anforderungen des Kreditwesengesetzes[96]

Neben den die Voraussetzungen des § 97 Abs. 1 Satz 2 InvG konkret ergänzenden Anforderungen sind im Kreditwesengesetz auch einige spezielle KWG-rechtliche Voraussetzungen für die Erteilung einer aufsichtsrechtlichen Erlaubnis an eine Investmentaktiengesellschaft geregelt. Gemäß § 99 Abs. 2 InvG sind die für Finanzdienstleistungsinstitute geltenden Vorschriften des Kreditwesengesetzes auf Investmentaktiengesellschaften anzuwenden, soweit sie nicht ausdrücklich für nicht anwendbar erklärt sind. Nach der Legaldefinition des § 1 Abs. 1a Satz 1 KWG sind Finanzdienstleistungsinstitute „Unternehmen, die Finanzdienstleistungen für andere gewerbsmäßig oder in einem Umfang erbringen, der einen in kaufmännischer Weise eingerichteten Geschäftsbetrieb erfordert, und die keine Kreditinstitute sind". Aufgrund ihres in § 96 Abs. 2 Satz 2 InvG normierten Unternehmensgegenstandes sind Investmentaktiengesellschaften jedoch keine Finanzdienstleistungsinstitute im engeren Sinn, sondern, wie schon die lediglich entsprechende Anwendung der Vorschriften in § 99 Abs. 2 InvG andeutet, nur Finanzdienstleistungsinstituten gleichgestellt. Denn eine Investmentaktiengesellschaft verwaltet ausschließlich ihre eigenen Mittel im eigenen Namen und im eigenen Interesse und damit gerade nicht „für andere", wie in § 1 Abs. 1a Satz 1 KWG vorausgesetzt. Das Ziel, ihre Aktionäre am Gewinn der Verwaltung des Gesellschaftsvermögens zu beteiligen, steht dem nicht entgegen. Damit muss der an die BaFin zu richtende Erlaubnisantrag zusätzlich die im Katalog des § 32 Abs. 1 Satz 2 KWG aufgezählten Angaben enthalten, soweit sie nicht bereits von § 97 Abs. 1 Satz 2 InvG umfasst sind.

Gemäß § 99 Abs. 2 InvG i.V.m. § 32 Abs. 1 Satz 2 Nr. 5 KWG muss der Erlaubnisantrag einen tragfähigen Geschäftsplan enthalten, aus dem die Art der geplanten Geschäfte, der organisatorische Aufbau und die geplanten internen Kotrollverfahren der Investmentaktiengesellschaft hervorgehen.[97]

---

[96]    Nach in Kraft treten des Investmentänderungsgesetzes finden die Regelungen des Kreditwesengesetzes auf die Investmentaktiengesellschaft keine Anwendung mehr. Die Investmentaktiengesellschaft qualifiziert in Zukunft als „Gesellschaft *sui generis*".

[97]    Hierzu im Detail: *Fischer*, in Boos/Fischer/Schulte-Mattler (Hrsg.), Kommentar zum Kreditwesengesetz, 2. Auflage 2004, § 32 KWG, Rn. 33 f. Das Erfordernis des § 32 Abs. 1 Satz 2 Nr. 5 KWG entspricht den Vorgaben des Art. 3 Abs. 4 der 1. Bankrechtskoordinierungsrichtlinie, abgedruckt in ABl. der EG Nr. L 168 vom 12 Dezember 1999, S. 7.

Sollte an der Investmentaktiengesellschaft eine bedeutende Beteiligung gehalten werden, so sind dem Erlaubnisantrag die im Katalog des § 32 Abs. 1 Satz 2 Nr. 6 KWG aufgezählten Angaben beizufügen.[98] In Ergänzung zu den Angaben über bedeutende Beteiligungen verlangt § 32 Abs. 1 Satz 2 Nr. 7 KWG die Angabe von Tatsachen, die auf eine enge Verbindung der Investmentaktiengesellschaft mit anderen natürlichen und juristischen Personen hinweisen. Eine Legaldefinition der engen Verbindung im Verständnis des Kreditwesengesetzes findet sich in § 1 Abs. 10 KWG.[99]

Aus einem Umkehrschluss zu § 33 Abs. Abs. 1 Satz 1 Nr. 5 KWG folgt, dass eine Investmentaktiengesellschaft mindestens zwei Vorstände haben muss, die nicht nur ehrenamtlich tätig sein dürfen.[100]

## IV. Alternativen einer Neugründung

Neben der Neugründung einer Investmentaktiengesellschaft stehen den Initiatoren mehrere Alternativen offen. Das Investmentgesetz lässt neben einer völligen Neugründung auch den Erwerb einer (Vorrats-)aktiengesellschaft und die anschließende Umwidmung dieser Aktiengesellschaft in eine Investmentaktiengesellschaft zu.[101] Schließlich ist auch eine Abspaltung zur Neugründung i.S.v. § 123 Abs. 2 Nr. 2 UmwG mit den investmentrechtlichen Vorschriften vereinbar.

---

[98] Der Begriff der bedeutenden Beteiligung ist in § 1 Abs. 9 KWG legal definiert. Hiernach liegt eine bedeutende Beteiligung vor, wenn ein Dritter unmittelbar oder mittelbar zehn Prozent des Nominalkapitals oder der Stimmrechte der Investmentaktiengesellschaft hält oder auf die Geschäftsführung der Investmentaktiengesellschaft einen maßgeblichen Einfluss i.S.v. § 311 HGB ausüben kann. Ausführlich: *Fischer*, in Boos/Fischer/Schulte-Mattler (Hrsg.), Kommentar zum Kreditwesengesetz, 2. Auflage 2004, § 32 KWG, Rn. 35 ff.

[99] *Fischer*, in Boos/Fischer/Schulte-Mattler (Hrsg.), Kommentar zum Kreditwesengesetz, 2. Auflage 2004, § 32 KWG, Rn. 42; *Fülbier*, in Boos/Fischer/Schulte-Mattler (Hrsg.), Kommentar zum Kreditwesengesetz, 2. Auflage 2004, § 1 KWG, Rn. 195; Rundschreiben der BaKred 7/98 vom 26. Mai 1998.

[100] *Fischer*, in Boos/Fischer/Schulte-Mattler (Hrsg.), Kommentar zum Kreditwesengesetz, 2. Auflage 2004, § 33 KWG, Rn. 65 ff.; § 35 KWG, Rn. 24 ff.

[101] Zur Frage der Zulässigkeit der Gründung einer Vorratsaktiengesellschaft: BGHZ 117, 323 ff.

## V.  Pflicht zum öffentlichen Angebot der Aktien[102]

Im Zusammenhang mit der Gründung einer Investmentaktiengesellschaft ist auch die gesetzliche Pflicht zum öffentlichen Angebot der Aktien zu nennen. Gemäß § 101 Abs. 1 InvG müssen innerhalb von sechs Monaten nach der Erlaubniserteilung mindestens neun Zehntel der Aktien der Investmentaktiengesellschaft öffentlich zum Erwerb angeboten oder an Anleger veräußert werden.[103] Nach § 101 Abs. 2 InvG liegt ein öffentliches Angebot auch dann vor, wenn ein anderer aufgrund einer Vereinbarung mit Aktionären der Investmentaktiengesellschaft die Aktien übernommen hat und öffentlich zum Erwerb anbietet oder die Gründer der Investmentaktiengesellschaft eine entsprechende Erhöhung des Grundkapitals unter Ausschluss des Bezugsrechts durchführen.[104] Die Regelungen der § 101 Abs. 1 und 2 InvG treten an die Stelle der ehemaligen § 61 Abs. 1 und Abs. 2 KAGG. Unter der Geltung des ehemaligen Gesetzes über Kapitalanlagegesellschaften war nicht nur ein öffentliches Angebot, sondern eine zwingende öffentliche Platzierung nach §§ 61 – 63 KAGG erforderlich, um den Aktionären der alleine zulässigen Investmentaktiengesellschaft mit fixem Kapital den Ausstieg aus der Gesellschaft über einen Zweitmarkt zu ermöglichen.[105] Denn eine Investmentaktiengesellschaft mit fixem Kapital war und ist im Unterschied zur Investmentaktiengesellschaft mit veränderlichem Kapital nicht zur Rücknahme der von ihr begebenen Aktien verpflichtet.

---

[102] Gemäß dem Investmentänderungsgesetz wird die Pflicht zum öffentlichen Angebot gestrichen. Die ersatzlose Streichung dieser Regelung ist vor dem Hintergrund des Art. 1 Abs. 2 Kap-RiLi nicht nachvollziehbar.

[103] Die Frist des § 101 Abs. 1 InvG beginnt jedoch erst dann zu laufen, wenn die Investmentaktiengesellschaft wirksam entstanden – in das Handelsregister eingetragen worden ist. Das Eintragungserfordernis ist im Lichte des Anlegerschutzes für die künftigen Aktionäre als ungeschriebene Voraussetzung in den § 101 Abs. 1 InvG hineinzulesen. Würde auf das Eintragungserfordernis als Voraussetzung verzichtet werden, so sind Szenarien denkbar, in denen sich eine Investmentaktiengesellschaft ohne die ihrer Rechtsform immanenten Haftungsbeschränkungen gegenüber Dritten verpflichten würde. Diese Pflichten würden unter Umständen unmittelbar auf bestehende oder spätere Aktionäre durchschlagen. Dies gilt es zu vermeiden.

[104] Das Erfordernis des Ausschlusses in § 101 Abs. 2 Nr. 2 InvG hat für eine Investmentaktiengesellschaft mit veränderlichem Kapital insoweit nur klarstellende Bedeutung, als das Bezugsrecht bereits in § 104 Satz 2 InvG ausgeschlossen ist.

[105] BT-Drucks. 13/8933, S. 129, *Schmitt*, in Brinkhaus/Scherer (Hrsg.), Kommentar zum Gesetz über Kapitalanlagegesellschaften und Auslandinvestmentgesetz, 2003, § 61 KAGG, Rn. 1.

In der Literatur ist das Erfordernis der Pflicht zum öffentlichen Angebot aus § 101 Abs. 1 InvG für beide Formen der Investmentaktiengesellschaft in Frage gestellt worden.[106] Insbesondere im Fall einer Investmentaktiengesellschaft mit veränderlichem Kapital sei eine solche Pflicht entbehrlich, da die Interessen des Anlegers bereits über den Rücknahmeanspruch des § 105 Abs. 3 Satz 1 InvG ausreichend geschützt seien.[107] Von diesen Literaturstimmen wurde eventuell verkannt, dass die Pflicht zum öffentlichen Angebot auf Art. 1 Abs. 2 Kap-RiLi zurückzuführen ist und der Gesetzgeber deshalb an deren Aufnahme in das Investmentgesetz gebunden war.

Die Kapitalrichtlinie versteht unter einer Investmentaktiengesellschaft mit veränderlichem Kapital eine Gesellschaft,

- deren Unternehmensgegenstand es ausschließlich ist, ihre Mittel in verschiedenen Wertpapieren, in verschiedenen Grundstücken oder in anderen Werten anzulegen mit dem einzigen Ziel, das Risiko der Investitionen zu verteilen und ihre Aktionäre an dem Gewinn aus der Verwaltung ihres Vermögens zu beteiligen,

- die sich an die Öffentlichkeit wendet, um ihre eigenen Aktien unterzubringen, und

- deren Satzung bestimmt, dass ihre Aktien in den Grenzen eines Mindest- und eines Höchstkapitals jederzeit von der Gesellschaft ausgegeben, zurückgekauft oder weiterveräußert werden können.

Die Umsetzung dieser Anforderungen findet sich in den Regelungen der §§ 96 Abs. 2 Satz 2, 101 Abs. 1, 105 Abs. 1 Satz 1 InvG. Die Investmentaktiengesellschaft mit veränderlichem Kapital ist auf die Ausnahmeregelung des Art. 1 Abs. 2 Kap-RiLi angewiesen, da sie nur dann ohne die Beschränkungen der Richtlinie berücksichtigen zu müssen, beispielsweise eigene Aktien erwerben (Art. 18, 19 Kap-RiLi), eine Kapitalerhöhung durch den Vorstand beschließen (Art. 25 Abs. 1 und 2 Kap-RiLi) und bezugsrechtslose Aktien begeben (Art. 29 Abs. 1 und 2 Kap-RiLi) kann. Folglich ist der Begriff der Öffentlichkeit in Art. 1 Abs. 2 Kap-

---

[106] *Volhard/Kayser*, Absolut Report Nr. 30 02/2006 S. 44 (49).

[107] Ausführlich zum Anspruch des Aktionärs auf Rücknahme seiner Aktien gegen die Investmentaktiengesellschaft im 4. Kapitel unter D.II.

RiLi Beurteilungsmaßstab für den Begriff des öffentlichen Angebots in § 101 Abs. 1 InvG. Allerdings hat der europäische Gesetzgeber den Begriff der Öffentlichkeit in der Kapitalrichtlinie nicht definiert oder auf eine andere Weise eingeschränkt, so dass den Mitgliedstaaten bei der Umsetzung insoweit ein größerer Entscheidungsspielraum zukommt.

Im Zuge des Investmentmodernisierungsgesetzes wurde in § 2 Abs. 11 InvG der Begriff des „öffentlichen Vertriebs" aufgenommen und als ein Vertrieb, der im Wege des öffentlichen Anbietens, der öffentlichen Werbung oder in ähnlicher Weise erfolgt, legal definiert.[108] Nach der Gesetzesbegründung entspricht dieser Absatz grundsätzlich der Regelung zum öffentlichen Vertrieb nach § 1 Abs. 1 Satz 1 AuslInvestmG.[109] Bereits i.S.d. ehemaligen § 1 Abs. 1 Satz 1 AuslInvestmG war das öffentliche Angebot ein Bestandteil des öffentlichen Vertriebs. Folglich kann für die Bestimmung des Begriffs des „öffentlichen Angebots" auf die vorhandenen Grundsätze zurückgegriffen werden.

„Öffentlich" i.S.d. § 2 Abs. 11 InvG bedeutet unter Einbeziehung der alten Grundsätze, dass sich das Angebot[110] an einen unbestimmten und individuell nicht begrenzten oder begrenzbaren Personenkreis richtet.[111] Die Tätigkeit des Anbietens muss jedoch nicht in der Öffentlichkeit stattfinden; vielmehr ist es grundsätzlich ausreichend, wenn die Aktien in einem Kundengespräch – etwa in der Zweigstelle einer vertreibenden Bank – angeboten werden.[112] Die Grenzen eines öffentlichen Angebots sind grundsätzlich dort zu ziehen, wo sich das Angebot an bestimmte Personen richtet, die mit dem Anbietenden schon zu einem früheren Zeitpunkt in Verbindung getreten waren und die mit einem solchen Angebot rechnen konnten. Betreut beispielsweise eine Investmentaktiengesellschaft über ihre Abteilung für Vermögensberatung einen näher festgelegten Kundenkreis, so sind an diesen gerichtete Angebote kein öffentlicher Vertrieb

---

[108] Zum Begriff des „Vertriebs" i.S.d. Investmentrechts, *Baur*, Investmentgesetze, 2. Auflage 1997, § 1 AuslInvestmG, Rn. 8 ff.

[109] BT-Drucks. 15/1553 S. 76.

[110] Zum Begriff des „Angebots" i.S.d. Investmentrechts, *Baur*, Investmentgesetze, 2. Auflage 1997, § 1 AuslInvestmentG, Rn. 19.

[111] *Gstädtner/Elicker*, BKR 2006, 94; *Pfüller/Schmitt*, in Brinkhaus/Scherer (Hrsg.), Kommentar zum Gesetz über Kapitalanlagegesellschaften und Auslandinvestment-Gesetz, 2003, § 1 AuslInvestmG, Rn. 10 ff.; BT-Drucks. V/3494, S. 17.

[112] Einzelheiten bei *Baur*, Investmentgesetze, 2. Auflage 1997, § 1 AuslInvestmG, Rn. 7 ff.; *Gstädtner/Elicker*, BKR 2006, 94.

im Sinne von § 2 Abs. 11 InvG.[113] Bedient sich eine Investmentaktiengesellschaft einer Vertriebsgesellschaft, um deren Kundenstamm zu erreichen, so soll der Vertrieb immer öffentlich sein.[114] Im Ergebnis ist das Vorliegen eines öffentlichen Angebots stets unter Berücksichtigung der konkreten Umstände für jeden Einzelfall im Lichte der bestehenden Grundsätze gesondert zu prüfen.

### VI. Mögliche Folgen eines Verstoßes gegen § 101 InvG

Unabhängig von der Frage nach der Sinnhaftigkeit der Regelung des § 101 Abs. 1 InvG hat die Investmentaktiengesellschaft die Pflicht zum öffentlichen Angebot ihrer Aktien zu beachten. Kommt sie dieser Verpflichtung nicht nach, so droht ihr über §§ 97 Abs. 3, 17 Satz 1 Nr. 2 InvG i.V.m. § 35 KWG die Aufhebung der Erlaubnis zum Geschäftsbetrieb. Nach § 17 Satz 1 Nr. 2 InvG kann die BaFin bei entsprechender Anwendung des § 35 KWG die Erlaubnis auch dann aufheben, wenn die Investmentaktiengesellschaft mit veränderlichem Kapital nachhaltig gegen Bestimmungen des Investmentgesetzes oder die zur Durchführung dieses Gesetzes erlassenen Verordnungen oder Anordnungen verstoßen hat.

Nach der Regierungsbegründung zum Investmentmodernisierungsgesetz setzt die Vorschrift des § 17 Satz 1 Nr. 2 InvG die Anforderung des Art. 5a Abs. 5 lit. e) OGAW-Richtlinie in nationales Recht um.[115] Über den Verweis in § 97 Abs. 3 InvG wird damit auch die Regelung des identisch lautenden Art. 13a Abs. 4 lit. d) OGAW-RiLi für Investmentaktiengesellschaften in deutsches Recht umgesetzt. Die Pflicht zum öffentlichen Angebot beruht jedoch nicht auf einer Regelung der OGAW-Richtlinie, sondern auf Art. 1 Abs. 2 Kap-RiLi. Der Grundsatz der praktischen Wirksamkeit europarechtlicher Vorschriften – *effet utile*[116] – macht es erforderlich, einen Verstoß gegen § 101 InvG als nachhaltigen Verstoß

---

[113]  *Pfüller/Schmitt,* in Brinkhaus/Scherer (Hrsg.), Kommentar zum Gesetz über Kapitalanlagegegesellschaften und Auslandinvestment-Gesetz, 2003, § 1 AuslInvestmG, Rn. 13 f.; *Baur,* Investmentgesetze, 2. Auflage 1997, § 1 AuslInvestmG, Rn. 16.

[114]  *Baur,* Investmentgesetze, 2. Auflage 1997, § 1 AuslInvestmG, Rn. 17, *Pfüller/Schmitt,* in Brinkhaus/Scherer (Hrsg.), Kommentar zum Gesetz über Kapitalanlagegesellschaften und Auslandinvestment-Gesetz, 2003, § 1 AuslInvestmG, Rn. 13 f.

[115]  BT-Drucks. 15/1553 S. 82.

[116]  Zum Begriff des *effet utile,* Streinz in Streinz (Hrsg.), EUV/EGV, 2003, Art. 10 EG Rn. 16 ff.

gegen Bestimmungen des Investmentgesetzes anzusehen.[117] Denn nur dann ist gewährleistet, dass deutsche Investmentaktiengesellschaften mit veränderlichem Kapital richtlinienkonform von den Vorgaben der Kapitalrichtlinie befreit worden sind. Ein Verstoß gegen die Pflicht zum öffentlichen Angebot kann somit als nachhaltiger Verstoß gegen Bestimmungen des Investmentgesetzes angesehen werden.

**D.  Zusammenfassung**

Eine Investmentaktiengesellschaft mit veränderlichem Kapital ist verpflichtet, innerhalb von sechs Monaten nach Erhalt der aufsichtsrechtlichen Erlaubnis mindestens neun Zehntel ihrer Aktien öffentlich zum Erwerb anzubieten. Für die Bestimmung des Begriffs des öffentlichen Angebots kann auf den bestehenden Meinungsstand zum öffentlichen Angebot i.S.d. ehemaligen § 1 Abs. 1 Satz 1 AuslInvestmG – nun Bestandteil der Definition des § 2 Abs. 11 InvG – zurückgegriffen werden. Sollte eine Investmentaktiengesellschaft gegen ihre Pflicht aus § 101 Abs. 1 InvG verstoßen, so droht ihr im schlimmsten Fall der Entzug ihrer Erlaubnis zum Geschäftsbetrieb.

---

[117]  Da vorliegend der Kapitalrichtlinie im Lichte des „effet utile" zur größtmöglich praktischen Wirkung verholfen werden muss, konnte insoweit die Frage offen gelassen werden, ob Art. 13a Abs. 4 OGAW-RiLi richtlinienkonform in deutsches Recht umgesetzt worden ist.

## 3. Kapitel: Die Organe der Investmentaktiengesellschaft

Gemäß § 96 Abs. 1 Satz 1 InvG darf eine Investmentaktiengesellschaft ausschließlich in der Rechtsform der Aktiengesellschaft betrieben werden. Als Konsequenz sind nach § 99 Abs. 1 InvG die allgemeinen aktienrechtlichen Bestimmungen auf eine Investmentaktiengesellschaft anwendbar, soweit das Investmentgesetz keine Spezialregelungen beinhaltet.[118] Folglich verfügt auch eine Investmentaktiengesellschaft über Vorstand, Aufsichtsrat und Hauptversammlung. Im Folgenden werden lediglich die investmentrechtlichen Besonderheiten der Organe dargestellt.[119]

## A. Der Vorstand

Leitungsorgan der Investmentaktiengesellschaft ist der Vorstand. Gemäß § 99 Abs. 1 InvG i.V.m. § 76 Abs. 1 AktG leitet der Vorstand die Gesellschaft in eigener Verantwortung. Er ist folglich weder an die Weisung eines anderen Organs – Aufsichtsrat und Hauptversammlung – noch an die Weisung eines Großaktionärs – etwa des Initiators der Investmentaktiengesellschaft – gebunden.[120] Der Vorstand trifft seine Entscheidung nach eigenem Ermessen mit dem Ziel die Interessen der Gesellschaft und der Aktionäre sachgerecht wahrzunehmen.[121]

## I. Das Vier-Augen-Prinzip

In Abweichung von § 76 Abs. 2 Satz 1 InvG muss der Vorstand einer Investmentaktiengesellschaft nach § 99 Abs. 3 InvG i.V.m. § 33 Abs. 1 Satz 1 Nr. 5 KWG (*e contrario*) mit mindestens zwei Personen besetzt sein. Diese 1976 mit

---

[118] Siehe: Auslegung des Bundesministeriums der Finanzen zur Thematik Primebroker nach dem Investmentgesetz (Stand: 26. Mai 2004), dort am Ende.

[119] Für die Hauptversammlung einer Investmentaktiengesellschaft bestehen keine investmentrechtliche Besonderheiten. Zum Problem der Teilfondsversammlung, siehe im 6. Kapitel unter Ziffer I.

[120] *Mertens* in Kölner Kommentar zum Aktiengesetz, 2. Auflage 1996, §. 76 AktG Rn. 40; *Hüffer*, AktG, 7. Auflage 2006, § 76 AktG, Rn. 10 f.; *Hefermehl/Spindler* in Münchener Kommentar zum Aktiengesetz, 2. Auflage 2004, § 76 AktG Rn. 21.

[121] *Hefermehl/Spindler* in Münchener Kommentar zum Aktiengesetz, 2. Auflage 2004, § 76 AktG Rn. 53 ff.; *Hüffer*, AktG, 7. Auflage 2006, § 76 AktG, Rn. 11.

der zweiten KWG-Novelle eingeführte Regelung ist heute sowohl aufgrund der ersten Bankrechtskoordinierungsrichtlinie als auch der Wertpapierdienstleistungsrichtlinie zwingendes Erfordernis.[122] Die Formulierung „mindestens" zwei Geschäftsleiter in § 33 Abs. 1 Satz 1 Nr. 5 KWG bedeutet, mit Blick auf die Investmentaktiengesellschaft, dass bei größeren und komplexen Investmentaktiengesellschaften die Bundesanstalt die Erlaubniserteilung von der Bestellung von mehr als zwei Vorständen abhängig machen kann. Gegenwärtig zeigt sich in der Verwaltungspraxis der BaFin die Tendenz, die Erlaubnis zum Geschäftsbetrieb von mindestens zwei Vorständen mit je einem Stellvertreter abhängig zu machen. Daneben ist allerdings auch eine Lösung mit drei Vorständen ohne entsprechende Stellvertreter denkbar. Auch hier wird im Fall von Krankheit, Urlaub oder schlichtem Unvermögen das Vier-Augen-Prinzip ausreichend sichergestellt.[123]

## II.  Wohnsitzpflicht in Deutschland

Unter Anwendung des Rechtsgedanken des § 33 Abs. 1 Satz 1 Nr. 6 KWG setzte die BaFin bis vor kurzem in ihrer Verwaltungspraxis zusätzlich den Hauptwohnsitz aller Vorstände auf dem Staatsgebiet der Bundesrepublik Deutschland voraus. Mit Blick auf die Arbeitnehmerfreizügigkeit des Art. 39 EG war diese Anforderung nicht haltbar, da es Gemeinschaftsbürger mit einem Hauptwohnsitz außerhalb der Bundesrepublik in unzulässiger Weise diskriminiert.[124] Die BaFin hat vor diesem europarechtlichen Hintergrund ihre Verwaltungspraxis gelockert.

---

[122]  Die ursprüngliche Einführung des Vier-Augen-Prinzips wurde mit den Gefahren begründet, die sich bei der Leitung eines Kreditinstituts durch nur einen Geschäftsleiter ergeben, besonders wenn dieser wegen Krankheit oder Urlaub abwesend oder in nicht erkennbarer Weise unzuverlässig ist. *Fischer*, in Boos/Fischer/Schulte-Mattler (Hrsg.), Kommentar zum Kreditwesengesetz, 2. Auflage 2004, § 33 KWG, Rn. 66.

[123]  *Fischer*, in Boos/Fischer/Schulte-Mattler (Hrsg.), Kommentar zum Kreditwesengesetz, 2. Auflage 2004, § 33 KWG, Rn. 65 ff.

[124]  Zur Frage der Anwendbarkeit der Arbeitnehmerfreizügigkeit auf den Vorstand einer Aktiengesellschaft, *Randelzhofer/Forsthoff*, in Grabitz/Hilf, Das Recht der Europäischen Union, Kommentar, Losblattsammlung, Stand: Oktober 2005, Art. 39 EG, Rn. 13; *EuGH – Asscher*, Rs. C-107/94, Slg. 1996, I-3089, 3096, Rz. 29. In der Literatur wird teilweise jedoch auch die Ansicht vertreten, dass der Vorstand einer Aktiengesellschaft nicht in den Anwendungsbereich des Art. 39 EG fällt, sondern über das Recht der freien Niederlassung des Art. 43 EG geschützt ist. Dazu, *Eyles*, Das Niederlassungsrecht der Kapitalgesellschaften in der Europäischen Gemeinschaft, S.93 f.

## III. Das Geschäftsverbot

Eine weitere investmentrechtliche Besonderheit findet sich in § 98 Satz 1 InvG. Aufgrund des hier normierten Geschäftsverbots dürfen Mitglieder des Vorstands weder Vermögensgegenstände an die Investmentaktiengesellschaft veräußern, noch von dieser erwerben.[125] Die Vorschrift will Geschäften der Vorstände mit der Investmentaktiengesellschaft vorbeugen, die sich nachteilig auf das Vermögen der Gesellschaft auswirken können, etwa die Veräußerung verlustträchtiger Wertpapiere an die Investmentaktiengesellschaft.[126] Da es sich bei der Regelung des § 98 Satz 1 InvG um ein gesetzliches Verbot im Sinne des § 134 BGB handelt, ist ein gegen das Geschäftsverbot verstoßendes Rechtsgeschäft nichtig und grundsätzlich nach bereicherungsrechtlichen Grundsätzen rück abzuwickeln.[127] Allerdings ist es den Vorständen gemäß § 98 Satz 2 InvG erlaubt, Aktien der Investmentaktiengesellschaft zu erwerben und zu veräußern.[128] Indem der Gesetzgeber den Vorständen die Möglichkeit einräumt, selbst eigene Aktien der Investmentaktiengesellschaft zu erwerben, will er die Interessen von Vorstand und Anlegern an einer möglichst erfolgreichen Verwaltung des Gesellschaftsvermögens gleichschalten.[129] Ein Mechanismus, der sich bereits bei herkömmlichen Aktiengesellschaften, dort beispielsweise in der Form von Aktienoptionsprogrammen, bewährt hat.

---

[125] Die Vorschrift des § 98 Satz 1 InvG entspricht der des § 53 KAGG. Siehe hierzu die Kommentierung von *Schmitt*, in Brinkhaus/Scherer (Hrsg.), Kommentar zum Gesetz über Kapitalanlagegesellschaften und Auslandinvestmentgesetz, 2003, § 53 KAGG.

[126] BT-Drucks. 13/8933, S. 127.

[127] *Schmitt*, in Brinkhaus/Scherer (Hrsg.), Kommentar zum Gesetz über Kapitalanlagegesellschaften und Auslandinvestmentgesetz, 2003, § 53 KAGG; *Sack*, in von Staudingers (Hrsg.), Kommentar zum Bürgerlichen Gesetzbuch mit Einführungsgesetz und Nebengesetzen, 13. Auflage, 1996, § 134, BGB, Rn. 140 ff.; *Mayer-Maly/Armbrüster*, in Münchener Kommentar zum Bürgerlichen Gesetzbuch, 4. Auflage 2001, § 134 BGB, Rn. 113 ff.; *Heinrichs*, in Palandt (Hrsg.), Bürgerliches Gesetzbuch, 66. Auflage 2007, § 134 BGB, Rn. 13; *Larenz/Wolf*, Allgemeiner Teil des Bürgerlichen Rechts, 9. Auflage 2004, S. 723 ff..

[128] Diese Regelung wurde im Zuge des Investmentmodernisierungsgesetzes zur Klarstellung in die investmentrechtlichen Vorschriften aufgenommen. BT-Drucks. 15/1553 S. 104.

[129] BT-Drucks 15/1553 S. 104.

## B.   Der Aufsichtsrat

Dem Aufsichtsrat obliegt es nach § 111 Abs. 1 AktG den Vorstand zu überwachen. Insbesondere können ihm aufgrund des Verbotes in § 111 Abs. 4 Satz 1
AktG keine Maßnahmen der Geschäftsführung übertragen werden.[130] Soweit
bestimmte Arten von Geschäften entsprechend § 111 Abs. 4 Satz 2 AktG der
Zustimmung des Aufsichtsrates bedürfen, beispielsweise könnte die Auflage
eines Teilfonds über eine entsprechende Bestimmung in der Satzung von der
Zustimmung des Aufsichtsrats abhängig gemacht werden, kann der Aufsichtsrat
das Tätigwerden des Vorstands nach Art eines Vetorechts verhindern. Ein Wei-
sungsrecht, mit dem er bestimmte Maßnahmen positiv durchsetzen kann – etwa
die Begründung einer Anteilklasse – steht dem Aufsichtsrat jedoch auch im Fall
des § 111 Abs. 4 Satz 2 AktG nicht zu.[131]

## I.   Das Profil eines Aufsichtsrats

Besondere Anforderungen an die Qualifikation der Mitglieder des Aufsichtsrates
der Investmentaktiengesellschaft finden sich in §§ 99 Abs. 3, 6 Abs. 3 Satz 1
InvG. Hiernach sollen im Interesse des Anlegerschutzes die Mitglieder des Aufsichtsrates ihrer Persönlichkeit und ihrer Sachkunde nach die Wahrung der Interessen der Gesellschaft und der Aktionäre gewährleisten.[132]

## II.   Das Geschäftsverbot

Das Geschäftsverbot des § 98 Satz 1 InvG findet auch auf die Aufsichtsräte
Anwendung.[133] Somit dürfen auch die Mitglieder des Aufsichtsrats Vermögensgegenstände weder an die Investmentaktiengesellschaft veräußern, noch solche

---

[130]  *Semler* in Münchener Kommentar zum Aktiengesetz, 2. Auflage 2004, § 111 AktG Rn.
81 und 368 ff.; *Hüffer*, AktG, 7. Auflage 2006, § 76 AktG, Rn. 11; Henn, Handbuch des
Aktienrechts, 7. Auflage 2002, S. 300.

[131]  *Mertens* in Kölner Kommentar zum Aktiengesetz, 2. Auflage 1996, § 111 AktG Rn. 59
ff.; *Hüffer*, AktG, 7. Auflage 2006, § 76 AktG, Rn. 11. *Semler*, in Münchener Kommentar
zum Aktiengesetz, 2. Auflage 2004, § 111 AktG Rn. 368 ff.

[132]  Ausführlich zu den Anforderungen an die Aufsichtsratmitglieder: *Zeller*, in Brink-
haus/Scherer (Hrsg.), Kommentar zum Gesetz über Kapitalanlagegesellschaften und Auslandinvestmentgesetz, 2003, § 4 KAGG, Rn. 1 ff.

[133]  Ausführlich hierzu, §. Kapitel A.III.

von dieser erwerben. Im Unterschied zu den Vorständen werden die Aufsichtsräte jedoch nicht in § 98 Satz 2 InvG genannt. Dies wirft die Frage auf, ob Mitglieder des Aufsichtsrats Aktien der Investmentaktiengesellschaft erwerben und veräußern dürfen und damit die Frage, ob Aktionäre Mitglieder des Aufsichtsrats sein können. Die Regelung des § 98 Satz 2 InvG wurde im Rahmen des Investmentmodernisierungsgesetzes neu in das Investmentrecht aufgenommen. In § 53 KAGG war eine entsprechende Befreiung nicht ausdrücklich vorgesehen.

Wie bereits im 3. Kapitel unter A.III. dargestellt, soll § 98 Satz 1 InvG insbesondere Geschäfte zum Nachteil der Investmentaktiengesellschaft verhindern. Allerdings sollten über die ausdrückliche Möglichkeit einer Beteiligung an der Investmentaktiengesellschaft die Interessen von Vorstand und Aktionären gleichgeschaltet und der Einsatz der Vorstände zum Nutzen der Investmentaktiengesellschaft nochmals angehoben werden.

Die gesetzgeberischen Ziele stehen insoweit einem Erwerb von Aktien durch ein Mitglied des Aufsichtsrates nicht entgegen. Auch hier ist eine Verstärkung der Überwachungsfunktion aus § 111 Abs. 1 AktG zu erwarten, wenn die Aufsichtsräte selbst Aktien der Investmentaktiengesellschaft halten. In klassischen Aktiengesellschaften ist der Aufsichtsrat gerade aus diesem Grunde oftmals insbesondere auch mit Großaktionären besetzt.

Der Wortlaut des § 98 Satz 1 InvG lässt eine Auslegung zu, nach der Erwerb und Veräußerung von Aktien der Investmentaktiengesellschaft nicht vom Geschäftsverbot erfasst sind. Der Begriff der Vermögensgegenstände des § 98 Satz 1 InvG ist als (potentieller) Anlagegegenstand zu verstehen, die Aktien der Investmentaktiengesellschaft scheiden insofern aus. Für diese Betrachtungsweise spricht auch die Begründung zu § 98 Satz 2 InvG. Hiernach *stellt* § 98 Satz 2 InvG *klar*, dass Vorstände eigene Aktien erwerben dürfen.[134] Die Aktien der Investmentaktiengesellschaft fallen somit bereits tatbestandlich nicht in den Anwendungsbereich des § 98 Satz 1 InvG.

Da Ausgabe-[135] und Rücknahmepreis[136] gemäß §§ 103 Abs. 2 Satz 1, 105 Abs. 3 Satz 1 InvG nach objektiven Kriterien gebildet werden und die Depotbank gemäß §§ 99 Abs. 3, 27 Abs. 1 Nr. 1 InvG zumindest die Berechnung der Preise

---

[134]  BT-Drucks. 15/1553, S. 104.
[135]  Dazu, 4. Kapitel G.I.
[136]  Dazu, 4. Kapitel G.II.

überwacht, gegebenenfalls nach § 36 Abs. 1 Satz 2 InvG selbst vornimmt, stellt sich im Übrigen die Gefahr eines Geschäfts zum Nachteil der Investmentaktiengesellschaft nicht. Ferner bedürfen auch im Falle eines Aufsichtsratsmitgliedes der Erwerb und die Veräußerung stets einer entsprechenden Annahmeerklärung durch die Investmentaktiengesellschaft. Für die Veräußerung von Aktien durch die Investmentaktiengesellschaft ist dies in § 103 Abs. 2 Satz 1 InvG ausdrücklich klargestellt. Die Erklärung der Annahme erfolgt durch den Vorstand oder einen Handlungsbevollmächtigten. Da der Aufsichtsrat gegenüber dem Vorstand jedoch nicht weisungsbefugt ist[137], ist die Gefahr eines Geschäfts zum Nachteil der Investmentaktiengesellschaft in den Fällen des Erwerbs und der Veräußerung von Aktien durch ein Aufsichtsratsmitglied wesentlich geringer als im Fall eines Mitglieds des Vorstands. Dort ist gerade kein unabhängiges Organ zwischengeschaltet. Im Lichte der Motive des Gesetzgebers bei Erlass des § 98 Satz 1 InvG zum einen und bei Erlass des § 98 Satz 2 InvG zum anderen, sind für die fehlende Nennung der Aufsichtsräte in § 98 Satz 2 InvG grundsätzlich zwei Gründe denkbar: Zum einen könnten die Mitglieder des Aufsichtsrates aufgrund eines redaktionellen Versehens nicht in § 98 Satz 2 InvG aufgenommen worden sein. Zum anderen könnte der Gesetzgeber den Erwerb und die Veräußerung von Aktien der Investmentaktiengesellschaft durch den Aufsichtsrat aufgrund der bestehenden gesetzlichen Regelungen für so unproblematisch eingestuft haben, dass er auf eine Klarstellung für die Aufsichtsräte in § 98 Satz 2 InvG verzichtete.

## III. Zusammenfassung

Wenngleich die Mitglieder des Aufsichtsrats nicht ausdrücklich in § 98 Satz 2 InvG genannt sind, können auch sie Aktien der Investmentaktiengesellschaft erwerben und veräußern. Der Schutzzweck des § 98 Satz 1 InvG steht dem nicht entgegen. Vielmehr ist eine Beteiligung der Aufsichtsräte an der Investmentaktiengesellschaft, den Gesellschaftsinteressen und den Interessen der übrigen Aktionäre als förderlich anzusehen. Im Zuge der Überarbeitung des Investmentgesetzes sollte deshalb der Ausnahmetatbestand des § 98 Satz 2 InvG um die Mitglieder des Aufsichtsrates erweitert werden.

---

[137] *Semler* in Münchener Kommentar zum Aktiengesetz, 2. Auflage 2004, § 111 AktG Rn. 375 ff.

## IV. Investmentänderungsgesetz

Vor dem Hintergrund des Vorstehenden wurde das Geschäftsverbot für Vorstände und Aufsichtsratsmitglieder umfassend überarbeitet. Gemäß § 106b Satz 2 InvG n.F. dürfen die Mitglieder des Vorstands und des Aufsichtsrats Aktien der Investmentaktiengesellschaft erwerben.

## 4. Kapitel: Das statutarisch genehmigte Grundkapital

Ein erstes Novum für das deutsche Gesellschaftsrecht findet sich in § 104 InvG. Nach § 104 Satz 1 InvG ist der Vorstand einer Investmentaktiengesellschaft mit veränderlichem Kapital ermächtigt, das Grundkapital bis zu dem in der Satzung bestimmten Höchstbetrag wiederholt durch Ausgabe neuer Aktien gegen Einlagen zu erhöhen. Das Gesetz bezeichnet diese Form des Grundkapitals als statutarisch genehmigtes Kapital. Nach § 104 Satz 2 InvG finden die Vorschriften des Aktiengesetzes auf das statutarisch genehmigte Kapital Anwendung mit der Maßgabe, dass es eines Hauptversammlungsbeschlusses nicht bedarf und ein Bezugsrecht der Aktionäre auf Zuteilung neuer Aktien nicht besteht. Ferner ist das Grundkapital bereits mit der Ausgabe der Aktien erhöht und § 191 AktG findet keine Anwendung.[138] Im Falle des genehmigten Kapitals einer herkömmlichen Aktiengesellschaft nach § 202 Abs. 2 Satz 1 AktG darf die Ermächtigung höchstens für fünf Jahre erteilt werden und gemäß § 202 Abs. 3 Satz 1 AktG darf der Nennbetrag des genehmigten Kapitals die Hälfte des Grundkapitals nicht überschreiten. Insoweit weisen das statutarisch genehmigte Kapital der Investmentaktiengesellschaft und das genehmigte Kapital des § 202 AktG nur geringe Gemeinsamkeiten auf. Die Regelung des § 104 Satz 1 InvG ist folglich als investmentgesetzlicher Spezialfall einer Kapitalerhöhung gegen Einlagen anzusehen und nicht als Sonderfall des genehmigten Kapitals i.S.v. §§ 202 AktG ff.[139]

Erst die Implizierung des statutarisch genehmigten Grundkapitals ermöglichte die Einführung eines Investmentvermögens im gesellschaftsrechtlichen Kleid als Ausnahme vom Prinzip des starren Grundkapitals der herkömmlichen Aktiengesellschaft in das deutsche Investmentrecht. *Baur* führte in seinem Kommentar „Investmentgesetz" bereits vor dem dritten Finanzmarktförderungsgesetz und damit noch vor der Aufnahme der Investmentaktiengesellschaft mit fixem Kapital in das deutsche Investmentrecht aus:

> *„Die in den EG-Mitgliedstaaten / EWR-Vertragsstaaten und in Drittstaaten, insbesondere in den USA, häufig verwandte Form der reinen Kapitalgesellschaft, bei der die Anleger unmittelbar als Aktionäre beteiligt sind, lässt sich in Deutschland schon des-*

---

[138] § 104 Satz 3 und 4 InvG.

[139] Damit stellt sich auch das Problem des Zustimmungserfordernisses des Aufsichtsrates der § 202 Abs. 3 Satz 2 und § 204 Abs. 1 Satz 2 AktG nicht.

*halb nicht anwenden, weil die laufende Ausgabe von Aktien nicht mit dem Prinzip des starren Grundkapitals der Aktiengesellschaft zu vereinbaren ist. "[140]*

Mit der Aufnahme der statutarisch genehmigten Höchstkapitalziffer wurde dieses Hindernis beseitigt. Entsprechend dem Vorbild einer luxemburgischen SICAV kann nun auch der Vorstand einer deutschen Investmentaktiengesellschaft entsprechend der Nachfrage am Markt ohne Verzögerung neue Aktien begeben und somit die Marktgegenseite befriedigen.

## A.   Der Wegfall des Hauptversammlungsbeschlusses

Der Regelfall einer Kapitalerhöhung für eine klassische Aktiengesellschaft ist in den §§ 182 ff. AktG i.V.m. § 133 AktG normiert. Nach § 182 Abs. 1 Satz 1 AktG bedarf die Erhöhung des Grundkapitals gegen Einlagen eines Beschlusses der Hauptversammlung, der von mindestens drei Vierteln des bei der Beschlussfassung vertretenen Grundkapitals getragen werden muss. Ferner ist eine Hauptversammlung gemäß § 123 Abs. 1 AktG mindestens einen Monat vor dem Tag der Versammlung einzuberufen. Für eine Investmentaktiengesellschaft ist einerseits das Erfordernis eines Hauptversammlungsbeschlusses mit den Quoren der §§ 182, 133 AktG und andererseits die Monatsfrist des § 123 AktG viel zu aufwendig und träge, um die Nachfrage nach Aktien der Gesellschaft am Markt rasch befriedigen zu können. Insoweit war es erforderlich, die Entscheidung über die Ausgabe neuer Aktien auf den Vorstand zu übertragen, der als operatives Leitungsorgan der Gesellschaft viel schneller reagieren kann. Trotz dieses vermeintlichen Rechtsverlusts, steht der Aktionär einer Investmentaktiengesellschaft im Vergleich zum Aktionär einer klassischen Aktiengesellschaft keineswegs schlechter.

Denn im Unterschied zur herkömmlichen Aktiengesellschaft stellt sich im Fall der Investmentaktiengesellschaft das Bedürfnis nach einer Mitentscheidung über die Stimmrechtsausübung in der Hauptversammlung grundsätzlich nicht. Die Gefahr einer Verwässerung der Teilhabe- und Mitgliedschaftsrechte ist bei einer Investmentaktiengesellschaft wesentlich geringer als bei einer herkömmlichen Aktiengesellschaft, da das über die Kapitalerhöhung eingenommene Kapital ebenfalls entsprechend den Anlagegrundsätzen investiert wird und der Wert der

---

[140] *Baur*, Investmentgesetze, 2. Auflage 1997, § 6 KAGG, Rn. 17.

einzelnen Aktie gemäß §§ 103 Abs. 2 Satz 1, 105 Abs. 3 Satz 1 InvG stets dem anteiligen Inventarwert entspricht.

Allerdings sind auch Szenarien denkbar, in denen eine Investmentaktiengesellschaft ihr Vermögen in besonders spezielle und seltene Finanzinstrumente investiert (etwa im Fall eines Hedgefonds), so dass das junge Kapital in „schlechtere" Finanzinstrumente investiert werden muss und als Folge der Wert des Gesellschaftsvermögen insgesamt und damit der Wert der einzelnen Aktie verwässert wird. In diesem Fall ist die Aufstockung des Gesellschaftsvermögens für die Altaktionäre mehr Fluch als Segen. Da die Aktionäre sich gegen diese Gefahr nicht über ihr Stimmrecht in der Hauptversammlung wehren können, hat der Gesetzgeber den Aktionären der Investmentaktiengesellschaft mit veränderlichem Kapital zum Ausgleich in § 105 Abs. 3 Satz 1 InvG den Anspruch auf Rückgabe ihrer Aktien gegen die Investmentaktiengesellschaft eingeräumt. Insbesondere für den Kleinanleger ist dieses Andienungsrecht im Vergleich zum Stimmrecht in der Hauptversammlung das effektivere Mittel, um seine persönlichen Interessen wahrnehmen zu können.

## B.  Der gesetzliche Ausschluss des Bezugsrechts[141]

Eine weitere gesellschaftsrechtliche Besonderheit findet sich in § 104 Satz 2 InvG. In Abweichung von den allgemeinen aktienrechtlichen Grundsätzen schließt die Regelung des § 104 Satz 2 InvG bei der Ausgabe junger Aktien das Bezugsrecht der Altaktionäre aus.[142]

---

[141]  Gemäß § 104 Satz 2 InvG n.F. verfügen Aktionäre (Unternehmens- und Anlageaktionäre) im Falle der Ausgabe junger Aktien in Zukunft über ein Bezugsrecht, wenn die von ihnen gehaltenen Aktien in der Hauptversammlung Stimmrechte gewähren. Eine für die Praxis nicht unproblematische Regelung.

[142]  Auch dem herkömmlichen Aktienrecht ist der Ausschluss des Bezugsrechts nicht völlig fremd. Gemäß § 186 Abs. 3 Satz 1 und 2 AktG kann im Beschluss der Hauptversammlung über die Erhöhung des Grundkapitals mit einer drei Viertel Mehrheit der anwesenden Stimmen das Bezugsrecht der Altaktionäre ausgeschlossen werden. *Hüffer*, AktG, 7. Auflage 2006, § 186 AktG, Rn. 20 ff.

## I. Ein Vergleich mit dem Bezugsrecht aus § 186 Abs. 1 Satz 1 AktG

Wird von einer herkömmlichen Aktiengesellschaft eine Kapitalerhöhung durchgeführt, so ist gemäß § 186 Abs. 1 Satz 1 AktG einem Altaktionär auf sein Verlangen ein seinem Anteil an dem bisherigen Grundkapital entsprechender Anteil der neuen Aktien zuzuteilen. Diese Regelung dient dem Schutz der Aktionäre. Über das Bezugsrecht ist sichergestellt, dass die Aktionäre ihre mitgliedschaftliche Stellung einschließlich ihrer vermögensmäßigen Bezüge *pro rata* halten können.[143] Ohne gesetzliches Bezugsrecht würde der Anteil des einzelnen Aktionärs am Grundkapital prozentual sinken und seine Stimmkraft gemäß § 134 Abs. 1 Satz 1 AktG entsprechend reduziert werden.[144] Insbesondere droht ihm der Verlust von Minderheitenrechten.[145]

Dem Aktionär einer klassischen Aktiengesellschaft ist beim Erwerb von Aktien nicht nur an der Investition seines Kapitals gelegen, sondern oftmals auch an der Ausübung von Leitungsmacht. Hält er eine Beteiligung von 10 bzw. 25 %, so begründet diese Beteiligung für bestimmte Beschlussfassungen eine Sperrminorität.[146] Nur über das Bezugsrecht kann die Sperrminorität und damit eine weit einflussreichere Leitungsmacht sichergestellt werden.

Allerdings ist der Aktionär einer Investmentaktiengesellschaft im Unterschied zum Aktionär einer herkömmlichen Aktiengesellschaft nicht an der Ausübung von Leitungsmacht interessiert. Er betrachtet den Erwerb der Aktien als reine Kapitalanlage. Sieht er diese aufgrund einer Kapitalerhöhung als gefährdet, kann er sein Andienungsrecht aus § 105 Abs. 3 Satz 1 InvG ausüben.

---

[143] *Lutter* in Kölner Kommentar zum Aktiengesetz, 2. Auflage 1996, § 186 AktG Rn. 7; *Hüffer*, AktG, 7. Auflage 2006, § 186 AktG, Rn. 2.

[144] *Hüffer*, AktG, 7. Auflage 2006, § 186 AktG, Rn. 2; *Lutter* in Kölner Kommentar zum Aktiengesetz, 2. Auflage 1996, § 186 AktG Rn. 7.

[145] *Hüffer*, AktG, 7. Auflage 2006, § 186 AktG, Rn. 2 Beispiele für Minderheitenrechte finden sich etwa in §§ 93 Abs. 4 Satz 3; 122 I 1; 142 Abs. 2; 147 Abs. 1, 309 Abs. 3 AktG.

[146] So kann beispielsweise ein Aktionär, der 10 % der stimmberechtigten Aktien hält nach § 93 Abs. 4 Satz 3 AktG dem Verzicht der Gesellschaft auf Schadensersatzansprüche gegenüber den Vorständen widersprechen. Ferner kann ein Aktionär, der 25 % der Aktien der Gesellschaft hält, eine Kapitalerhöhung nach § 182 Abs. 1 Satz 1 AktG verhindern.

## II.　Das Erfordernis des Bezugsrechtsausschlusses

Der Ausschluss des Bezugsrechts in § 104 Satz 2 InvG ist aus kapitalanlage-
marktrechtlichen Aspekten erforderlich. Nur wenn das Bezugsrecht der Altaktionäre ausgeschlossen ist, kann die Nachfrage an Aktien einer Investmentaktiengesellschaft wie beim herkömmlichen Sondervermögen ohne zeitliche Verzögerung bedient werden.[147] Der Bezugsrechtsausschluss hat mit dem Anspruch der
Aktionäre auf Rücknahme der Aktien in § 105 Abs. 3 Satz 1 InvG einen angemessenen Ausgleich zur Wahrung der Rechte der Aktionäre erhalten.

Zudem ist auch dem herkömmlichen Aktienrecht der Ausschluss des Bezugs-
rechts nicht völlig fremd. So finden sich in §§ 186 Abs. 3 Satz 1, 203 Abs. 2
AktG Regelungen, nach denen die Hauptversammlung bzw. bei einer entspre-
chenden Ermächtigung im Fall des genehmigten Kapitals auch der Vorstand den
Ausschluss des Bezugsrechts der Altaktionäre anordnen können. Insoweit ist der
Bezugsrechtsausschluss keine reine Besonderheit des Investmentrechts.

## III.　Vereinbarkeit des Ausschlusses mit höherrangigem Recht

Der Verzicht auf den Beschluss der Hauptversammlung und die Existenz des
statutarisch genehmigten Kapitals bedürfen *per se* keiner gesellschaftsrechtlichen Begründung oder gar Rechtfertigung. Es kann vielmehr dahin stehen, ob
diese Vorschriften mit gesellschaftsrechtlichen Grundsätzen vereinbar sind, da
auch hier die *lex-specialis*-Regelung des § 99 Abs. 1 InvG greift, es folglich auf
eine gesellschafts- und aktienrechtliche Zulässigkeit des „atmenden" Grundkapitals einer Investmentaktiengesellschaft überhaupt nicht ankommt. Allerdings
müssen auch das statutarisch genehmigte Grundkapital und insbesondere der
Ausschluss des Bezugsrechts der Altaktionäre mit höherrangigem Recht vereinbar sein.

## 1.　Die Vereinbarkeit des Bezugsrechtsausschlusses mit dem Europarecht

Für den Fall einer Barkapitalerhöhung wurde das Bezugsrecht der Altaktionäre
mit der Regelung des Art. 29 Kap-RiLi auf europäischer Ebene vereinheit-

---

[147]　BT-Drucks. 15/1553 S. 106.

licht.[148] Gemäß Art. 29 Abs. 1 Kap-RiLi müssen bei jeder Erhöhung des ge-
zeichneten Kapitals durch Bareinlagen die Aktien vorzugsweise den Aktionären
im Verhältnis zu dem durch ihre Aktien vertretenen Teil des Kapitals angeboten
werden.[149] Grundsätzlich steht diese Regelung somit einem Ausschluss des Bezugsrechts der Altaktionäre gemäß § 104 Satz 2 InvG entgegen. Allerdings war
dem europäischen Gesetzgeber bereits lange vor der Einführung der OGAW-
Richtlinie das Wesen einer Investmentaktiengesellschaft bekannt. Aufgrund der
investmentrechtlichen Besonderheiten brauchen die Mitgliedstaaten nach Art. 1
Abs. 2 Kap-RiLi die Kapitalrichtlinie deshalb auf Investmentgesellschaften
nicht anzuwenden, wenn diese in der Rechtsform einer Invest-
ment(aktien)gesellschaft mit veränderlichem Kapital gegründet werden. Unter
einer Investmentgesellschaft mit veränderlichem Kapital versteht der Gesetzgeber der Kapitalrichtlinie eine Gesellschaft, deren Gegenstand es erstens ausschließlich ist, ihre Mittel in bestimmten Werten anzulegen mit dem Ziel, das
Risiko der Investitionen zu verteilen und ihre Aktionäre an dem Gewinn aus der
Verwaltung ihres Vermögens zu beteiligen; die sich zweitens an die Öffentlichkeit wendet, um ihre eigenen Aktien unterzubringen; und deren Satzung drittens
bestimmt, dass ihre Aktien in den Grenzen eines Mindest- und Höchstkapitals
jederzeit von der Gesellschaft ausgegeben, zurückgekauft oder weiterveräußert
werden können. Diese Merkmale spiegeln sich in den Regelungen der §§ 96,
101, 104 und 105 InvG wider.[150] Ferner muss die Firma einer Investmentaktiengesellschaft mit veränderlichem Kapital gemäß § 106 InvG die Bezeichnung
„Investmentaktiengesellschaft mit veränderlichem Kapital" oder eine allgemein
verständliche Abkürzung dieser Bezeichnung enthalten.[151] Die rechtliche Ausgestaltung der deutschen Investmentaktiengesellschaft mit veränderlichem Kapital erfüllt somit die Anforderungen des Art. 1 Abs. 2 Kap-RiLi. Damit können
die Mitgliedstaaten von einer Anwendung der Kapitalrichtlinie auf eine Investmentaktiengesellschaft mit veränderlichem Kapital absehen. Andere europa-
rechtliche Vorgaben für ein Bezugsrecht sind nicht ersichtlich. Dem Bezugs-

---

[148]  *Bayer*, in Münchener Kommentar zum Aktiengesetz, 2. Auflage 2005, § 203 AktG, Rn.
40 und 51.

[149]  Für eine klassische Aktiengesellschaft ist diese Vorgabe in § 186 Abs. 1 Satz 1 AktG bereits seit der ersten Fassung vom 6. September 1965 und damit lange vor der Kapitalrichtlinie geregelt.

[150]  Insoweit ist die ersatzlose Streichung der Pflicht zum öffentlichen Angebot in § 101 InvG
vor dem dargestellten europarechtlichen Hintergrund bedenklich.

[151]  Hierzu, 2. Kapitel B.I.1.

rechtsausschluss in § 104 Satz 2 InvG stehen somit keine europarechtlichen Vorschriften entgegen.

## 2. Bezugsrechtsausschluss und Eigentumsfreiheit

In der aktienrechtlichen Literatur wird das Bezugsrecht der Altaktionäre wiederholt als „mitgliedschaftliches Grundrecht der Aktionäre" bezeichnet.[152] Insofern ist es nur konsequent, wenn auch das Bundesverfassungsgericht das Bezugsrecht der Aktionäre als Teil des mitgliedschaftlichen Aktieneigentums qualifiziert und dem Schutz des Art. 14 Abs. 1 GG unterstellt.[153] Allerdings kann der Gesetzgeber gemäß Art. 14 Abs. 1 S. 2 GG Inhalt und Schranken des Eigentums ausgestalten und ist hierbei in seiner Einschätzungsprärogative nur durch weite Grenzen gebunden.[154]

Wie bereits oben ausgeführt, liegt der Investmentaktiengesellschaft im Vergleich zur herkömmlichen Aktiengesellschaft eine andere Ausgangslage zugrunde. Der Aktionär einer Investmentaktiengesellschaft ist grundsätzlich nicht an der Ausübung von Leitungsmacht interessiert; er betrachtet seine Beteiligung ausschließlich als Kapitalanlage. Zudem erhält der Aktionär einer Investmentaktiengesellschaft mit veränderlichem Kapital einen Ausgleich für den Verlust seines Bezugsrechts in Form einer erleichterten Deinvestitionsmöglichkeit. Denn gemäß § 105 Abs. 2 und 3 InvG kann er von der Gesellschaft grundsätzlich den Rückerwerb der von ihm gehaltenen Aktien verlangen.[155] Insoweit bedarf er keines Schutzes vor einer drohenden Verwässerung seines Stimmrechts.

Allerdings soll das Bezugsrecht auch vor einer Vermögensverwässerung schützen.[156] Da die an Dritte ausgegebenen neuen Aktien gemäß § 103 Abs. 2 Satz 1 InvG nicht unter dem anteiligen Nettoinventarwert veräußert werden dürfen,

---

[152] *Bayer*, in Münchener Kommentar zum Aktiengesetz, 2. Auflage 2005, § 203 AktG, Rn. 49; *ders.*, ZHR 163 (1999), 505, 509; *Zöllner*, AG 2002, 585 ff.; *Wiedemann*, in Großkommentar zum Aktiengesetz, 4. Auflage 1994, § 186 AktG, Rn. 13.

[153] BVerfGE 100, 298, 302; *BVerfG*, NJW 2001, 279.

[154] BVerfGE 58, 137, 148 ff.; *Papier*, in: Maunz/Dürig, Grundgesetz, Stand: Juni 2002, Art. 14, Rn. 315 ff.

[155] Ausführlich zum Rücknahmeanspruch im 4. Kapitel D.II.

[156] *Wiedemann*, in Großkommentar zum Aktiengesetz, 4. Auflage 1994, § 186 AktG, Rn. 13; *Bayer*, in Münchener Kommentar zum Aktiengesetz, 2. Auflage 2005, § 203 AktG, Rn. 48.

kann eine Vermögensverwässerung grundsätzlich nicht eintreten.[157] Der Schutz vor einer Vermögensverwässerung ist somit weitgehend sicher gestellt. Im Übrigen greift auch hier das jederzeitige Andienungsrecht des § 105 Abs. 3 Satz 1 InvG.

### 3. Zusammenfassung

Dem in § 104 Satz 2 InvG angeordneten Bezugsrechtsausschluss stehen keine europarechtlichen Vorschriften entgegen. Aus einem Umkehrschluss zu Art.1 Abs. 2 und 29 Abs. 1 Kap-RiLi kann vielmehr geschlossen werden, dass der europäische Gesetzgeber im Falle einer Investmentaktiengesellschaft grundsätzlich von einem Ausschluss des Bezugsrechts der Altaktionäre ausgeht. Des Weiteren beachtet die in Rede stehende Regelung die Grenzen einer zulässigen Inhalts- und Schrankbestimmung im Sinn von Art. 14 Abs. 1 Satz 2 GG. Der Bezugsrechtsausschluss verletzt weder die Institutsgarantie des Eigentums, noch ist der Ausschluss des Bezugsrechts mit Blick auf das Andienungsrecht des § 105 Abs. 3 Satz 1 InvG unverhältnismäßig.[158]

### C.  Der Zeitpunkt der Erhöhung

Nach § 104 Satz 3 InvG ist das Grundkapital einer Investmentaktiengesellschaft mit veränderlichem Kapital im Falle einer Kapitalerhöhung bereits mit Ausgabe der Aktien erhöht. Insoweit kommt es in Abweichung zur allgemeinen aktienrechtlichen Vorschrift des § 189 AktG nicht auf die konstitutive Eintragung der Durchführung der Kapitalerhöhung in das Handelsregister an.[159] Folglich ist § 104 Satz 4 InvG von lediglich klarstellender Natur. Da § 104 Satz 3 InvG im Lichte des § 99 Abs. 1 InvG als *lex specialis* Regelung anzusehen ist, ist § 191

---

[157] Wie im 6. Kapitel unter E. dargestellt, kann es jedoch zu einer Verwässerung kommen, wenn die Anlagegrundsätze sich auf entsprechend seltene, lukrative Finanzinstrumente beziehen, die in dieser Güte nicht mehr am Markt erhältlich sind und der Portfolioverwalter auf „schlechter" performende Anlagegegenstände zurückgreifen muss.

[158] *Baums/Kiem*, in Festschrift für Walther Hadding, 2004, 741, 749.

[159] Für die herkömmliche Aktiengesellschaft besteht das Verfahren der Kapitalerhöhung aus zwei Abschnitten, den Kapitalerhöhungsbeschluss nach §§ 182 ff. AktG und  dessen Durchführung gemäß §§ 185 ff. AktG. Als Folge des Eintragungserfordernisses des § 189 InvG sind neue Aktien einer herkömmlichen Aktiengesellschaft, die vor der Eintragung ausgegeben werden, nach § 191 Satz 2 AktG nichtig. *Hüffer*, AktG, 7. Auflage 2006, § 182 AktG, Rn. 4.

AktG bereits aufgrund des Anwendungsvorrangs ausgeschlossen.[160] Die Vorschrift des § 104 Satz 3 InvG bedeutet jedoch auch, dass die Grundkapitalziffern nicht vor der Ausgabe als erhöht angesehen werden kann. Entscheidet sich der Vorstand für einen Vorratsbeschluss, der das gesamte statutarisch genehmigte Kapital ausschöpft, so ist auch in diesem Fall nicht bereits im Zeitpunkt der Beschlussfassung, sondern erst im Zeitpunkt der Ausgabe der Aktien das Grundkapital erhöht.[161]

## D.   Das veränderliche Grundkapital

Seine Bezeichnung als Investmentaktiengesellschaft mit veränderlichem Kapital erhält das Investmentvermögen in Satzungsform aufgrund der Regelung des § 105 Abs. 1 Satz 1 InvG. Gemäß § 105 Abs. 1 Satz 1 InvG kann die Investmentaktiengesellschaft mit veränderlichem Kapital in den Grenzen eines in der Satzung festzulegenden Mindest- und Höchstkapitals nach Maßgabe der Bestimmungen des Investmentgesetzes jederzeit ihre Aktien ausgeben, zurückkaufen und weiterveräußern. Die Regelung des § 105 Abs. 1 Satz 1 InvG verdeutlicht, dass die Grundkapitalziffer einer Investmentaktiengesellschaft mit veränderlichem Kapital nicht nur aufgrund einer Kapitalerhöhung steigen kann. Vielmehr unterliegt das Grundkapital aufgrund einer Vielzahl von Veräußerungs- und Rückerwerbsgeschäften (i.V.m. der Einziehung der zurückgenommenen Aktien) *de facto* einer ständigen Schwankung. Deshalb wird in der Literatur auch zu Recht von einem „atmenden" Grundkapital gesprochen.[162] Gemäß § 105 Abs. 4 Satz 1 und 2 InvG kann der Vorstand die Einziehung der zurück erworbenen eigenen Aktien nach Maßgabe der Satzungsbestimmungen beschließen,

---

[160]   Im Rahmen des Investmentänderungsgesetzes wird die Regelung des § 104 Satz 3 InvG gestrichen. Damit stellt sich die Frage, ob die Regelung des § 191 AktG künftig auf eine Investmentaktiengesellschaft Anwendung findet. Bereits aus Praktikabilitätsgesichtspunkten ist davon auszugehen, dass die Regelung des § 191 AktG vom Anwendungsvorrang des Investmentgesetzes aus § 99 Abs. 1 InvG überlagert wird. Im Übrigen ist die Streichung des § 104 Satz 3 InvG mit der Abkehr vom Begriff des Grundkapitals und dessen Ersetzung durch den neuen Begriff des Gesellschaftskapitals zu begründen.

[161]   Zur Durchführung der Kapitalerhöhung in der Praxis, siehe 4. Kapitel D.I.

[162]   *Steck / Schmitz*, AG 2004, 660.

soweit hierdurch das in der Satzung bestimmte Mindestkapital nicht unterschritten wird.[163] Die Vorschrift des § 105 Abs. 1 InvG ergänzt damit die des § 104 InvG. Gemeinsam begründen sie die Basis für eine weitgehende investmentrechtliche Gleichstellung von Investmentaktiengesellschaft mit veränderlichem Kapital und herkömmlichem Sondervermögen. Aufgrund des veränderlichen Grundkapitals ist die Investmentaktiengesellschaft in gleichem Maße flexibel wie ein klassischer Investmentfonds. Die Investmentaktiengesellschaft mit veränderlichem Kapital ist folglich ein offenes Investmentvermögen, dessen Anteilsscheine – Aktien – fließend ausgegeben und zurückgenommen werden können.

## I. Die fließende Ausgabe neuer Aktien in der Praxis

Bei der Ausgabe neuer Aktien einer Investmentaktiengesellschaft kommt es entscheidend auf eine rasche Reaktionsmöglichkeit entsprechend der Nachfrage am Markt an. Kann die Investmentaktiengesellschaft in Ermangelung junger Aktien die Nachfrage nicht bedienen, wird der Markt seine Befriedigung bei einem anderen Investmentprodukt – einem Konkurrenzprodukt – suchen. Letzteres wirkt sich grundsätzlich nicht negativ auf den Wert der Aktien der Gesellschaft aus, da dieser gemäß §§ 103 Abs. 2 Satz 1, 105 Abs. 3 Satz 1 InvG stets über den anteiligen Inventarwert bestimmt wird. Allerdings sind die Initiatoren grundsätzlich an einem möglichst hohen Gesellschaftsvermögen interessiert, da ihr Ziel in der Regel die Einnahme einer Vergütung für die Portfolioverwaltung sowie für die Verwaltung des Vermögens im Übrigen ist. Hier gilt der Grundsatz: Je größer das zu verwaltende Vermögen, desto höher der Betrag der möglichen Verwaltungsvergütung.

Die Ausgabe neuer Aktien gemäß § 104 Satz 1 InvG ist eine originäre Aufgabe des Vorstands einer Investmentaktiengesellschaft. Die Regelung des § 104 Satz 1 InvG ist insoweit im Verhältnis zu § 23 Abs. 1 Satz 1 InvG *lex specialis*

---

[163]  Zur Herabsetzung der Grundkapitalziffer außerhalb der Regelung des § 105 Abs. 4 Satz 1 InvG, 4. Kapitel F.I.6. Nach dem Investmentänderungsgesetz ist gemäß § 105 Abs. 3 InvG n.F. das Gesellschaftskapital mit der Rücknahme der Aktien herabgesetzt.

für Investmentaktiengesellschaften. Bei der Ausgabe neuer Aktien kommt der Depotbank folglich nur eine Überwachungsfunktion zu.[164] Für die Umsetzung der Kapitalerhöhung einer Investmentaktiengesellschaft mit veränderlichem Kapital bestehen in der Praxis zwei als gleichwertig anzusehende Möglichkeiten:

## 1. Vorratsbeschluss

Zum einen kann der Vorstand mit einem so genannten „Vorratsbeschluss" den in der Satzung bezifferten Höchstbetrag voll ausschöpfen. In diesem Fall beschließt der Vorstand grundsätzlich nur eine einzige Kapitalerhöhung. Erst wenn die Hauptversammlung den Höchstbetrag im Rahmen einer Satzungsänderung anhebt, hat der Vorstand erneut die Möglichkeit, die Grundkapitalziffer weiter zu erhöhen. Der Vorteil eines Vorratsbeschlusses ist die hohe Flexibilität der Gesellschaft bei der Ausgabe junger Aktien. Selbst bei einer besonders großen Nachfrage kann sie bis zur Erreichung der Höchstkapitalziffer unverzüglich die Interessenten bedienen. Im Unterschied zum genehmigten Kapital einer herkömmlichen Aktiengesellschaft besteht keine Frist für die Umsetzung der Kapitalerhöhung.[165] Der Vorratsbeschluss unterliegt im Übrigen auch keiner Verjährung, oder Beschränkungen im Umfang, wie für eine klassische Aktiengesellschaft in § 202 Abs. 3 Satz 1 AktG normiert.

## 2. Einzelbeschlüsse

Zum anderen kann der Vorstand in einer Reihe von Beschlüssen den satzungsmäßigen Höchstbetrag aufbrauchen. Auch hier gibt es für die einzelnen Beschlüsse keine zeitlichen oder mengenmäßigen Begrenzungen.

## II.  Der Rücknahmeanspruch der Aktionäre

Eine weitere aktienrechtliche Novität findet sich in § 105 Abs. 2 Satz 1 InvG. Nach § 105 Abs. 2 Satz 1 InvG begibt eine Investmentaktiengesellschaft aus-

---

[164]  Dies genügt den Anforderungen des Art. 14 Abs. 3 lit. a OGAW-RiLi an die Überwachungsfunktion der Depotbank bei der Ausgabe neuer Aktien.

[165]  Gemäß § 202 Abs. 2 Satz 1 AktG kann die Ermächtigung für höchsten fünf Jahre erteilt werden.

schließlich Aktien, die den Aktionären das Recht gewähren, von der Gesellschaft den Rückerwerb der Aktien zu verlangen (rückerwerbbare Aktien).[166] Damit wird die Grundkapitalziffer nicht nur durch den Vorstand aufgrund dessen Möglichkeit zur Vornahme einer Kapitalerhöhung gemäß § 104 InvG beeinflusst, sondern indirekt auch durch das Andienungsrecht der Aktionäre aus § 105 InvG. Indirekt nur deshalb, weil die Einziehung der Aktien und die damit verbundene Herabsetzung des Grundkapitals ebenfalls durch Vorstandsbeschluss erfolgt. Entscheidet sich der Vorstand gegen eine Einziehung, so kann die Investmentaktiengesellschaft die eigenen Aktien auch selbst halten.[167]

Im Verständnis des klassischen Gesellschaftsrechts ist der Rücknahmeanspruch der Aktionäre als Ausnahme vom Verbot der Einlagenrückgewähr als Ausfluss des Grundsatzes der Kapitalerhaltung des § 57 Abs. 1 Satz 1 AktG zu sehen. Die Vorschrift des § 105 Abs. 2 Satz 1 InvG geht jedoch mit § 57 Abs. 1 Satz 2 AktG konform, da die Zahlung des Erwerbspreises beim zulässigen Erwerb eigener Aktien nicht als Rückgewähr von Einlagen anzusehen ist.

## 1. Der Anspruch aus § 105 Abs. 3 Satz 1 InvG

Der eigentliche Rücknahmeanspruch der Aktionäre gegen die Investmentaktiengesellschaft mit veränderlichem Kapital ist in § 105 Abs. 3 Satz 1 InvG geregelt. Gemäß § 105 Abs. 3 Satz 1 InvG kann der Inhaber rückerwerbbarer Aktien von der Gesellschaft nach Maßgabe der Bestimmungen der Satzung die Rücknahme der Aktien gegen Zahlung eines Betrags verlangen, der dem Inventarwert abzüglich eines in der Satzung festzusetzenden Abschlags für die Transaktionskosten entspricht. Auch diese investmentrechtliche Spezialregelung war erforderlich, um die vom Gesetzgeber angestrebte weitestgehende Gleichstellung von Investmentaktiengesellschaft und herkömmlichem Sondervermögen zu verwirklichen. Denn auch dem Inhaber eines Anteils an einem Sondervermögen wird in

---

[166] Der Begriff „rückerwerbbare" Aktien in § 105 Abs. 2 Satz 1 InvG ist missverständlich gewählt. Die Gesellschaft hat hinsichtlich der Rücknahme der Aktien kein Ermessen. Vielmehr räumt das Investmentgesetz den Aktionären einer Investmentaktiengesellschaft mit veränderlichem Kapital ein Andienungsrecht ein. Vgl. *Steck/Schmitz*, AG 2004, 658, 661; *Hermanns*, ZIP 2004, 1297, 1300; *Baums/Kiem*, in Festschrift für Walther Hadding, 2004, 741, 753.

[167] Auf der Basis des Investmentänderungsgesetz wird dies nicht mehr möglich sein. Denn gemäß § 105 Abs. 3 InvG n.F. ist das Gesellschaftskapital automatisch mit der Rücknahme der Aktien herabgesetzt; die zurückgenommen Aktien folglich unmittelbar eingezogen.

§ 37 Abs. 1 InvG ein Anspruch auf Rücknahme seines Anteils gegen die Kapitalanlagegesellschaft eingeräumt.[168] Die in §§ 37 Abs. 1, 105 Abs. 3 Satz 1 InvG normierten Rücknahmeansprüche sind auf Art. 1 Abs. 2 2. Spiegelstrich OGAW-RiLi zurückzuführen. Nach dieser Regelung ist es Grundvoraussetzung für einen richtlinienkonformen Organismus, dass seine Anteile auf Verlangen der Anteilinhaber zu Lasten des Vermögens dieses Organismus zurückgenommen oder ausgezahlt werden. Das Andienungsrecht der Anteilsinhaber ist damit ein Wesensmerkmal für ein richtlinienkonformes Investmentvermögen.[169] Aufgrund des Rückgaberechts werden diese Anlageformen auch als offene Investmentvermögen bezeichnet – man spricht vom *Open-end*-Prinzip.[170] Das Gegenteil bildet das *Closed-end*-Prinzip.[171] Bei Letzterem besteht gerade kein Rücknahmeanspruch der Anteilinhaber gegenüber der Gesellschaft. Das Investmentgesetz sieht lediglich die Investmentaktiengesellschaft mit fixem Kapital als geschlossenes Investmentvermögen vor.[172]

Zu Recht wurde die Bezeichnung der Aktien einer Investmentaktiengesellschaft mit veränderlichem Kapital als „rückerwerbbare" Aktien in der Literatur kritisiert.[173] Dieser Wortlaut legt ein Ermessen der Gesellschaft beim Rückerwerb nahe. Tatsächlich ist die Investmentaktiengesellschaft gemäß § 105 Abs. 3 Satz 2 InvG jedoch bis zur Grenze des in der Satzung festgelegten Mindestkapitals

---

[168]   Die Regelung des § 37 Abs. 1 InvG folgt der des § 11 Abs. 2 Satz 1 KAGG nach. Siehe hierzu: *Schödermeier/Balzer*, in Brinkhaus/Scherer (Hrsg.), Kommentar zum Gesetz über Kapitalanlagegesellschaften und Auslandinvestment-Gesetz, 2003, § 11 KAGG, Rn. 5 ff.

[169]   *Baur*, Investmentgesetze, 2. Auflage 1997, § 11 KAGG, Rn. 1.

[170]   *Schödermeier/Balzer*, in Brinkhaus/Scherer (Hrsg.), Kommentar zum Gesetz über Kapitalanlagegesellschaften und Auslandinvestment-Gesetz, 2003, § 11 KAGG, Rn. 5; *Baur*, Investmentgesetze, 2. Auflage 1997, § 11 KAGG, Rn. 1.

[171]   Das Open-end-Prinzip gehört zu den Wesensmerkmalen einer Kapitalanlagegesellschaft. Vor der Einführung der Investmentaktiengesellschaft mit fixem Kapital gab es unter dem KAGG keine geschlossene Fondsform. *Schödermeier/Balzer*, in Brinkhaus/Scherer (Hrsg.), Kommentar zum Gesetz über Kapitalanlagegesellschaften und Auslandinvestment-Gesetz, 2003, § 11 KAGG, Rn. 5.

[172]   Im Zuge des Investmentänderungsgesetz wird die Investmentaktiengesellschaft mit fixem Kapital aus dem Investmentgesetz gestrichen. Dem deutschen Kapitalanlagemarkt steht dann kein nach dem Investmentgesetz reguliertes geschlossenes Investmentvermögen mehr zur Verfügung.

[173]   *Steck/Schmitz*, AG 2004, 661 (Fußnote 34); *Hermanns*, ZIP 2004, 1297, 1300; *Baums/Kiem*, in Festschrift für Walther Hadding, 2004, 741, 753.

zur Rücknahme verpflichtet.[174] Die Regelung des § 105 Abs. 3 Satz 1 InvG statuiert in erster Linie ein Recht der Aktionäre, dem die Pflicht der Gesellschaft zur Rücknahme lediglich korrespondiert. Aufgrund der hinter dem Wortlaut stehenden Regelung sollte genauer von „Aktien mit Rückgaberecht" oder von „rücknahmepflichtigen Aktien" gesprochen werden.[175]

## 2. Der Ausschluss der §§ 71 ff. AktG

Aufgrund der investmentrechtlichen Spezialregelungen über rückerwerbbare Aktien ist in § 105 Abs. 5 InvG die entsprechende Anwendung der §§ 71 und 71a sowie 71c bis 71e AktG ausgeschlossen. Die §§ 71 ff. AktG beinhalten Regelungen über den Rückerwerb eigener Aktien durch eine Aktiengesellschaft. Sie gehen im Wesentlichen auf Art. 19 Abs. 1 Kap-RiLi zurück.[176] So dürfen nach § 71 Abs. 2 Satz 1 AktG auf die von einer Aktiengesellschaft gehaltenen eigenen Aktien nicht mehr als zehn vom Hundert des Grundkapitals entfallen.[177] Mit dieser Vorschrift wurde die Vorgabe des Art. 19 Abs. 1 lit. b) Kap-RiLi in das nationale Recht umgesetzt. Trotz des auch hier zu beachtenden Anwendungsvorrangs des Europarechts, steht die Kapitalrichtlinie den Vorschriften des Investmentgesetzes über rückerwerbbare Aktien nicht entgegen. Denn bereits 1976 – und damit lange vor der Implementierung im deutschen Kapitalanlagerecht – sah der europäische Gesetzgeber in Art. 1 Abs. 2 Kap-RiLi eine Ausnahme von der Anwendungspflicht für Investmentaktiengesellschaften mit veränderlichem Kapital vor.

---

[174] Hierzu ausführlich im 4. Kapitel unter D.II. *Steck/Schmitz*, AG 2004, 661 (Fußnote 34); *Baums/Kiem*, in Festschrift für Walther Hadding, 2004, 741, 753.

[175] Weitere Beispiele finden sich bei *Baums/Kiem*, in Festschrift für Walther Hadding, 2004, 741, 752 ff.

[176] Kapitalschutzrichtlinie 77/91/EWG; ABl. Nr. L 26 vom 31.1.1977, S. 1 ff.

[177] Der häufigste Fall eines Rückerwerbs eigener Aktien ist in § 71 Abs. 1 Nr. 8 AktG geregelt. Nach dieser Vorschrift dürfen aufgrund eines höchstens 18 Monate alten Hauptversammlungsbeschlusses maximal 10 % des Grundkapitals zurück erworben werden.

Die Umsetzung der Anforderungen des Art. 1 Abs. 2 Kap-RiLi findet sich in den §§ 96 Abs. 2 Satz 2, 101 Abs. 1, 105 Abs. 1 Satz 1 InvG. Folglich hat der deutsche Gesetzgeber die §§ 71 ff. AktG in § 105 Abs. 5 InvG gemeinschaftsrechtskonform für nicht anwendbar erklärt.

### 3. Einschränkungen durch das Investmentrecht

Mit dem Anspruch der Aktionäre auf Rücknahme der gehaltenen Aktien korrespondiert die Rücknahmepflicht der Investmentaktiengesellschaft.[178] Die Rücknahmepflicht ist grundsätzlich zwingend und kann nur in engen gesetzlichen Grenzen eingeschränkt werden. Weitere Beschränkungen des Rücknahmeanspruchs sind unzulässig; die gesetzlichen Bestimmungen insoweit abschließend.[179]

**a) Sicherung des Mindestkapitals § 105 Abs. 3 Satz 2 InvG**

Der Rücknahmeanspruch der Aktionäre besteht nicht unbegrenzt. Gemäß § 105 Abs. 3 Satz 2 InvG besteht die Verpflichtung der Investmentaktiengesellschaft mit veränderlichem Kapital nur insoweit, als durch den Erwerb der Nennbetrag oder der rechnerische Anteil der von der Gesellschaft gehaltenen eigenen Aktien insgesamt den Unterschiedsbetrag zwischen dem Grundkapital zum Zeitpunkt des Erwerbs der eigenen Aktien und dem in der Satzung bestimmten Mindestkapital nicht übersteigt. Folglich soll das in der Satzung festgelegte Mindestkapital durch den Rückerwerb eigener Aktien, bei gleichzeitig unterstellter Einziehung aller eigenen Aktien, nicht angegriffen werden.[180] Dieses Mindestkapital soll den Gläubigern der Investmentaktiengesellschaft als Haftungsmasse verbleiben. Folglich ist der Wortlaut der Vorschrift ungenau, da dieser lediglich die Verpflichtung zum Rückerwerb entfallen lässt. In Wirklichkeit untersagt § 105 Abs. 3 Satz 2 InvG der Investmentaktiengesellschaft den Rückerwerb, sobald der Schwellenwert unterschritten ist.[181] Der Investmentaktiengesellschaft

---

[178]  *Schödermeier/Balzer*, in Brinkhaus/Scherer (Hrsg.), Kommentar zum Gesetz über Kapitalanlagegesellschaften und Auslandinvestment-Gesetz, 2003, § 11 KAGG, Rn. 5.

[179]  *Steck/Schmitz*, AG 2004, 662; *Hermanns*, ZIP, 2004, 1297, 1300.

[180]  *Baums/Kiem*, in Festschrift für Walther Hadding, 2004, 741, 753; *Steck/Schmitz*, AG 2004, S. 661.

[181]  *Hermanns*, ZIP 2004, 1297, 1301.

ist somit keine „freiwillige" Rücknahme angedienter Aktien über die gesetzliche Rücknahmepflicht hinaus möglich.[182]

## b)  § 116 InvG Rücknahme nur zu bestimmtem Termin

Eine Investmentaktiengesellschaft mit veränderlichem Kapital kann nicht nur entsprechend der OGAW-Richtlinie als richtlinienkonformes Sondervermögen, sondern aufgrund der Inbezugnahme in § 99 Abs. 3 InvG und des offen zu verstehenden Unternehmensgegenstands[183] des §§ 96 Abs. 2 Satz 2, 2 Abs. 5 InvG i.V.m. § 2 Abs. 4 Nr. 7 bis 9 InvG auch als Sondervermögen mit zusätzlichen Risiken – Hedgefonds – ausgestaltet werden. Sollte eine Investmentaktiengesellschaft gemäß §§ 112, 113 InvG als Hedgefonds angelegt sein, so kann nach § 116 Satz 1 InvG die Rücknahme der Aktien in der Satzung auf bestimmte Rücknahmetermine beschränkt werden.[184] In einem solchen Fall muss es den Aktionären jedoch möglich sein, ihre Aktien mindestens einmal in jedem Kalendervierteljahr der Investmentaktiengesellschaft anzudienen. Auch hier ist von der Gesellschaft die gesetzliche Schranke der Rücknahmepflicht aus § 105 Abs. 3 Satz 2 InvG zu beachten.

## c)  Die Aussetzung der Rücknahme

Ferner findet über § 99 Abs. 3 InvG auch § 37 Abs. 2 InvG auf die Investmentaktiengesellschaft Anwendung. [185] Gemäß § 37 Abs. 2 Satz 1 InvG kann in der

---

[182]  Das Investmentgesetz sieht keine Rechtsfolge für einen Verstoß gegen das in § 105 Abs. 3 Satz 2 InvG enthaltene Rücknahmeverbot vor. Sollte der Gesellschaft ein Schaden entstehen, so wäre der Vorstand eventuell gemäß § 93 Abs. 2 Satz 1 AktG schadensersatzpflichtig. Ferner könnte die BaFin der Investmentaktiengesellschaft unter den Voraussetzungen des § 35 Abs. 1 Satz 2 Nr. 4 KWG die Erlaubnis zum Geschäftsbetrieb entziehen. Schließlich kommen auch die Anfechtungsmöglichkeiten nach den Regelungen des Anfechtungsgesetzes und der Insolvenzordnung in Betracht. Hingegen kann die Vorschrift des § 105 Abs. 3 Satz 2 InvG in Ermangelung eines nichtigkeitsbegründenden Verbotszwecks nicht als Verbotsgesetz i.S.v. § 134 BGB angesehen werden. Allgemein dazu *Larenz/Wolf*, Allgemeiner Teil des Bürgerlichen Rechts, 9. Auflage 2004, S.723 ff.; *Heinrichs*, in Palandt (Hrsg.), Bürgerliches Gesetzbuch, 66. Auflage 2007, § 134 BGB, Rn. 1 ff.

[183]  Zum Begriff des Unternehmensgegenstandes der §§ 96 Abs. 2 Satz 2; 2 Abs. 5 InvG ausführlich im 2. Kapitel unter B.I.2.

[184]  Die ausdrückliche Nennung des § 116 InvG in § 105 Abs. 2 Satz 2 InvG ist insoweit lediglich von klarstellender Natur.

[185]  Die Regelung des § 105 Abs. 2 Satz 2 InvG ist folglich nur von klarstellender Natur.

Satzung vorgesehen werden, dass die Investmentaktiengesellschaft die Rücknahme aussetzen darf, wenn *außergewöhnliche Umstände* vorliegen, die eine Aussetzung unter Berücksichtigung der Interessen der Aktionäre erforderlich scheinen lassen. Diese Norm tritt an die Stelle des ehemaligen § 11 Abs. 2 Satz 2 KAGG. Ein außergewöhnlicher Umstand im Sinne des § 37 Abs. 2 Satz 1 InvG wird beispielsweise bei der Schließung einer oder mehrer für die Ermittlung des Aktienwertes maßgeblichen Börsen oder bei Schließung der Devisenmärkte aufgrund starker monetärer Turbulenzen angenommen.[186] Ferner kann auch die Ausübung des Andienungsrechts durch eine überdurchschnittlich große Zahl von Aktionären einen außergewöhnlichen Umstand begründen.[187] In einem solchen Fall ist an die Annahme eines außergewöhnlichen Umstandes mit Blick auf das Recht und das Interesse der Aktionäre, die gehaltenen Aktien zurückzugeben, besonders strenge Anforderungen zu stellen.[188] Dem Interesse der Aktionäre wird jedoch auch dann Rechnung getragen, wenn die Rücknahme ausgesetzt wird, weil eine ordnungsgemäße Veräußerung der von der Investmentaktiengesellschaft gehalten Vermögenswerte im Zeitpunkt des Rücknahmeverlangens nicht gewährleistet werden kann.[189] Ein Verkauf der Finanzinstrumente deutlich unter Marktpreis ist nicht im Interesse der Aktionäre, da dies aufgrund der Berechnungsmethoden der § 103 Abs. 2 InvG und § 105 Abs. 3 Satz 1 InvG im gleichen Umfang einen Wertverlust für die Aktien der Investmentaktiengesellschaft mit sich bringt. Des Weiteren kann eine vorübergehende Aussetzung der Rücknahme zulässig sein, wenn sich die aus der Rücknahme ergebenden Rücknahmepflichten nicht aus den liquiden Mitteln der Investmentaktiengesellschaft befriedigen lassen.[190] In diesem Fall ist die Investmentaktiengesellschaft jedoch verpflichtet, unverzüglich und unter angemessener Wahrung der Rechte aller Aktionäre – auch derer die ihre Aktien nicht andienen möchten – entspre-

---

[186] *Schödermeier/Balzer,* in Brinkhaus/Scherer (Hrsg.), Kommentar zum Gesetz über Kapitalanlagegesellschaften und Auslandinvestment-Gesetz, 2003, § 11 KAGG, Rn. 12; S. 76 der Bemerkung der Kommission der Europäischen Gemeinschaften zu den Bestimmungen der OGAW-Richtlinie.

[187] *Tratz,* Die Novellierung des Gesetzes über Kapitalanlagegesellschaften, S. 35.

[188] *Steck/Schmitz,* AG 2004, 662.

[189] *Schödermeier/Balzer,* in Brinkhaus/Scherer (Hrsg.), Kommentar zum Gesetz über Kapitalanlagegesellschaften und Auslandinvestment-Gesetz, 2003, § 11 KAGG, Rn. 12; *Baur,* Investmentgesetze, 2. Auflage 1997, § 11 KAGG, Rn. 14.

[190] *Steck/Schmitz,* AG 2004, 661.

chende Vermögensgegenstände zu veräußern, um den Rücknahmeanspruch der Aktionäre befriedigen zu können.

Grundvoraussetzung des § 37 Abs. 2 Satz 1 InvG ist jedoch die konkrete Festlegung der außergewöhnlichen Umstände in der Satzung der Investmentaktiengesellschaft. Solange eine Investmentaktiengesellschaft die Rücknahme aussetzt, darf sie nach § 37 Abs. 2 Satz 2 InvG keine neuen Aktien ausgeben.

### 4. Überangebot an Aktien

Es sind verschiedene Szenarien denkbar, in denen einer Investmentaktiengesellschaft mehr Aktien angedient werden, als sie nach § 105 Abs. 2 Satz 3 InvG zulässigerweise zurücknehmen darf. Dies ist insbesondere bei einem Hedgefonds in der Rechtsform einer Investmentaktiengesellschaft möglich, wenn die Satzung Regelungen vorsieht, nach denen die Aktien entsprechend § 116 Satz 1 InvG nur zu bestimmten Terminen zurückgegeben werden dürfen.

#### a) Zeitliche Reihenfolge

Im täglichen Geschäft einer Investmentaktiengesellschaft sind die zur Rücknahme angetragenen Aktien entsprechend der zeitlichen Reihenfolge des Angebotseinganges zu bedienen.[191] Da die Rücknahme gemäß § 105 Abs. 3 Satz 1 InvG „nach Maßgabe der Bestimmungen der Satzung" erfolgt, sollte die Satzung entsprechend detaillierte Regelungen enthalten. Eine Satzung könnte beispielsweise die folgende Klausel vorsehen:

*§y Rücknahme von Aktien*
*Sofern nicht alle Ansprüche der Aktionäre auf Rücknahme ihrer Aktien erfüllt werden können, sind diese in der zeitlichen Reihenfolge ihrer Geltendmachung, am gleichen Tag geltend gemachte Ansprüche anteilig im Verhältnis der Anzahl der angedienten Aktien, zu erfüllen.*

#### b) Gleichbehandlungsgrundsatz gemäß § 53a AktG

Problematisch sind jene Sachverhalte, in denen der Investmentakteingesellschaft mit Blick auf die Grenze der Rücknahmepflicht in § 105 Abs. 3 Satz 2 InvG zu

---

[191] *Steck/Schmitz*, AG 2004, 661; *Baums/Kiem*, in Festschrift für Walther Hadding, 2004, 755.

viele Aktien angeboten werden. In einem solchen Fall hat die Investmentaktiengesellschaft als vollwertige Aktiengesellschaft den Gleichbehandlungsgrundsatz
des § 53a AktG zu beachten. Gemäß § 53a AktG sind Aktionäre unter gleichen
Voraussetzungen gleich zu behandeln. Aus dem Umkehrschluss zu dieser Generalklausel folgt das Verbot, Aktionäre ohne genügende sachliche Rechtfertigung
willkürlich unterschiedlich zu behandeln.[192] Da die Investmentaktiengesellschaft
als Kapitalgesellschaft konzipiert ist, muss die Gleichbehandlung grundsätzlich
nach Maßgabe der Kapitalbeteiligung erfolgen.[193] Das Ausmaß der Rechte und
Pflichten jedes Aktionärs hat grundsätzlich einem für alle gleichen Maßstab
proportional der Höhe der jeweiligen Kapitalbeteiligung zu entsprechen.[194]

Werden einer Investmentaktiengesellschaft an einem Rücknahmetermin mehr
Aktien angedient, als sie in zulässiger Weise zurücknehmen darf, so ist sie
grundsätzlich gehalten das Verhältnis der ohne Verletzung von § 105 Abs. 3
Satz 2 InvG zu erwerbenden Aktien zur Gesamtzahl der angebotenen Aktien zu
ermitteln und entsprechend dieser Quote jedem antragenden Anleger einen Teil
der angetragenen Aktien abzunehmen.[195] Der Gleichbehandlungsgrundsatz bezieht sich im Fall der „Überandienung" lediglich auf die antragenden Aktionäre.
Von der anteiligen Abnahmepflicht kann nur im Einzelfall, und nur wenn besondere sachliche Gründe dies rechtfertigen, abgewichen werden, ohne dass
§ 53a AktG verletzt wird.

*Beispiel:*

*Die XXX Investmentaktiengesellschaft mit veränderlichem Kapital begibt Aktien, wel-
che im amtlichen Handel der Börse Frankfurt am Main gehandelt werden. Aufgrund
ihres Unternehmensgegenstandes hat die XXX Investmentaktiengesellschaft mit veränderlichem Kapital ihre Mittel ausschließlich in isländische Aktien investiert. Unter
Wahrung des § 105 Abs. 3 Satz 2 InvG wäre sie am 04. April 2006 in der Lage*

---

[192]  Zweck der Norm ist der Schutz der Mitgliedschaft des Aktionärs vor Eingriffen der Ge-
sellschaftsorgane, besonders der Hauptversammlung, die den einen Teil der Aktionäre
hinter den anderen Teil zurücksetzen , ohne dass solche Maßnahmen durch ein schutzwürdiges Interesse der Gesellschaft gedeckt wäre. *Hüffer*, AktG, 7. Auflage 2006, § 53a
AktG, Rn. 4; *Lutter/Zöller*, in Kölner Kommentar zum Aktienrecht, § 53a AktG, Rn. 19;
BGHZ 70, 117, 121.

[193]  *Bungeroth*, in Münchener Kommentar zum Aktiengesetz, 2. Auflage 2003, § 53a AktG,
Rn. 12.

[194]  *Bungeroth*, in Münchener Kommentar zum Aktiengesetz, 2. Auflage 2003, § 53a AktG,
Rn. 12.

[195]  *Hermanns*, ZIP 2004, 1297, 1301, *Steck/Schmitz*, AG 2004, 658, 661, *Baums/Kiem*, in
Festschrift für Walther Hadding, 2004, 741, 754.

*100.000 Aktien zurückzunehmen. Am Morgen des 04. April 2004 werden der Gesellschaft zwischen 9 Uhr und 12 Uhr lediglich von den Aktionären A, B und C insgesamt 5.000 Aktien angedient. Gegen 14 Uhr desselben Tages ereignet sich in Island eine Naturkatastrophe. Nun werden der Gesellschaft zwischen 14 Uhr und Handelsschluss weitere 250.000 Aktien von anderen Aktionären angeboten.*

*In diesem Fall ist es mit § 53a AktG vereinbar, wenn die Investmentaktiengesellschaft alle Aktien der Aktionäre A, B und C zurücknimmt. Ihrem Rücknahmeangebot lagen völlig andere Motive zugrunde. Sie sind im Übrigen klar von den anderen Aktionären abgrenzbar. Es liegt gerade keine willkürliche Ungleichbehandlung der einzelnen Aktionäre vor. Vielmehr bestehen Divergenzen, die eine unterschiedliche Behandlung der Aktionäre erforderlich machen und gleichzeitig auch rechtfertigen. Der Gleichbehandlungsgrundsatz des § 53a AktG verlangt in diesem Fall nur, dass alle Aktionäre, die nach 14 Uhr ihre Aktien andienten, gleich behandelt werden.*

*Sollten Aktionäre nach 14 Uhr ihre Aktien ohne Kenntnis von der Katastrophe andienen, hat dies keinen Einfluss auf ihren quotalen Rücknahmeanspruch. Diese lassen sich nicht nach objektiven Kriterien von den „wissenden" Aktionären unterscheiden. Dies selbst dann nicht, wenn sie beweisen könnten, keine Kenntnis von der Katastrophe gehabt zu haben.*

Die Regelung des § 53a AktG verlangt lediglich eine Gleichbehandlung der Aktionäre „unter gleichen Voraussetzungen".[196] Die Vorschrift lässt damit Raum für eine sachgerechte Differenzierung. Dadurch kann eine lebensfremde Starrheit des aktienrechtlichen Gleichbehandlungsgrundsatzes umgangen werden. Eine objektive, von dem grundsätzlich geltenden Gleichbehandlungsmaßstab abweichende Ungleichbehandlung ist daher zulässig, wenn sie sachlich gerechtfertigt ist und nicht den Charakter der Willkür trägt.[197] Das dargestellte Beispiel zeigt, dass die „besonderen Umstände" stets für den jeweiligen Einzelfall konkret zu bestimmen sind, eine schematische Betrachtung ist nicht zulässig.

### c) Der Ausstieg der verbliebenen Aktionäre

Kann eine Investmentaktiengesellschaft aufgrund der Vorschrift des § 105 Abs. 3 Satz 2 InvG keine weiteren Aktien zurücknehmen, so verbleibt den übrigen

---

[196] *Bungeroth,* in Münchener Kommentar zum Aktiengesetz, 2. Auflage 2003, § 53a AktG, Rn. 12.

[197] *Lutter/Zöllner,* in Kölner Kommentar zum Aktiengesetz, § 53a AktG, Rn. 13; *Bungeroth,* in Münchener Kommentar zum Aktiengesetz, 2. Auflage 2003, § 53a AktG, Rn. 12; BGHZ 120, 141, 150.

Aktionären die Möglichkeit über § 99 Abs. 1 InvG, nach den allgemeinen aktienrechtlichen Vorschriften aus der Gesellschaft auszusteigen. Die Aktionäre einer Investmentaktiengesellschaft, die das satzungsmäßige Mindestkapital verkörpernde Aktien halten, können im Falle des § 105 Abs. 3 Satz 2 InvG somit
nur nach §§ 262 ff. AktG im Wege der Auflösung und Abwicklung aus der Investmentaktiengesellschaft aussteigen. Dies erfolgt nach den hergebrachten aktienrechtlichen Bestimmungen. Die Auflösung der Investmentaktiengesellschaft
kann über § 262 Abs. 1 Nr. 2 AktG von der Hauptversammlung mit Dreivier-
telmehrheit beschlossen werden. Die Liquidation der Gesellschaft erfolgt gemäß
§§ 264 ff. AktG. Es bestehen insoweit keine investmentrechtliche Besonderheiten.

## 5.  Verbot der Ausgabe nicht rückerwerbpflichtiger Aktien

Nach der klar formulierten Begründung des Investmentmodernisierungsgesetzes
begibt eine Investmentaktiengesellschaft mit veränderlichem Kapital ausschließlich Aktien, die den Anspruch auf Rücknahme gewähren.[198] Folglich ist es einer
Investmentaktiengesellschaft mit veränderlichem Kapital untersagt, Aktien auszugeben, die nicht der Rücknahmepflicht des § 105 Abs. 3 Satz 1 InvG unterliegen. Der Rücknahmeanspruch kann gemäß § 105 Abs. 2 Satz 2 InvG lediglich
entsprechend den Vorgaben der §§ 37, 116 InvG in der Satzung eingeschränkt
werden.[199] Ein völliger Ausschluss ist nicht möglich.

## E.   Registergerichtliche Behandlung des veränderlichen Grundkapitals

Im Falle einer herkömmlichen Aktiengesellschaft haben der Vorstand und der
Vorsitzende des Aufsichtsrats die Durchführung der Erhöhung des Grundkapitals nach § 188 Abs. 1 AktG zur Eintragung in das Handelsregister anzumelden.
Gemäß § 189 AktG wirkt die Eintragung der Grundkapitalerhöhung im Falle
einer ordentlichen Kapitalerhöhung konstitutiv.[200] Erst die Eintragung bewirkt
die Erhöhung der Grundkapitalziffer und der Anzahl der auf die Gesellschaft
lautenden Aktien. Als Folge können nach § 191 Satz 1 AktG neue Aktien nicht

---

[198]  Gesetzesbegründung, BT-Drucks. 15/1553, S. 106; *Steck/Schmitz*, AG 2004, 658, 662.

[199]  Siehe hierzu ausführlich im 4. Kapitel unter Ziffer D.II.3.

[200]  *Hüffer*, AktG, 7. Auflage 2006, § 189 AktG, Rn. 2; *Pfeifer*, in Münchener Kommentar
zum Aktiengesetz, 2. Auflage 2005, § 189 AktG, Rn. 5.

vor der Eintragung ausgegeben werden. Sollten Aktien vor der Eintragung der Kapitalerhöhung ausgegeben worden sein, so sind diese nichtig.[201]

Für die Investmentaktiengesellschaft mit veränderlichem Kapital findet sich in § 104 Satz 3 InvG eine investmentrechtliche *lex specialis* Regelung. Nach der Regelung des § 104 Satz 3 InvG ist das Grundkapital bereits mit der Ausgabe der Aktien erhöht. Ferner schließt § 104 Satz 4 InvG die Anwendung des § 191 AktG ausdrücklich aus. Folglich können neue Aktien unabhängig von einer die Durchführung der Kapitalerhöhung betreffenden Handelsregistereintragung ausgegeben werden.[202] Diese Regelung ist erforderlich, da eine Investmentaktiengesellschaft nur so unter Ausschaltung des zeitaufwändigen Eintragungsverfahrens rasch auf die Nachfrage am Markt reagieren und die potentiellen Aktionäre bedienen kann. Als Folge dessen drängt sich die Frage auf, wie das atmende Grundkapital registergerichtlich zu behandeln ist.

## I. Die Investmentaktiengesellschaft im Handelsregister

Entsprechend der Vorgehensweise bei einer herkömmlichen Aktiengesellschaft ist in Spalte 3 des Handelsregisters das Grundkapital[203] der Gesellschaft und in Spalte 6 der Höchstbetrag des statutarisch genehmigten Kapitals einzutragen.[204] Des Weiteren ist in Spalte 6 das Mindestkapital der Investmentaktiengesellschaft aufzunehmen. Damit ist jedoch noch nichts über die Behandlung des veränderlichen Grundkapitals gesagt.

## II. Die entsprechende Anwendung der Anmeldevorschriften des § 201 AktG

Teilweise wird in der Literatur vorgeschlagen, auf das veränderliche Grundkapital seien über § 99 Abs. 3 InvG die Anmeldevorschriften des § 201 AktG ent-

---

[201] § 191 Satz 2 AktG.

[202] *Hermanns*, ZIP 2004, 1297, 1299.

[203] Im Rahmen des Investmentänderungsgesetzes wird für die Investmentaktiengesellschaft der Begriff des Grundkapitals durch den Begriff des Gesellschaftskapitals ersetzt. Es ist davon auszugehen, dass künftig das Gesellschaftskapital bei Gründung in Spalte 3 des Handelsregister einzutragen ist.

[204] *Steck/Schmitz*, AG 2004 658, 662; *Hermanns*, ZIP 2004, 1297, 1299.

sprechend anzuwenden.[205] Denn in § 104 Satz 3 InvG habe der Gesetzgeber unter Verwendung des Wortlauts des § 200 AktG bestimmt, dass das Grundkapital mit der Ausgabe der Aktien (ohne vorherige Eintragung in das Handelsregister) erhöht ist. Aufgrund der durch den identischen Wortlaut vermittelten Verwandtschaft sei der Vorstand einer Investmentaktiengesellschaft gemäß § 99 Abs. 3 InvG i.V.m. § 201 AktG verpflichtet, innerhalb eines Monats nach Ablauf jedes Geschäftsjahres zur Eintragung im Handelsregister anzumelden, in welchem Umfang im abgelaufenen Geschäftsjahr neue Aktien ausgegeben worden sind. Hierbei wären die von der Investmentaktiengesellschaft gemäß § 105 Abs. 3 InvG zurückgenommenen eigenen Aktien ebenfalls entsprechend zu berücksichtigen.[206]

Im Ergebnis bieten die identische Wortlaute von § 200 AktG und § 104 Satz 3 InvG jedoch zu wenig Substanz, um über § 99 Abs. 3 InvG eine entsprechende Anwendung des § 201 AktG zu begründen. Vielmehr sind § 104 Satz 3 und 4 InvG im Verhältnis zu den allgemeinen Vorschriften über eine Kapitalerhöhung gegen Einlagen nach §§ 182 bis 191 AktG als investmentrechtliche *leges speciales* anzusehen. Im Übrigen könnten Anleger und Gläubiger aus einer solchen Handelsregistereintragung keine verlässlichen Informationen erhalten.

*Beispiel:*
*Die ABCD Investmentaktiengesellschaft m.v.K. verfügt am 15. Juni 2005 über ein Grundkapital von EUR 1.000.000. Im Zuge mehrerer, vom Vorstand gemäß § 104 Satz 1 InvG durchgeführten Kapitalerhöhungen ist das Grundkapital am 31. Dezember 2005 (Ende des Geschäftsjahres) auf EUR 3.000.000 angestiegen. Bei einer entsprechenden Anwendung des § 201 AktG müsste damit das Grundkapital mit EUR 3.000.000 im Handelsregister eingetragen werden. Bereits am 15. Februar 2006 könnte die Grundkapitalziffer aufgrund einer Andienungswelle auf EUR 1.500.000 gesunken sein. Eine Korrektur der Grundkapitalziffer würde jedoch frühestens Anfang 2007 erfolgen.*

Vorliegend kommt es für die Aktionäre und die Gläubiger einer Investmentaktiengesellschaft grundsätzlich nicht auf die Kenntnis der aktuellen Grundkapitalziffer an. Nach der Ausgestaltung der Regelungen zur Investmentaktiengesellschaft mit veränderlichem Kapital erfüllt nur das Mindestkapital der Investmentaktiengesellschaft uneingeschränkt die Gläubigerschutzfunktion des

---

[205] *Hermanns*, ZIP 2004, 1297, 1299.

[206] *Steck/Schmitz*, AG 2004 658, 662.

Grundkapitals einer herkömmlichen Aktiengesellschaft.[207] Eine unmittelbare Gefährdung von Aktionär und Gläubiger geht mit den nicht aus dem Handelsregister ersichtlichen Schwankungen des Grundkapitals einer Investmentaktiengesellschaft mit veränderlichem Kapital nicht einher, da Ausgabe und Rückerwerb der Aktien gemäß §§ 103 Abs. 2 Satz 1, 105 Abs. 3 Satz 1 InvG stets zum anteiligen Nettoinventarwert (gegebenenfalls zuzüglich Transaktionskostenaufschlag) erfolgen.[208] Im Übrigen muss gemäß § 105 Abs. 1 Satz 2 InvG das Grundkapital jederzeit vom Wert des Gesellschaftsvermögens gedeckt sein. Ein überproportionaler Kapitalabfluss ist somit insgesamt nicht zu befürchten.

Wenngleich eine entsprechende Anwendung des § 201 AktG vorliegend nicht in Betracht kommt, so kommt der Regelung dennoch eine gewisse klarstellende Bedeutung zu. So zeigt § 201 AktG, dass es auch im Fall einer klassischen Aktiengesellschaft Szenarien gibt – etwa im Fall einer bedingten Kapitalerhöhung – bei denen die Grundkapitalziffer bis zu 13 Monate nicht mit dem Eintrag im Handelsregister übereinstimmt. Folglich ist auch der klassischen Aktiengesellschaft eine gegebenenfalls erhebliche Abweichung des eingetragenen vom tatsächlichen Grundkapital nicht fremd.

### III. Die analoge Anwendung des § 103 Abs. 3 InvG auf die Grundkapitalziffer

Alternativ wird in der Literatur diskutiert, ob der Vorstand in Analogie zu § 103 Abs. 3 InvG verpflichtet werden sollte, wöchentlich die Ausnutzung des statutarisch genehmigten Kapitals zu veröffentlichen.[209] Dies würde für die Investmentaktiengesellschaft mit veränderlichem Kapital keine zusätzliche Belastung begründen, da sie ohnehin gemäß § 103 Abs. 3 InvG verpflichtet ist, den Inventarwert mindestens wöchentlich im elektronischen Bundesanzeiger zu veröffent-

---

[207] *Baums/Kiem*, in Festschrift für Walther Hadding, 2004, 741, 759.

[208] *Baums/Kiem*, in Festschrift für Walther Hadding, 2004, 741, 759.

[209] Gemäß § 103 Abs. 3 InvG ist der Inventarwert regelmäßig, mindestens wöchentlich zu ermitteln und unverzüglich im elektronischen Bundesanzeiger sowie darüber hinaus in den im Verkaufsprospekt benannten elektronischen Informationsmedien oder einer hinreichend verbreiteten Wirtschafts- oder Tageszeitung zu veröffentlichen. *Steck/Schmitz*, AG 2004, 658, 662; *Baums/Kiem*, in Festschrift für Walther Hadding, 2004, 741, 759.; *Hermanns*, ZIP 2004, 1297, 1300.

lichen.[210] Allerdings nennt § 103 Abs. 3 InvG ausdrücklich nur den Inventarwert und gerade nicht die Grundkapitalziffer. Eine analoge Anwendung dieser Vorschrift auf eine Pflicht zur Veröffentlichung der Grundkapitalziffer würde eine planwidrige Regelungslücke und eine vergleichbare Interessenlage voraussetzen.[211] Vorliegend ist bereits fraglich, ob eine Regelungslücke besteht, da Aktionär und Gläubiger über die allgemein zugänglichen Unternehmensinformationen und den wöchentlich zu veröffentlichen Inventarwert die Grundkapitalziffer jederzeit bestimmen können. Im Übrigen werden beide bereits über den Firmenzusatz „mit veränderlichem Kapital" gemäß § 106 InvG ausreichend aufgeklärt. Ferner kann auf die obigen Ausführungen zu § 201 AktG ergänzend Bezug genommen werden. Somit ist eine zumindest offensichtliche Regelungslücke abzulehnen. Eine analoge Anwendung des § 103 Abs. 3 InvG scheidet damit aus.

## IV. Zwischenergebnis

Sollte der Gesetzgeber die wöchentliche Veröffentlichung der Grundkapitalziffer zum Schutze der Gläubiger und der Anleger für sinnvoll erachten, so ist dies über eine einfache Ergänzung des § 103 Abs. 3 InvG möglich und begründet keinen zusätzlichen Aufwand für die Investmentaktiengesellschaften. Ein tatsächliches Bedürfnis besteht in der Praxis für eine solche Veröffentlichungspflicht grundsätzlich nicht. Ohne eine entsprechende Gesetzesänderung sind Investmentaktiengesellschaften lediglich zur wöchentlichen Veröffentlichung des Inventarwertes verpflichtet. Die Interessen der Anleger und der Gläubiger werden de lege lata durch den Firmenzusatz „m.v.K.", die Pflicht zur Deckung der Grundkapitalziffer und den Rücknahmeanspruch grundsätzlich ausreichend gewahrt.[212]

---

[210] Nach der in der Literatur zutreffend vertretenen Ansicht ist nicht der Inventarwert, sondern der anteilige Inventarwert je Aktie zu veröffentlichen. Dazu, *Schmitt*, in Brinkhaus/Scherer (Hrsg.), Kommentar zum Gesetz über Kapitalanlagegesellschaften und Auslandinvestment-Gesetz, 2003, § 63 KAGG, Rn. 3.

[211] *Larenz/Canaris*, Methodenlehre der Rechtswissenschaft, 3. Auflage 1995, S. 194 ff.; *Canaris*, in: Festschrift für Bydlinski, 2002, S. 82 ff.

[212] Dieses Ergebnis entspricht dem gesetzlichen *status quo* in Luxemburg. Dort findet sich in Art. 29 Abs. 1 OGAG folgende Regelung: „Die Veränderungen im Gesellschaftskapital erfolgen von Rechts wegen und ohne dass die Kapitalerhöhung oder Kapitalherabsetzung, wie für Aktiengesellschaften vorgesehen, veröffentlicht oder im Handels- oder Gesellschaftsregister eingetragen werden müssen."

## F. Das Gebot der jederzeitigen Deckung des Grundkapitals

In § 105 Abs. 1 Satz 2 InvG findet sich eine Regelung, die als das „Gebot der jederzeitigen Deckung des Grundkapitals" zu bezeichnen ist. Nach § 105 Abs. 1 Satz 2 InvG muss die Satzung einer Investmentaktiengesellschaft mit veränderlichem Kapital vorsehen, dass das Grundkapital jederzeit vom Wert des Gesellschaftsvermögens gedeckt ist.[213]

Bedeutung erlangt diese Vorschrift, wenn das Gesellschaftsvermögen an Wert verliert und das Grundkapital aufgrund dieser Verluste nicht mehr vom Vermögen der Gesellschaft gedeckt ist. Das Investmentgesetz hat für den Eintritt einer solchen „Unterdeckung" keine Vorkehrungen getroffen. In der rechtswissenschaftlichen Literatur und in der Praxis sind allerdings bereits verschiedene Lösungsvorschläge für derartige Szenarien unterbreitet worden. Insbesondere in der Satzung der Investmentaktiengesellschaft können aufgrund der aktienrechtlichen Satzungsautonomie Mechanismen aufgenommen werden, über die eine jederzeitige Deckung des Grundkapitals sichergestellt werden kann.

## I. Der Zweck des § 105 Abs. 1 Satz 2 InvG

Die Vorschrift des § 105 Abs. 1 Satz 2 InvG stellt im Vergleich zum herkömmlichen Aktienrecht, aber auch mit Blick auf das Investmentrecht im Übrigen, eine Besonderheit der Investmentaktiengesellschaft mit veränderlichem Kapital dar. Dem deutschen Recht ist eine vergleichbare Regelung fremd. Auch das den Vorschriften über die Investmentaktiengesellschaft zu Grunde liegende Europarecht, insbesondere die OGAW- und die Kapitalrichtlinie, beinhaltet keine ver-

---

[213] Im Rahmen des Investmentänderungsgesetz wird die Regelung des § 105 Abs. 1 Satz 2 InvG gestrichen und inhaltlich durch den neuen § 96 Abs. 1a Satz 1 InvG n.F. abgelöst. In Anlehnung an den Art. 25, 3. Spiegelstrich OGAG muss künftig die Satzung einer Investmentaktiengesellschaft eine Bestimmung enthalten, gemäß der Betrag des Gesellschaftskapitals dem Wert des Gesellschaftsvermögens entspricht. Damit verändern in Zukunft nicht nur Ausgabe und Rücknahme von Aktien den Wert des Gesellschaftskapitals, sondern auch Wertschwankungen der von der Investmentaktiengesellschaft gehaltenen Finanzinstrumente und sonstige Vermögensgegenstände.

gleichbaren Vorgaben. Seit ihrer Einführung verschließt sich der Hintergrund dieser Vorschrift der Literatur.[214]

Wie bereits mehrfach erwähnt, orientierte sich der deutsche Gesetzgeber bei der Ausgestaltung der Investmentaktiengesellschaft mit veränderlichem Kapital am Vorbild einer luxemburgischen SICAV. In Art. 25, 3. Spiegelstrich OGAG findet sich eine dem Wortlaut nach vergleichbare Regelung:

> *Als SICAV im Sinne des vorliegenden Teils des Gesetzes gelten Gesellschaften in der Form einer Aktiengesellschaft nach Luxemburger Recht, deren Satzung bestimmt, dass ihr Kapital zu jeder Zeit dem Nettovermögen der Gesellschaft entspricht.*

Während also § 105 Abs. 1 Satz 2 InvG normiert, dass das Grundkapital einer Investmentaktiengesellschaft jederzeit von dem Wert des Gesellschaftsvermögens gedeckt sein muss, bestimmt die luxemburgische Regelung, dass das Kapital einer SICAV jederzeit dem Nettovermögen der Gesellschaft entspricht. Eine luxemburgische SICAV verfügt damit über kein Grundkapital im Verständnis des herkömmlichen Aktienrechts. Da das Grundkapital stets dem Vermögen der Gesellschaft entsprechen muss, unterliegt die Grundkapitalziffer den gleichen Schwankungen, wie der Nettoinventarwert des Gesellschaftsvermögens.

Es drängt sich damit die Frage auf, ob der deutsche Gesetzgeber im Rahmen des Investmentmodernisierungsgesetzes die Luxemburger Regelung in das deutsche Recht aufnehmen wollte, aufgrund eines redaktionellen Versehens jedoch tatsächlich aufgrund des abweichenden Wortlauts eine andere Regelung in das Investmentgesetz aufgenommen hat. In der Begründung zum Investmentmodernisierungsgesetz finden sich zu § 105 Abs. 1 Satz 2 InvG folgende Ausführungen:

> *Satz 2 konkretisiert, dass das Kapital der Investmentaktiengesellschaft immer dem aktuellen Gesellschaftsvermögen entsprechen muss.*[215]

Damit weicht die Gesetzesbegründung vom tatsächlichen Wortlaut des § 105 Abs. 1 Satz 2 InvG ab. Im Gleichlauf mit der luxemburgischen Vorschrift

---

[214]  Vgl. etwa *Pluskat*, WM 2005, 772, 775 f.; *Baums/Kiem*, in Festschrift für Walther Hadding, 2004, 741, 754 ff.; *Hermanns*, ZIP 2004, 1297, 1301 f. *Steck/Schmitz, AG 2004*, 663.

[215]  BT-Drucks. 15/1553 S. 106.

spricht auch die Gesetzesbegründung vom Entsprechen von Grundkapital und Gesellschaftsvermögen.

Allerdings ist im Rahmen der Bestimmung des Regelungsinhalts einer Norm grundsätzlich nicht auf die Gesetzesbegründung, sondern zunächst auf den Wortlaut der Vorschrift abzustellen. Hiernach muss das Grundkapital eben gerade nicht dem Wert des Gesellschaftsvermögens entsprechen, sondern es muss lediglich von diesem gedeckt sein. In letzterem Fall kann das Gesellschaftsvermögen folglich die Grundkapitalziffer erheblich überschreiten. Die Luxemburger Vorschrift lässt dies gerade nicht zu.

Neben dem Wortlaut spricht auch die Regelung des § 96 Abs. 1 Satz 3 InvG gegen eine Lesart des § 105 Abs. 1 Satz 2 InvG nach Luxemburger Verständnis. Denn gemäß § 96 Abs. 1 Satz 3 InvG müssen sämtliche Aktien der Investmentaktiengesellschaft, im Interesse von Transparenz und Fungibilität, denselben Anteil am Grundkapital verkörpern.[216] Wenn jedoch alle Aktien denselben Anteil am Grundkapital verkörpern müssen und kumulativ das Grundkapital immer dem Vermögen der Gesellschaft entspricht, hätte dies zur Folge, dass eine Investmentaktiengesellschaft keine Anteilklassen und keine Teilfonds bilden könnte.[217] Denn diese setzen die Möglichkeit einer unabhängigen Wertentwicklung voraus. Eine solche wäre aufgrund der bestehenden Methoden der Anteilswertermittlung in §§ 103 Abs. 2 Satz 1, 105 Abs. 3 Satz 1 InvG i.V.m. § 4 AntklV nicht möglich.

Im Übrigen wäre dies eine völlige Abkehr vom herkömmlichen deutschen gesellschaftsrechtlichen Verständnis vom Grundkapital einer Aktiengesellschaft. Hätte der Gesetzgeber eine so weit reichende Abweichung vom klassischen Aktienrecht in das Investmentgesetz aufnehmen wollen, so ist davon auszugehen, dass dies eine entsprechende Klarstellung in den Gesetzesmaterialien erfahren hätte.

Eine Investmentaktiengesellschaft mit veränderlichem Kapital hat folglich ein Grundkapital im Verständnis des herkömmlichen Aktienrechts im weiteren Sinn, das aufgrund der Ausgabe und der Rücknahme von Aktien der Gesellschaft Schwankungen unterliegt.

---

[216] *Schmitt*, in Brinkhaus/Scherer (Hrsg.), Kommentar zum Gesetz über Kapitalanlagegesellschaften und Auslandinvestment-Gesetz, 2003, § 51 KAGG, Rn. 3.

[217] Zu Anteilklassen und Teilfonds ausführlich im 5. und 6. Kapitel.

Die Investmentaktiengesellschaft mit veränderlichem Kapital ist somit an das Gebot der jederzeitigen Deckung des Grundkapitals gebunden, dessen rechtlicher Hintergrund nach wie vor nicht abschließend geklärt werden kann.[218]

## 1. Rechtswissenschaftliche Lösungsansätze

Trotz der Unklarheiten über den Hintergrund des § 105 Abs. 1 Satz 2 InvG wurden in der Lehre bereits mehrere Möglichkeiten aufgezeigt, die unter Beachtung des in § 99 Abs. 1 InvG geregelten Anwendungsvorrangs des Investmentrechts und unter Einbeziehung der geltenden aktienrechtlichen Bestimmungen eine Deckung der Grundkapitalziffer gewährleisten sollen.

## 2. Vereinfachte Kapitalherabsetzung

So wird vertreten, dass über § 99 Abs. 1 InvG i.V.m. § 229 Abs. 1 AktG das Grundkapital der Investmentaktiengesellschaft mit veränderlichem Kapital im Wege einer vereinfachten Kapitalherabsetzung an den nun niedrigeren Wert des Gesellschaftsvermögens, zweckmäßiger Weise deutlich unter diesen, angeglichen werden kann.[219] Diese Lösung scheidet jedoch aufgrund ihres zeitaufwändigen Verfahrens aus. So setzt eine vereinfachte Kapitalherabsetzung nach § 229 Abs. 1 Satz 2 AktG zwingend einen Beschluss der Hauptversammlung voraus. Die Hauptversammlung müsste gemäß § 123 Abs. 1 AktG mindestens einen Monat vor dem Tage der Hauptversammlung einberufen werden. Ferner müsste der Beschluss nach § 222 Abs. 1 Satz 1 AktG mit mindestens drei Vierteln des bei der Beschlussfassung vorhandenen Grundkapitals gefasst werden. Im Übrigen kann nicht davon ausgegangen werden, dass die an der Beschlussfassung teilnehmenden Aktionäre der Kapitalherabsetzung zustimmen werden. Das Ergebnis der Abstimmung ist vielmehr völlig offen. Schließlich ist nach §§ 229 Abs. 3, 223, 224 AktG eine konstitutive Eintragung des Beschlusses in das Handelsregister erforderlich. Für die Kapitalherabsetzung besteht keine dem § 104 Satz 3 und 4 InvG vergleichbare Regelung. Insoweit bleibt es über § 99 Abs. 1 InvG beim Erfordernis der konstitutiven Eintragung.

---

[218] *Steck/Schmitz*, AG 2004, 663.
[219] *Steck/Schmitz*, AG 2004, 664; *Hermanns* ZIP 2004, 1301.

## 3. Zwangseinziehung

Ferner soll das Grundkapital gemäß § 99 Abs. 1 InvG i.V.m. § 237 Abs. 1 und 6 AktG im Wege der Zwangseinziehung herabgesetzt werden können.[220] Eine Zwangseinziehung ist jedoch nach § 237 Abs. 1 Satz 2 AktG nur zulässig, wenn sie in der ursprünglichen Satzung oder durch eine Satzungsänderung vor Übernahme der Aktien angeordnet oder gestattet war. Eine entsprechende Klausel wäre also in die Satzung aufzunehmen. Diese Alternative birgt den Vorteil, dass nach § 238 Abs. 1 Satz 2 AktG bereits mit der Durchführung der Zwangseinziehung das Grundkapital herabgesetzt ist und es nach § 237 Abs. 6 Satz 1 AktG keines Beschlusses der Hauptversammlung mehr bedarf. Bei der Einziehung der Aktien ist nach §§ 99 Abs. 1 InvG i.V.m. § 53a AktG der Grundsatz der Gleichbehandlung der Aktionäre zu beachten.[221]

Wenngleich die Zwangseinziehung auf den ersten Blick ein erfolgreiches Mittel zur effektiven Kapitalherabsetzung und damit zur Wahrung der Anforderung des § 105 Abs. 1 Satz 2 InvG zu sein scheint, stellt sich dennoch die Frage, ob zwingende Regelungen diesem Lösungsansatz im Ergebnis entgegenstehen. Mit Blick auf § 105 Abs. 1 Satz 2 InvG macht eine Zwangseinziehung für das Gebot der Deckung der Grundkapitalziffer nur Sinn, wenn den Anlegern im Rahmen der Zwangseinziehung kein Entgelt oder ein geringeres Entgelt als den anteiligen Nettoinventarwert für den Rechtsverlust gezahlt wird. Nur so kann das Verhältnis von Gesellschaftsvermögen und Grundkapital im Sinn der Norm verbessert werden. Im Aktiengesetz findet sich keine Regelung über die Höhe des zu zahlenden Entgeltes im Falle einer Zwangseinziehung. Ein solches Entgelt wird lediglich in § 237 Abs. 2 Satz 2 AktG erwähnt.

## 4. Das Zwangseinziehungsentgelt nach aktienrechtlichen Grundsätzen

Im Falle der Zwangseinziehung von Aktien einer herkömmlichen Aktiengesellschaft ist es grundsätzlich zulässig, den Aktionären ein unter dem wirklichen Wert liegendes Einziehungsentgelt zu zahlen.[222] Aber auch hier gibt es nach

---

[220] *Baums/Kiem*, in Festschrift für Walther Hadding, 2004, 741, 753 ff.; *Hermanns* ZIP 2004, 1301.

[221] *Baums/Kiem*, in Festschrift für Walther Hadding, 2004, 741, 754.

[222] *Hüffer*, AktG, 7. Auflage 2006, § 237 AktG, Rn. 17; *Oechsler*, in Münchener Kommentar zum Aktiengesetz, 2. Auflage 2001, § 237 AktG, Rn. 67.

weit verbreiteter Auffassung Ausnahmen. So wird für die Frage nach der Höhe des Einziehungsentgeltes auf den Charakter der Aktiengesellschaft abgestellt.[223] Handelt es sich um eine mitunternehmerisch (personalistisch) geprägte Gesellschaft, so soll die Reduzierung des Entgeltes auf den Buchwert nach den Kriterien möglich sein, die auch für die Personenhandelsgesellschaften und die Gesellschaft mit beschränkter Haftung gelten.[224] Bei einer um anonymisierte Kapitalanleger werbende Aktiengesellschaft hingegen soll der Anlegerschutz gegen eine solche Beschränkung der Abfindung sprechen.[225] Denn in diesem Fall würden die Erwartungen der Anleger durch einen teilweisen Verlust ihrer Investition enttäuscht und für diese Enttäuschung soll es an einem Rechtsgrund fehlen. Denn aufgrund der rein kapitalistischen Struktur brauchen die Anleger im Hinblick auf die Abfindungshöhe keine Rücksicht auf die Interessen der verbleibenden Aktionäre zu nehmen; gegenüber diesen stehen sie nämlich nicht in einer persönlichen, zur besonderen Treue verpflichtenden Bindung.[226] Letzterer Variante entspricht der einer Investmentaktiengesellschaft zu Grunde liegende Sachverhalt. Der Aktionär einer Investmentaktiengesellschaft sieht den Erwerb der Aktien grundsätzlich als reine Kapitalanlage. Er ist nicht an einer unternehmerischen Beteiligung interessiert. Somit ist bereits aufgrund obiger Darstellung fraglich, ob ein Einziehungsentgelt unterhalb des anteiligen Nettoinventarwertes mit den allgemeinen aktienrechtlichen Grundsätzen vereinbar ist. Dies ist unter Zugrundelegung obiger Argumentation zu verneinen.

---

[223] *Lutter* in Kölner Kommentar zum Aktiengesetz, 2. Auflage 1994, § 237 AktG Rn. 67; *Oechsler*, in Münchener Kommentar zum Aktiengesetz, 2. Auflage 2001, § 237 AktG, Rn. 67.

[224] In diesem Fall wiegt das Interesse der verbleibenden Gesellschafter / Aktionäre schwer, eine Liquidierung der Gesellschaft zwecks Erfüllung der Abfindungsansprüche zu verhindern. Ausführlich hierzu: *Oechsler*, in Münchener Kommentar zum Aktiengesetz, 2. Auflage 2001, § 237 AktG, Rn. 67; BGHZ 65, 22, 29; *BGH*, WM 1989, 783 f.; *Grunewald*, Der Ausschluss aus Gesellschaft und Verein, S. 152 ff.; *Ulmer*, in Festschrift für Quack, 1991, S. 477, 487.

[225] *Oechsler*, in Münchener Kommentar zum Aktiengesetz, 2. Auflage 2001, § 237 AktG, Rn. 67; *Vollmer/Lorch*, ZBB 1992, 44, 47.

[226] *Oechsler*, in Münchener Kommentar zum Aktiengesetz, 2. Auflage 2001, § 237 AktG, Rn. 67; *Krieger*, in Münchener Handbuch des Gesellschaftsrechts, Band 4, § 62, Rn. 12; *Schilling*, in Großkommentar zum Aktienrecht, § 237 AktG, Rn. 15.

## 5. Das Zwangseinziehungsentgelt im Lichte des Investmentrechts

Ferner wäre ein Einziehungsentgelt unterhalb des anteiligen Nettoinventarwerts auch nicht mit § 105 Abs. 3 Satz 2 InvG vereinbar. Nach dieser investmentrechtlichen Spezialvorschrift ist dem Aktionär im Falle einer Rücknahme stets der anteilige Inventarwert, gegebenenfalls abzüglich eines Transaktionskostenabschlags, zu zahlen. Der Aktionär einer Investmentaktiengesellschaft hat diesen Anspruch im Ausgleich für den Verlust allgemeiner Mitgliedschaftsrechte, etwa den Bezugsrechtsausschluss im Falle der Kapitalerhöhung erhalten. Er kann darauf vertrauen, dass ihm stets der anteilige Nettoinventarwert verbleibt. Es wäre mehr als widersprüchlich, wenn diese den Aktionär schützende Norm durch eine weitere den Anleger schützende Vorschrift – das Gebot der Deckung der Grundkapitalziffern – zu Lasten des Anlegers ausgehebelt werden würde.

Die Zwangseinziehung von Aktien gemäß § 237 Abs. 1 und 6 AktG ist sowohl nach allgemeinen aktienrechtlichen Gesichtspunkten, als auch nach der investmentrechtlichen Spezialvorschrift des § 105 Abs. 3 Satz 2 InvG, kein geeignetes Mittel, um das Gebot der Deckung der Grundkapitalziffer des § 105 Abs. 1 Satz 2 InvG umzusetzen.[227]

## 6. Herabsetzung des Nennbetrags

Schließlich soll die Grundkapitalziffer ohne Einziehung der Aktien durch Absenkung des Nennbetrags herabgesetzt werden können.[228] Diese Vorgehensweise ist im Fall von Nennbetragsaktien jedoch problematisch. Da gemäß § 8 Abs. 2 Satz 3 AktG Nennbetragsaktien immer auf volle Euro lauten müssen, könnte eine prozentuale Kapitalherabsetzung dazu führen, dass auch Eurocent-Beträge entstehen oder alternativ die Summe der Nennbeträge der Aktien nicht mehr der Grundkapitalziffer entspricht. Beides ist mit dem geltenden Aktienrecht nicht vereinbar. So sind gemäß § 8 Abs. 2 Satz 2 AktG Aktien mit einem geringeren

---

[227] An dieser Stelle kann somit offen bleiben, ob die Zwangseinziehung zu einer „Flucht" der Aktionäre, wie etwa von *Baums/Kiem*, in Festschrift für Walther Hadding, 2004, 741, 747 vertreten, führt. Denn wenngleich sich die Anzahl der Aktien im Fall der Zwangseinziehung für alle Aktionäre im gleichen Maße verringert, so bleibt das Gesellschaftsvermögen in der Summe gleich. Folglich würde sich der Wert der verbleibenden Aktien entsprechend erhöhen. Das Portfolio der Anleger würde sich somit gerade nicht verringern.

[228] *Baums/Kiem*, in Festschrift für Walther Hadding, 2004, 741, 756; *Steck/Schmitz*, AG 2004, 664.

Nennbetrag als einem Euro nichtig. Allerdings sind Nennbetragsaktien für eine Investmentaktiengesellschaft mit veränderlichem Kapital keineswegs erforderlich. Investmentaktiengesellschaften können als vollwertige Aktiengesellschaften auch Stückaktien im Sinne von § 8 Abs. 3 AktG begeben. Stückaktien wurden im Zuge der Euroeinführung gerade in das Aktiengesetz aufgenommen, um die ansonsten entstandenen Glättungsprobleme zu umgehen.[229] Im Falle von Stückaktien kann die Grundkapitalziffer somit entsprechend den Bedürfnissen des Einzelfalls herabgesetzt werden. Es ist lediglich die Regelung des § 8 Abs. 3 Satz 3 AktG zu beachten. Gemäß § 8 Abs. 3 Satz 3 AktG darf der auf die einzelne Stückaktie entfallende anteilige Betrag des Grundkapitals einen Euro nicht unterschreiten.

Es bleibt damit die Frage, welches Organ über die Herbsetzung des Nennbetrags der Grundkapitalziffer zu entscheiden hat. Auch hier stellt sich im Falle des Erfordernisses eines Hauptversammlungsbeschlusses das Problem eines zu zeitaufwändigen Verfahrens. Allerdings ist der Vorstand einer Investmentaktiengesellschaft gemäß § 104 Abs. 1 InvG ermächtigt, das Grundkapital jederzeit bis zum in der Satzung bestimmten Höchstbetrag zu erhöhen. Ferner kann der Vorstand nach § 105 Abs. 4 Satz 1 und 2 InvG rückerworbene eigene Aktien nach Maßgabe der Bestimmungen einziehen, soweit hierdurch das Mindestkapital nicht unterschritten wird. Aus diesen Vorschriften kann der Schluss gezogen werden, dass der Vorstand in den Grenzen des satzungsmäßig festgelegten Mindest- und Höchstkapitals „Herr über die Grundkapitalziffer" ist. Bei einer entsprechenden Ermächtigung in der Satzung kann der Beschluss über die Herabsetzung des Nennbetrags folglich alleine vom Vorstand gefasst werden.[230]

### 7. Eine praxisorientierte Lösungsvariante

In der Praxis kann ein Verstoß gegen § 105 Abs. 1 Satz 2 InvG durch die Festsetzung einer niedrigen Grundkapitalziffer und der Einzahlung eines weitaus höheren Anfangskapitals weitgehend neutralisiert werden. Gemäß § 99 Abs. 1

---

[229] *Hüffer*, AktG, 7. Auflage 2006, § 8 AktG, Rn. 3.

[230] Auch an dieser Stelle wäre eine Klarstellung durch den Gesetzgeber zu begrüßen. Durch eine Ergänzung des § 104 Satz 1 InvG könnte klargestellt werden, dass der Vorstand das Grundkapital in den Grenzen des in der Satzung festgelegten Mindest- und Höchstkapitals verändern darf. Damit wäre auch die Frage beseitigt, ob ein Vorstand den Nennbetrag einer Investmentaktiengesellschaft auch dann herabsetzen darf, wenn die Satzung keine entsprechende Ermächtigung enthält.

InvG i.V.m. § 7 AktG hat das Grundkapital einer Investmentaktiengesellschaft mindestens Euro 50.000 zu betragen. Wie im 2. Kapitel unter Ziffer B.I.3. ausgeführt, wird diese Regelung von § 97 Abs. 1 Satz 2 Nr. 1 InvG flankiert, nach der eine Investmentaktiengesellschaft mit einem Anfangskapital von mindestens Euro 300.000 ausgestattet sein muss. Im gesetzlichen Regelfall bildet eine Investmentaktiengesellschaft somit bei einem Grundkapital von Euro 50.000 und einem Anfangskapital von Euro 300.000 einen „Verlustpuffer" von Euro 250.000. In diesem Fall müsste sich das Vermögen der Investmentaktiengesellschaft auf 1/6 seines ursprünglichen Wertes reduzieren, um das Gebot der jederzeitigen Deckung der Grundkapitalziffer zu verletzen.

Den Initiatoren steht es ferner frei, das Anfangskapital der Investmentgesellschaft weit höher anzusetzen. In diesem Fall würde der Verlustpuffer nochmals wachsen. Schließlich führt auch ein Wertzuwachs der investierten Finanzinstrumente zu einem Anwachsen des Verlustpuffers.

*Beispiel:*
*Die Initiatoren einer Investmentaktiengesellschaft mit veränderlichem Kapital entschieden sich bei der Gründung für ein Grundkapital von Euro 50.000 und ein Anfangsvermögen von Euro 500.000. Es entsteht somit bereits im Zeitpunkt der Gründung ein Verlustpuffer bzw. eine Rücklage von EUR 450.000.*

| *Aktiva* | *Investmentaktiengesellschaft* | | *Passiva* |
|----------|-------------|---------------|-----------|
| *Kasse* | *500.000* | *Grundkapital* | *50.000* |
| | | *Rücklagen* | *450.000* |
| *Summe* | *500.000* | *Summe* | *500.000* |

Der Wert des Gesellschaftsvermögens muss in diesem Beispiel folglich um über 90 % sinken, um den Tatbestand des § 105 Abs. 1 Satz 2 InvG auszulösen. Dieser „Verlustpuffer" von 90 % bleibt im Übrigen auch im Falle einer oder auch beliebig vieler Kapitalerhöhungen erhalten. Denn junge Aktien sind nach § 103 Abs. 2 Satz 1 InvG ebenfalls zum anteiligen Nettoinventarwert auszugeben. Begibt eine Investmentaktiengesellschaft bei einem Grundkapital von EUR 50.000 und einem Anfangskapital von EUR 500.000 etwa 5.000 Aktien, so würden diese zu einem Preis von EUR 100 (zuzüglich Transaktionskostenaufschlag) aus-

gegeben werden. Junge Aktien sind nach § 103 Abs. 2 Satz 1 InvG somit ebenfalls zu einem Preis von EUR 100 auszugeben. Gibt die Investmentaktiengesellschaft beispielsweise weitere 5.000 Aktien aus, so erhöht sich das Grundkapital
um EUR 50.000 und in die Kapitalrücklage werden weitere EUR 450.000 eingestellt. Dies folgt auch aus § 96 Abs. 1 Satz 3 InvG. Nach § 96 Abs. 1 Satz 3
InvG müssen alle Aktien einer Investmentaktiengesellschaft denselben Anteil
am Grundkapital verkörpern. Hierbei handelt es sich in Abweichung von §§ 8
Abs. 2, 11 AktG um eine spezielle investmentrechtliche Regelung.[231]

## 8. Zwischenergebnis

Der „Verlustpuffer" als das Verhältnis zwischen Grundkapital und Rücklagen
ändert sich also durch eine Kapitalerhöhung nicht. Lediglich ein Wertverlust der
Vermögensgegenstände kann den „Verlustpuffer" unter 90 % sinken lassen.
Umgekehrt lässt aber auch jede Erhöhung des Wertes der Vermögensgegenstände den Verlustpuffer auf über 90 % ansteigen.

## 9. Weitere Mechanismen zur Wahrung des § 105 Abs. 1 Satz 2 InvG

Angesichts der Tatsache, dass die Investmentaktiengesellschaft bereits aufgrund
des gesetzlichen Leitbilds Verluste in Höhe von 5/6 ihres Gesellschaftsvermögens erleiden müsste, um den Tatbestand des § 105 Abs. 1 Satz 2 InvG auszulösen, ist dieses Szenario wohl grundsätzlich theoretischer Natur. Gleichwohl
können noch weitere Vorkehrungen in der Satzung getroffen werden.

Für den Fall des Absinkens des Wert des Gesellschaftsvermögens unter die
Grundkapitalziffer kann gemäß § 105 Abs. 4 Satz 1 InvG eine Regelung aufgenommen werden, die den Vorstand anhält, in dieser Situation als ersten Schritt
rückerworbene eigene Aktien der Gesellschaft einzuziehen. Es mag durchaus
der Fall sein, dass die Gesellschaft in einer solchen Situation noch eigene Aktien
hält, die das Grundkapital erhöhen.

Sollte die Investmentaktiengesellschaft den jeweiligen Verlustpuffer aufge-
braucht haben und die Einziehung eigener Aktien den Verstoß gegen § 105 Abs.
1 Satz 2 InvG nicht beheben, so kann der Vorstand über eine Regelung in der

---

[231] Folglich müssen auch die Aktien der einzelnen Teilfonds im Falle von Nennbetragsaktien
den gleichen Nennwert und somit den gleichen Anteil am Grundkapital haben. Zum
Thema Teilfonds ausführlich im 6. Kapitel.

Satzung für diesen Fall verpflichtet werden, die Grundkapitalziffer unter Beibehaltung der ausgegebenen Stückaktien herabzusetzen. Hierbei verringert sich lediglich der auf die einzelne Aktie entfallende Anteil am Grundkapital. Dies ist bis zur Ein-Euro-Grenze des § 8 Abs. 3 Satz 3 AktG auch dann zulässig, wenn sich als anteiliger Grundkapitalbetrag einer Stückaktie kein voller Euro-Betrag ergibt.[232] Insoweit ist es sinnvoll, wenn die Initiatoren sich bei der Gründung der Investmentaktiengesellschaft für Stückaktien und gegen Nennbetragsaktien entscheiden. Nennbetragsaktien müssen nach § 8 Abs. 2 Satz 4 InvG immer auf volle Eurobeträge lauten. Bei Stückaktien stellt sich dieses Problem nicht.[233]

Fraglich ist jedoch, ob der Vorstand aufgrund einer Regelung in der Satzung zur Herabsetzung der Grundkapitalziffer ermächtigt werden kann. Wie dargestellt ist im Falle einer herkömmlichen Aktiengesellschaft der Vorstand nur im Falle einer Zwangseinziehung gemäß § 237 Abs. 6 Satz 2 AktG zur Kapitalherabsetzung ermächtigt. Vorliegend findet das allgemeine Aktienrecht jedoch aufgrund des Vorrangs des Investmentgesetzes aus § 99 Abs. 1 InvG lediglich eingeschränkte Anwendung. Gemäß § 105 Abs. 1 Satz 1 InvG kann eine Investmentaktiengesellschaft mit veränderlichem Kapital in den Grenzen des in der Satzung festgelegten Mindest- und Höchstkapitals nach Maßgabe der im Gesetz nachfolgenden Bestimmungen jederzeit ihre Aktien ausgeben, zurückkaufen und weiterveräußern. Nach § 105 Abs. 4 Satz 1 und 2 InvG können rückerworbene eigene Aktien nach Maßgabe der Bestimmungen der Satzung bis zur Grenze des satzungsmäßigen Mindestkapitals eingezogen werden. Somit beinhaltet das Investmentgesetz spezifische Regelungen über die satzungsmäßige Ermächtigung des Vorstands zur Kapitalherabsetzung. Ferner ist es in Abweichung von den allgemeinen aktienrechtlichen Bestimmungen gemäß § 104 Satz 1 InvG ausschließlich dem Vorstand vorbehalten, das Grundkapital innerhalb der in der Satzung festgelegten Grenzen zu erhöhen. Im Umkehrschluss folgt hieraus, dass es dem Vorstand einer Investmentaktiengesellschaft auch möglich sein muss, in den Grenzen der Satzung im Interesse der Gesellschaft zur Wahrung des § 105 Abs. 1 Satz 2 InvG die Grundkapitalziffer herabzusetzen.

Für den einzelnen Aktionär ergeben sich aus der Herabsetzung der Grundkapitalziffer keine Nachteile. Das Vermögen der Investmentaktiengesellschaft bleibt betragsmäßig gleich. Der auf die einzelne Aktie entfallende anteilige Nettoin-

---

[232] *Hüffer*, Kommentar zum Aktienrecht, 7. Auflage 2006, § 8 AktG, Rn. 22.

[233] *Hüffer*, Kommentar zum Aktienrecht, 7. Auflage 2006, § 8 AktG, Rn. 20 ff.

ventarwert verändert sich nicht. Der gesetzliche Rücknahmeanspruch besteht zu gleichen Bedingungen gemäß § 105 Abs. 3 Satz 1 InvG fort.

## II. Wirksamwerden der Herabsetzung

Da das Grundkapital gemäß § 104 Satz 3 InvG bereits mit der Ausgabe erhöht ist, muss gleiches für die Herabsetzung der Grundkapitalziffer innerhalb der Grenzen von Mindest- und Höchstkapital gelten. Vorliegend besteht mit Blick auf § 105 Abs. 3 Satz 2 InvG auch kein entgegenstehendes schutzwürdiges Interesse der Gläubiger. Aufgrund der ständigen Ausgabe und Rücknahme kann die Grundkapitalziffer einer Investmentaktiengesellschaft so großen Schwankungen unterliegen, dass die Gläubiger nur auf das Mindestkapital als Haftungsmasse der Gesellschaft vertrauen dürfen. Folglich bedarf es auch nicht der Eintragung der Herabsetzung der Grundkapitalziffer in das Handelsregister. Eine solche Eintragung würde erst dann erforderlich werden, wenn das satzungsmäßige Mindestgrundkapital unterschritten werden soll. In diesem Fall muss die Herabsetzung allerdings nach den allgemeinen aktienrechtlichen Vorschriften einer Kapitalherabsetzung gemäß §§ 222 ff. AktG erfolgen.[234]

## III. Zusammenfassung

Der Hintergrund der Regelung des § 105 Abs. 1 Satz 2 InvG bleibt weiterhin unklar. Aktien- und Investmentrecht bieten nur im Ansatz Lösungsvorschläge für die Gewährleistung einer jederzeitigen Deckung der Grundkapitalziffer.

Im Lichte der obigen Ausführungen bietet sich folgende Vorgehensweise für die Wahrung des Gebots der jederzeitigen Deckung der Grundkapitalziffer aus § 105 Abs. 1 Satz 2 InvG an: Durch die Wahl eines im Verhältnis zum Grundkapital deutlich höheren Anfangskapitals sollte ein Verlustpuffer gebildet werden. Sinkt der Wert des Gesellschaftsvermögens trotz dieses Verlustpuffers unter die Grundkapitalziffer, sind bereits rückerworbene eigene Aktien der Investmentaktiengesellschaft vom Vorstand einzuziehen. Ferner ist der Vorstand in

---

[234] In diesem Fall ist gemäß § 222 Abs. Satz 1 AktG ein Beschluss der Hauptversammlung erforderlich. Nach § 224 AktG wäre das Grundkapital erst mit der Eintragung des Beschlusses in das Handelsregister herabgesetzt. Dies ist mit Blick auf das schutzwürdige Interesse der Gläubiger der Investmentaktiengesellschaft erforderlich.

der Satzung zur Herabsetzung der Grundkapitalziffer unter Beibehaltung der Anzahl der ausgegebenen Aktien zu ermächtigen. Da letzteres nur bei Stückaktien effektiv umgesetzt werden kann, sollte eine Investmentaktiengesellschaft Stückaktien und keine Nennbetragsaktien begeben.

## G. Ausgabe- und Rücknahmepreis

Während sich der Preis einer am offenen Handel teilnehmenden Aktie über Angebot und Nachfrage am Markt bildet, wird der Preis der Aktie einer Investmentaktiengesellschaft grundsätzlich nach festen Kriterien bemessen.

## I. Ausgabepreis

Gemäß § 103 Abs. 2 Satz 1 InvG muss der Ausgabepreis, zu dem die Aktien einer Investmentaktiengesellschaft öffentlich angeboten werden dürfen, dem anteiligen Inventarwert an dem Tag, an dem die Investmentaktiengesellschaft die Angebote des Publikums annimmt, zuzüglich eines in der Satzung festzusetzenden Aufschlags für die Transaktionskosten entsprechen.

In die Satzung einer Investmentaktiengesellschaft ist damit zwingend eine Regelung über den Transaktionskostenaufschlag aufzunehmen. Der Transaktionskostenaufschlag kann in der Satzung als fester Prozentsatz des Anteilwertes oder als Höchstbetrag genannt werden.[235]

Der anteilige Inventarwert bestimmt sich grundsätzlich aus der Teilung des Wertes des Gesellschaftsvermögens durch die Zahl der in den Verkehr gelangten Aktien.[236] Die Regelung des § 103 Abs. 2 Satz 1 InvG entspricht damit der des § 23 Abs. 2 Satz 1 InvG. Auch der Verkaufspreis eines Anteils an einem Son-

---

[235] *Schödermeier/Baltzer*, in Brinkhaus/Scherer (Hrsg.), Kommentar zum Gesetz über Kapitalanlagegesellschaften und Auslandinvestment-Gesetz, 2003, § 21 KAGG, Rn. 17, *Baur*, Investmentgesetze, 2. Auflage 1997, § 21 KAGG, Rn. 12.

[236] § 103 Abs. 2 Satz 2 InvG. Ausnahmen bestehen für die Ermittlung des Ausgabepreises der Aktien eines Teilfonds der Investmentaktiengesellschaft. Bezugspunkt ist hier nur der auf den einzelnen Teilfonds entfallende Anteil des Gesellschaftsvermögens. Hierzu ausführlich im 6. Kapitel unter E.

dervermögen entspricht dem anteiligen Inventarwert zuzüglich eines in den Vertragsbedingungen festzusetzenden Ausgabeaufschlags.[237]

## II. Rücknahmepreis

Der Rücknahmepreis der Aktie einer Investmentaktiengesellschaft bestimmt sich gemäß § 105 Abs. 3 Satz 1 InvG über den anteiligen Inventarwert abzüglich eines in der Satzung festzusetzenden Abschlags für die Transaktionskosten. Insoweit bestehen gegenüber der Ausgabepreisbemessung keine Unterschiede. Die Vorschrift des § 105 Abs. 3 Satz 1 InvG entspricht der des § 23 Abs. 2 Satz 3 InvG für das herkömmliche Sondervermögen.[238]

Neben dem nach den gesetzlichen Vorschriften festgelegten Rücknahmepreis kann es zur Bildung eines zweiten Rücknahmepreises über die Nachfrage am Markt kommen. Unabhängig davon, ob die Aktie am geregelten oder am amtlichen Markt gehandelt wird, kann hier ein zweiter Preis für die Aktien der Investmentaktiengesellschaft entstehen, der sowohl nach oben als auch nach unten vom anteiligen Nettoinventarwert abweichen kann. Für dieses Phänomen sind verschiedene Gründe denkbar. Zum einen kann der Markt etwa frühzeitig auf ein neues Portfoliomanagement reagieren. Da sich die Kapitalanleger einen besonders großen Erfolg der neuen Verwalter erhoffen, sind sie bereit, einen höheren Preis als den Nettoinventarwert zu bezahlen. Andererseits kann es der Investmentaktiengesellschaft gemäß § 105 Abs. 3 Satz 2 InvG untersagt sein, weitere Aktien zurückzunehmen. In diesem Fall werden einige Aktionäre bereit sein, ihre Aktien zu einem niedrigeren Preis als dem Nettoinventarwert über den geregelten oder den amtlichen Markt an einen Dritten zu veräußern.

## III. Veröffentlichung des Ausgabe- und Rücknahmepreises

Gemäß §§ 99 Abs. 3, 36 Abs. 6 Satz 1 und 2 InvG sind Ausgabe- und Rücknahmepreis der Aktien bei jeder Ausgabe und Rücknahme entweder von der In-

---

[237] Die Regelung des § 23 Abs. 2 Satz 1 InvG folgt somit der des § 21 Abs. 2 KAGG nach.

[238] Die Regelung des § 23 Abs. 2 Satz 3 InvG ersetzt die ehemalige Vorschrift des § 21 Abs. 5 KAGG.

vestmentaktiengesellschaft oder der Depotbank bekannt zu geben.[239] Unabhängig von der konkreten rechtlichen Ausgestaltung der Investmentaktiengesellschaft hat die Veröffentlichung jedoch mindestens zweimal im Monat in einer hinreichend verbreiteten Wirtschafts- oder Tageszeitung zu erfolgen.[240] Im Zuge des Investmentmodernisierungsgesetzes wurde in § 36 Abs. 6 Satz 2 InvG eine weitere Veröffentlichungsmöglichkeit aufgenommen. Künftig ist es ausreichend, wenn die Preise in den im Verkaufsprospekt bezeichneten elektronischen Informationsmedien veröffentlicht werden. Ist die Investmentaktiengesellschaft als Publikumsfonds – genauer: Publikumsinvestmentvermögen – angelegt, so ist in der Praxis regelmäßig davon auszugehen, dass bankarbeitstäglich Aktien aus- und/oder zurückgegeben werden, so dass die Preise bankarbeitstäglich zu veröffentlichen sind.

---

[239] Die Regelung des § 36 Abs. 6 InvG entspricht im Wesentlichen der des § 21 Abs. 6 KAGG.

[240] Als hinreichend verbreitete Wirtschafts- oder Tageszeitungen sind insbesondere überregionale Tageszeitungen anzusehen. Hauptveröffentlichungsmedium ist die Börsenzeitung. *Schödermeier/Balzer,* in Brinkhaus/Scherer (Hrsg.), Kommentar zum Gesetz über Kapitalanlagegesellschaften und Auslandinvestment-Gesetz, 2003, § 21 KAGG, Rn. 40; *Baur,* Investmentgesetze, 2. Auflage 1997, § 21 KAGG, Rn. 44 ff.

# 5. Kapitel: Anteilklassen

Im Rahmen des vierten Finanzmarktförderungsgesetzes wurde für das herkömmliche Sondervermögen die Möglichkeit zur Bildung von Anteilklassen in das Gesetz über Kapitalanlagegesellschaften aufgenommen.[241] Gemäß § 18 Abs. 2 Satz 2 KAGG konnten die Anteile an einem Sondervermögen unter Berücksichtigung der Festlegungen der Anteilklassenverordnung verschiedene Rechte hinsichtlich der Ertragsverwendung, des Ausgabeaufschlages, des Rücknahmeabschlages, der Währung des Anteilwertes, der Verwaltungsvergütung oder einer Kombination dieser Gesichtpunkte gewähren.[242] Die verschiedenen Anteilklassen unter dem Dach des Sondervermögens beziehen sich alle auf diese eine Vermögensmasse; lediglich die Rechte an dieser Vermögensmasse sind von Anteilklasse zu Anteilklasse verschieden. Damit ist es Kapitalanlagegesellschaften möglich, thesaurierende und ausschüttende Anteilklassen unter einem Sondervermögen zu vereinen.[243] Mit der Einführung der Anteilklassen wollte der Gesetzgeber den Kapitalanlagegesellschaften die Möglichkeit einräumen, weitere Anlageprodukte auflegen zu können bei gleichzeitiger Reduzierung der mit der Auflage eines Sondervermögens verbundenen administrativen Kosten.[244] Die Weitergabe der Kostenreduzierung sollte die deutschen Fonds attraktiver und wettbewerbsfähiger machen. Schließlich ging der Gesetzgeber von einem verringerten Aufwand für Gesellschaft und Aufsichtbehörde im Rahmen der Genehmigung einer Anteilklasse im Verhältnis zum herkömmlichen Sondervermögen aus.[245] Um auszuschließen, dass Anlegern bestehender Sondervermögen durch die Auflage neuer Anteilklassen Nachteile entstehen, wurde eine sachgerechte Zuordnung und Abgrenzung der Vermögenswerte und Verbindlichkeiten sowie der Aufwendungen und Erträge der einzelnen Anteilklassen erforderlich.[246]

---

[241] BT-Drucks. 14/8017, S. 66; *Kugler/ Rittler*, BB 2002, 1002.

[242] Wenngleich die Investmentaktiengesellschaft mit fixem Kapital zum Zeitpunkt des Erlasses des vierten Finanzmarktförderungsgesetzes bereits kodifiziert war, waren Anteilklassen für diese Form eines Investmentvermögens im Gesetz über Kapitalanlagengesellschaften noch nicht vorgesehen.

[243] So die Intention des Gesetzgebers, vgl. BT-Drucks. 14/8017, S. 66.

[244] BT-Drucks. 14/8017, S. 66.

[245] *Kugler/ Rittler*, BB 2002, 1002.

[246] BT-Drucks. 14/8017, S. 66.

A. **Das Investmentgesetz als Spezialgesetz**

Ausgangspunkt für die rechtliche Beurteilung der Zulässigkeit von Anteilklassen unter dem Dach einer Investmentaktiengesellschaft mit veränderlichem Kapital ist § 99 Abs. 1 InvG. Der Anwendungsvorrang des Investmentgesetzes gegenüber dem Aktienrecht ist ausdrücklich normiert und zwingend zu beachten. Findet sich im Investmentgesetz eine Regelung, die es einer Investmentaktiengesellschaft mit veränderlichem Kapital ermöglicht, Anteilklassen zu begeben, so kommt es aufgrund des in § 99 Abs. 1 InvG geregelten Anwendungsvorrangs auf die rechtliche Zulässigkeit von Anteilklassen nach allgemeinem Aktienrecht nicht an. Dies wird vom Bundesministerium der Finanzen im Auslegungsrundschreiben zur Thematik Primebroker nach dem Investmentgesetz vom 26. Mai 2004 bestätigt.[247] Dort heißt es unter anderem:

*„Die §§ 96 ff. InvG enthalten Vorschriften zur Investmentaktiengesellschaft. Sie sind als lex specialis zum Aktienrecht anzusehen. Bei der Auslegung dieser Vorschriften sind in erster Linie die übrigen Bestimmungen des Investmentgesetzes und nicht die des Aktienrechts heranzuziehen."*

Gemäß §§ 99 Abs. 3 InvG findet unter anderem § 34 InvG auf die Tätigkeit einer Investmentaktiengesellschaft entsprechende Anwendung. Nach §§ 99 Abs. 3, 34 Abs. 1 Satz 1 InvG können die Aktien einer Investmentaktiengesellschaft unter Berücksichtigung der Festlegungen in der Rechtsverordnung nach § 34 Abs. 3 Satz 1 und 2 InvG verschiedene Rechte hinsichtlich der Ertragsverwendung, des Ausgabeaufschlags, des Rücknahmeabschlags, der Währung, der Verwaltungsvergütung oder einer Kombination dieser Merkmale haben. Der Wortlaut des § 34 Abs. 1 Satz 1 InvG entspricht damit dem des ehemaligen § 18 Abs. 2 Satz 2 KAGG. Um die Gleichstellung der Investmentaktiengesellschaft mit dem herkömmlichen Sondervermögen zu vervollständigen, wurde über die Verweisung in § 99 Abs. 3 InvG auch § 34 Abs. 1 InvG auf die Investmentaktiengesellschaft für anwendbar erklärt. Auch in diesem Punkt wollte der Gesetzgeber eine Schlechterstellung der Investmentaktiengesellschaft im Verhältnis zum klassischen Sondervermögen beseitigen. Aufgrund der eindeutig formulier-

---

[247] Das Auslegungsrundschreiben des Bundesministeriums der Finanzen zur Thematik Primebroker nach dem Investmentgesetz (Stand: 26. Mai 2004) ist auf der Homepage der BaFin, unter www.bafin.de/schreiben/90_2004/040526_bmf.htm, abgedruckt.

ten Regelung kann eine Investmentaktiengesellschaft Aktien unterschiedlicher Anteilkassen begeben.

## B.  Zwischenergebnis

Die rechtliche Zulässigkeit von Aktienklassen einer Investmentaktiengesellschaft beurteilt sich aufgrund § 99 Abs. 1 InvG als *lex specialis* ausschließlich nach dem Investmentgesetz. Für die Einführung von Aktienklassen besteht insoweit Gleichlauf mit den anderen dogmatischen Anwendungsvorrängen des Investmentgesetzes, etwa der Ausschluss des Bezugsrechts der Altaktionäre gemäß § 104 Satz 2 InvG, das veränderliche Grundkapital gemäß §§ 96 Abs. 2 Satz 1, 104 Satz 1, 105 Abs. 1 Satz 1 InvG und der Rücknahmeanspruch der Aktionäre nach § 105 Abs. 2 Satz 1 InvG.

Folglich kann dahinstehen, ob Aktienklassen nach Aktienrecht zulässig sind. Dennoch wird im Folgenden unter Ausblendung des Investmentgesetzes aufgezeigt, dass auch das herkömmliche Aktienrecht die Ausgabe unterschiedlicher Aktienklassen zulässt.

## C.  Anteilklassen aus aktienrechtlicher Perspektive

Gemäß § 11 Satz 1 AktG können Aktien verschiedene Rechte gewähren, namentlich bei der Verteilung des Gewinns und des Gesellschaftsvermögens. Nach § 11 Satz 2 AktG bilden Aktien mit gleichen Rechten eine Gattung.

Bereits das Aktiengesetz von 1937 regelte in § 11 AktG 1937, dass einzelne Gattungen von Aktien verschiedene Rechte haben können. Da der Gesetzgeber befürchtete, der Wortlaut des § 11 AktG 1937 lege nahe, jede Aktiengesellschaft würde stets aus verschiedenen Aktiengattungen bestehen, entschied er sich für eine sprachliche Neufassung der Norm, ohne aber die Vorschrift inhaltlich zu ändern.[248] Durch die Neufassung kommt nun deutlicher zum Ausdruck, dass die Einräumung verschiedener Mitgliedschaftsrechte und/oder Mitgliedschafts-

---

[248] Dies ergibt sich ausdrücklich aus der Regierungsbegründung. *Brändel*, in Großkommentar zum Aktiengesetz, 4. Auflage 2004, § 11 AktG, Rn. 1; *Heider*, in Münchener Kommentar zum Aktiengesetz, 2. Auflage 2000, § 11 AktG, Rn. 1.

pflichten, die das Entstehen unterschiedlicher Aktiengattungen bewirken, möglich, aber nicht zwingend sind.[249]

Folglich müssen Aktien einer herkömmlichen Aktiengesellschaft nicht stets den gleichen rechtlichen Inhalt haben. Vielmehr können für verschiedene Aktien die in ihnen verkörperten Mitgliedschaftsrechte unterschiedlich ausgestaltet werden. In der Praxis hat sich insbesondere die Unterscheidung der Gattungen „Stammaktien" und „Vorzugsaktien" durchgesetzt. Zwar ist der Begriff der Vorzugsaktie im Aktiengesetz nicht legal definiert, allerdings verdeutlichen die §§ 139 ff. AktG den rechtlichen Inhalt des Begriffs der Vorzugsaktie. Hiernach sind Vorzüge Aktien, die gegenüber den übrigen Aktien – den Stammaktien – bei den Vermögens- und Herrschaftsrechten eine Besserstellung genießen.[250] Genießt die Aktie einen Vorzug, indem sie dem Aktionär weitergehende Rechte gewährt, dann stellen diese Vorzugsaktien gegenüber den Stammaktien gemäß § 11 Satz 1 AktG eine eigenständige Aktiengattung dar.

Der klassische Fall einer Vorzugsaktie ist die in § 139 Abs. 1 Satz 1 AktG definierte Vorzugsaktie ohne Stimmrecht. Diese ist grundsätzlich durch eine Vorzugsdividende gekennzeichnet.[251] Vergleicht man eine solche Vorzugsaktie mit den Regelungen des Investmentgesetzes über Anteilklassen, so entspricht die Vorzugsaktie des Aktiengesetzes dem Begriff der Anteilklasse mit verschiedenem Recht hinsichtlich der Ertragsverwendung aus § 34 Abs. 1 Satz 1 InvG[252]. Überspitzt formuliert, hat die Vorzugsaktie für die Investmentaktiengesellschaft einen neuen Namen sowie eine neue Einkleidung erhalten.

Würden unterschiedliche Aktien einer Aktiengesellschaft unterschiedliche Vorzüge einräumen, so würden gemäß § 11 Abs. 2 AktG entsprechend mehrere Aktiengattungen dieser Aktiengesellschaft bestehen. Eine Beschränkung der Anzahl der verschiedenen Aktiengattungen für eine Aktiengesellschaft sieht das

---

[249] *Heider,* in Münchener Kommentar zum Aktiengesetz, 2. Auflage 2000, § 11 AktG, Rn. 1, 3 und 27; *Hüffer,* AktG, 7. Auflage 2006, § 11 AktG, Rn. 7; *Brändel,* in Großkommentar zum Aktiengesetz, 4. Auflage 2004, § 11 AktG, Rn. 23; RGZ 80, 95, 97.

[250] *Loges/Distler,* ZIP 2002 S. 469.

[251] *Brändel,* in Großkommentar zum Aktiengesetz, 4. Auflage 2004, § 11 AktG, Rn. 2.

[252] Gemäß § 96 Abs. 1 Satz 2 InvG darf eine Investmentaktiengesellschaft keine Aktien ohne Stimmrecht ausgeben. Diese Norm steht den Ausführungen nicht entgegen, da auch nach dem AktG Vorzugsaktien ausgegeben werden können, für die das Stimmrecht gerade nicht ausgeschlossen worden ist. Siehe weiter unten.

Aktiengesetz nicht vor.[253] Hier gilt vielmehr die Bestimmungsfreiheit des Satzungsgebers.[254] Die namentlichen Nennungen in § 11 Satz 1 2. Halbsatz AktG haben lediglich beispielhaften und keinen abschließenden Charakter.[255]

So finden sich an verschiedenen Stellen des Aktiengesetzes Hinweise des Gesetzgebers auf weitere Aktiengattungen, die keine spezielle Nennung oder Regelung im Aktiengesetz erfahren haben. Beispielsweise „kann" gemäß § 139 Abs. 1 AktG für Vorzugsaktien das Stimmrecht ausgeschlossen werden. Nach dem Wortlaut dieser Vorschrift geht der Gesetzgeber davon aus, dass Vorzugsaktien auch mit Stimmrecht begeben werden können.[256] Diese Schlussfolgerung deckt sich auch mit dem Wortlaut des § 12 Abs. 1 Satz 2 AktG. Ferner können nicht nur Mitgliedschaftsrechte, sondern auch Mitgliedschaftspflichten gattungsbegründende Wirkung haben.[257] Hingewiesen sei an dieser Stelle auch auf den § 12 Abs. 2 Satz 2 AktG a. F. Vor der Novellierung des Aktiengesetzes durch das Gesetz zur Kontrolle und Transparenz im Unternehmensbereich, waren hier die rechtlichen Voraussetzungen für Mehrstimmvorzugsaktien geregelt. Wenngleich Mehrstimmrechte heute unzulässig sind, so handelte es sich jedoch auch bei den Mehrstimmvorzugsaktien um eine weitere Aktiengattung.

## D.   Zwischenergebnis

Auch das Aktienrecht sieht für eine klassische Aktiengesellschaft „Aktienklassen" vor, diese werden lediglich anders bezeichnet und ihre Gestaltungsmöglichkeiten weniger beschränkt. Folglich sind Aktienklassen keine Besonderheit des Investmentrechts, sondern lediglich eine spezialgesetzliche Konkretisierung des weiten Rahmens des § 11 AktG.

---

[253]  *Brändel*, in Großkommentar zum Aktiengesetz, 4. Auflage 2004, § 11 AktG, Rn. 20.

[254]  *Heider*, in Münchener Kommentar zum Aktiengesetz, 2. Auflage 2000, § 11 AktG, Rn. 35.

[255]  *Heider*, in Münchener Kommentar zum Aktiengesetz, 2. Auflage 2000, § 11 AktG, Rn. 2.

[256]  *Loges/Distler*, ZIP 2002 S. 469.

[257]  *Heider*, in Münchener Kommentar zum Aktiengesetz, 2. Auflage 2000, § 11 AktG, Rn. 1, 3 und 27; *Hüffer*, AktG, 7. Auflage 2006, § 11 AktG, Rn. 7; RGZ 80, 95, 97.

## E. Die Anteilklassenverordnung

Aufgrund des § 34 Abs. 3 InvG und § 44 Abs. 7 InvG i.V.m. § 1 Nr. 3 der Verordnung zur Übertragung von Befugnissen zum Erlass von Rechtsverordnungen auf die Bundesanstalt für Finanzdienstleistungsaufsicht hat die BaFin nach Anhörung der Deutschen Bundesbank die Anteilklassenverordnung erlassen.[258]

Bereits der Titel der Verordnung wirft damit die Frage auf, ob die Anteilklassenverordnung auch auf die Anteilklassen einer Investmentaktiengesellschaft Anwendung findet. Die Verordnung wurde am 24. März 2005 erlassen. Zu diesem Zeitpunkt waren Anteilklassen bereits für eine Investmentaktiengesellschaft zulässig.[259]

In § 1 AntklV ist der Anwendungsbereich der Rechtsverordnung geregelt. Hiernach ist die Anteilklassenverordnung auf Inländische Investmentfonds im Sinne des § 2 Abs. 1 InvG anzuwenden, wenn nach Maßgabe der Vertragsbedingungen Anteile mit unterschiedlichen Rechten ausgegeben werden können. Gemäß § 2 Abs. 1 InvG sind Investmentfonds von einer Kapitalanlagegesellschaft verwaltete Publikums-Sondervermögen nach den Anforderungen der OGAW-Richtlinie und sonstige Publikums- oder Spezial-Sondervermögen. Insoweit fällt eine Investmentaktiengesellschaft als die zweite Variante eines inländischen Investmentvermögens im Sinne von § 1 Satz 1 Nr. 1 InvG nicht in die Begriffsbestimmung des § 2 Abs. 1 InvG. Folglich findet die Anteilklassenverordnung auf eine Investmentaktiengesellschaft grundsätzlich keine Anwendung. Will die Bundesanstalt die Anteilklassen einer Investmentaktiengesellschaft in den Anwendungsbereich der Anteilklassenverordnung einbeziehen, so muss der Anwendungsbereich der Rechtsverordnung entsprechend ergänzt werden.[260]

Die grundsätzliche Nichtanwendbarkeit der Anteilklassenverordnung für Anteilklassen einer Investmentaktiengesellschaft führt jedoch nicht zur Unzulässigkeit von Anteilklassen unter dem Dach einer Investmentaktiengesellschaft. In der

---

[258] Verordnung über die buchhalterische Darstellung, Rechnungslegung und Wertermittlung der Anteilklassen von Sondervermögen vom 24. März 2005, BGBl. I, S. 986.

[259] Unter der Geltung des KAGG war die Auflage von Anteilklassen den herkömmlichen Sondervermögen vorbehalten. Dazu ausführlich im 5. Kapitel.

[260] Wenngleich die Anteilklassenordnung aufgrund ihrer ausdrücklichen Beschränkung auf Sondervermögen auf die Anteilklassen einer Investmentaktiengesellschaft keine Anwendung findet, so ist es *in praxi* dennoch sinnvoll, wenn sich eine Investmentaktiengesellschaft ihrer als Leitlinie bedient.

Gesetzesbegründung zum Investmentmodernisierungsgesetz geht auch der Gesetzgeber davon aus, dass der Erlass einer Rechtsverordnung keine Voraussetzung für die Zulässigkeit von Anteilklassen ist. So führt er zu § 34 Abs. 1 InvG aus:

> *„Der Absatz entspricht grundsätzlich der Regelung des § 18 Abs. 2 Satz 5 und 6 KAGG. Die Verordnungsermächtigung ist um die Teilfonds erweitert worden. Auch für deren buchhalterische Darstellung, Rechnungslegung und die Ermittlung des Wertes eines Teilfonds kann ein bestimmtes Verfahren festgelegt werden."*[261]

Der Wortlaut „kann [...] festgelegt werden" verdeutlicht, dass sowohl Anteilklassen als auch Teilfonds ohne eine entsprechende Verordnung eingeführt werden können. Im Übrigen regelt § 34 Abs. 3 Satz 1 InvG lediglich eine Ermächtigung zum Verordnungserlass, eine Pflicht zum Erlass wird gerade nicht begründet. Der Gesetzgeber hat es damit in die Hände des Ministeriums gegeben, darüber zu entscheiden, zu welchem Zeitpunkt und in welchem Umfang ein Regelungsbedarf für die buchhalterische Darstellung, die Rechungslegung und die Wertermittlung besteht.

*In praxi* werden Investmentaktiengesellschaften bis zur Erweiterung des Anwendungsbereiches der Anteilklassenverordnung bei der Auflage von Anteilklassen den Konsens mit der Aufsichtsbehörde suchen und die für Sondervermögen bestehenden Vorgaben der Rechtsverordnung entsprechend in die Satzung aufnehmen bzw. im täglichen Geschäft unmittelbar umsetzen.

## F.   Zusammenfassung

Die Ausgabe von Aktien verschiedener Klassen durch eine Investmentaktiengesellschaft ist nur auf den ersten Blick eine investmentrechtliche Besonderheit. Im Ergebnis ist eine „Aktienklasse" das investmentrechtliche Gegenstück zur „Aktiengattung" im Sinne des klassischen Aktienrechts. Um den Besonderheiten des Kapitalanlagerechts gerecht zu werden, hat sich der Gesetzgeber für eine spezialgesetzliche Regelung im Investmentgesetz entschieden. Damit sollten zum einen Missverständnisse vermieden und zum anderen die völlige Gleichstellung von Investmentaktiengesellschaft und klassischem Sondervermögen

---

[261] BT-Drucks. 15/1553 S. 86; [Hervorhebung durch den Verfasser].

vollzogen werden. Aufgrund des dogmatischen Anwendungsvorrangs in § 99 Abs. 1 InvG beurteilt sich die Zulässigkeit von Aktienklassen einer Investmentaktiengesellschaft ausschließlich nach den Vorschriften des Investmentgesetzes.

Wenngleich die Anteilklassenverordnung aufgrund ihres eindeutig formulierten Anwendungsbereiches auf die Anteilklassen einer Investmentaktiengesellschaft nicht anwendbar ist, empfiehlt es sich, diese Vorgaben auch im Alltag einer Investmentaktiengesellschaft entsprechend umzusetzen.

## 6. Kapitel: Teilfonds – Die „Umbrella-Konstruktion"

Neben den mit dem vierten Finanzmarktförderungsgesetz eingeführten Anteilklassen wurde den Investmentvermögen im Rahmen des Investmentmodernisierungsgesetzes die Möglichkeit eingeräumt, unter ihrem Dach mehrere Teilfonds mit unterschiedlichen Ausstattungsmerkmalen zu vereinen.[262] Anders als Anteilklassen, die unterschiedliche Rechte an einem Investmentvermögen verbriefen, werden Teilfonds unterschiedliche Vermögensgegenstände zugeordnet. Mit dieser als Umbrella-Konstruktion definierten Struktur, beabsichtigte der Gesetzgeber, den Anlegern eine kostengünstige Möglichkeit einzuräumen, zwischen einzelnen Teilfonds mit unterschiedlichen Ausstattungsmerkmalen – etwa der Anlagepolitik – zu wechseln.[263]

Bei der Einführung der Teilfonds in das deutsche Kapitalanlagerecht stand einmal mehr das luxemburgische Recht Pate. So finden sich in Art. 133 OGAG Regelungen über die Auflage von Teilfonds unter dem Dach eines luxemburgischen Investmentvermögens. Auch der liechtensteinische Gesetzgeber ist beim Erlass des Gesetzes über Investmentunternehmen gleichgezogen. Gemäß Art. 53 IUG kann ein Investmentunternehmen in mehrere wirtschaftlich unabhängige Segmente (Teilfonds) aufgeteilt werden.

Da Umbrella-Konstruktionen in den anderen europäischen Fondsindustrieländern bereits seit vielen Jahren erfolgreich praktiziert werden, war die Einführung der Teilfonds für Investmentvermögen somit erforderlich geworden, um deutsche Investmentprodukte im europäischen Wettbewerb konkurrenzfähig zu halten.[264]

### A.   Der rechtliche Rahmen

Gemäß § 34 Abs. 2 Satz 1 InvG können mehrere herkömmliche Sondervermögen, die sich hinsichtlich der Anlagepolitik oder eines anderen Ausstattungsmerkmals unterscheiden, als Umbrella-Konstruktion zusammengefasst werden.

---

[262] Teilfonds hatten sich in der Vergangenheit bereits in Luxemburg, Großbritannien und Irland erfolgreich etabliert. BT-Drucks. 15/1553 S. 86.

[263] BT-Drucks. 15/1553 S. 86.

[264] BT-Drucks 15/1553 S. 86.

Aufgrund der Anordnung des § 99 Abs. 3 InvG findet § 34 Abs. 2 InvG auch auf Investmentaktiengesellschaften entsprechende Anwendung. Für eine Investmentaktiengesellschaft ist § 34 Abs. 2 Satz 1 InvG wie folgt zu lesen:

> *„Unter Berücksichtigung der Festlegungen in der Rechtsverordnung nach § 34 Abs. 3 Satz 1 und 2 InvG können mehrere Gesellschaftsvermögen, die sich hinsichtlich der Anlagepolitik oder eines anderen Ausstattungsmerkmals unterscheiden (Teilfonds), zusammengefasst werden (Umbrella-Konstruktion)."*

Um den Gleichlauf von herkömmlichem Sondervermögen und Investmentaktiengesellschaft möglichst weit zu verwirklichen, hat der Gesetzgeber auch für die Investmentaktiengesellschaft die Umbrella-Konstruktion vorgesehen. Die Investmentaktiengesellschaft kann folglich unter ihrem Dach mehrere Teilfonds auflegen, die aus eigenständigen „Gesellschaftsvermögen" bestehen. Über die Auflage eines neuen Teilfonds beschließt der Vorstand; es Bedarf keiner Beschlussfassung der Hauptversammlung.

## I. Die rechtliche Einordnung des Teilgesellschaftsvermögens

Aufgrund der Maßgabe des § 99 Abs. 3 Nr. 2 InvG sind die Vermögensmassen der einzelnen Teilfonds als „Gesellschaftsvermögen" zu bezeichnen. Die Bezeichnung des den einzelnen Teilfonds verkörpernden Anteils des Gesellschaftsvermögens als „Gesellschaftsvermögen" ist insoweit irreführend und fehlerhaft, als eine Investmentaktiengesellschaft nur ein einziges Gesellschaftsvermögen haben kann. Dem deutschen Gesellschaftsrecht sind Regelungen fremd, die einer juristischen Person erlauben, mehrere Gesellschaftsvermögen zu haben.[265] Eine Gesellschaft kann zwar eine Vielzahl von Beteiligungen halten, etwa auch an einer oder mehreren 100 % Tochtergesellschaften. Die Summe aller Beteiligungen bildet jedoch stets das „eine" Gesellschaftsvermögen der Gesellschaft.

Dies verdeutlichen auch die Haftungsverfassungen der Kapitalgesellschaften. Gemäß § 1 Abs. 1 Satz 2 AktG und § 13 Abs. 2 GmbHG haftet für Verbindlichkeiten einer Kapitalgesellschaft nur das Gesellschaftsvermögen. Nach dem ein-

---

[265] *Schmidt*, Gesellschaftsrecht, 4. Auflage 2002, S. 1692 ff.

deutigen Wortlaut dieser Normen haben Kapitalgesellschaften nur ein Gesellschaftsvermögen.

Die Verweisung der Gläubiger auf eine beschränkte Haftungsmasse unter Verwehrung des Zugriffs auf das Vermögen der hinter der Gesellschaft stehenden Anteilseigner ist nur dann gerechtfertigt, wenn sich die Gläubiger durch Einsicht in das Handelsregister über die Höhe des (Mindest-)Haftkapitals informieren können sowie Aufbringung und Erhaltung dieser Haftungsmasse sichergestellt sind.[266] Nur unter diesen Voraussetzungen können Dritte das Risiko eines geschäftlichen Kontakts mit der Gesellschaft zutreffend einschätzen.

Es wäre mit den Erfordernissen des Gläubigerschutzes nicht vereinbar, wenn eine Gesellschaft zwei völlig getrennte Gesellschaftsvermögen bilden könnte. Etwa ein Vermögen, das der Gesellschaft als Haftungsmasse dient und ein zweites Gesellschaftsvermögen, das für Verbindlichkeiten der Gesellschaft nicht einsteht. Denn eine entsprechende Aufspaltung des Gesellschaftsvermögens könnte zu einer Reduzierung der Mindesthaftungsmasse der Kapitalgesellschaften auf Null führen. Dem Gläubigerschutz wäre dann nicht mehr genüge getan, die grundsätzliche Mindesthaftungsmasse wäre nicht mehr dem Handelsregister zu entnehmen.

Somit ist es mit den Grundsätzen der Haftungsverfassung unvereinbar, das Kapital der Gesellschaft auf mehrere Gesellschaftsvermögen zu verteilen, mit dem Ziel die Haftungsmasse nochmals zu verringern. Dies ist nur dann möglich, wenn es von den Vertragsparteien individuell vereinbart worden ist oder wenn es das Gesetz ausdrücklich zulässt.[267]

Das klassische Beispiel einer haftungsrechtlichen Trennung des Vermögens einer Gesellschaft sind die separierten Vermögensmassen unter dem Dach einer Kapitalanlagegesellschaft. Gemäß § 30 Abs. 1 Satz 2 InvG ist das Sondervermögen von dem eigenen Vermögen der Kapitalanlagegesellschaft getrennt zu halten. Formaljuristisch stehen die Sondervermögen nach § 30 Abs. 1 Satz 1 InvG mindestens im Miteigentum der Kapitalanlagegesellschaft, sie sind Teil des einen Gesellschaftsvermögens. Allerdings ist in § 30 Abs. 1 Satz 2 InvG die getrennte Haltung des Sondervermögens von dem eigenen Vermögen der Kapi-

---

[266] *Heider*, in Münchener Kommentar zum Aktiengesetz, 2. Auflage 2000, § 1 AktG, Rn. 64.

[267] Beispiele aus dem Investmentrecht sind die Haftungsseparierungen in § 34 Abs. 2 Satz 2 InvG für Teilfondsverbindlichkeiten und die haftungsrechtliche Trennung der Sondervermögen in § 31 Abs. 2 Satz 1 InvG.

talanlagegesellschaft angeordnet und in § 31 Abs. 2 Satz 1 InvG ausdrücklich die Haftung der Sondervermögen für Verbindlichkeiten der Kapitalanlagegesellschaft ausgeschlossen. Insoweit findet eine (haftungsrechtliche) Separierung des Sondervermögens statt. Dies ist jedoch mit den Grundsätzen der Haftungsverfassung für Kapitalanlagegesellschaften vereinbar, da eine Kapitalanlagegesellschaft gemäß § 11 Abs. 1 InvG über ausreichende Eigenmittel verfügen muss, die insbesondere den Gläubigern als Haftungsmasse zur Verfügung stehen sollen.[268]

Der Investmentaktiengesellschaft liegt hingegen eine andere Situation zu Grunde. Zwar muss auch sie gemäß § 97 Abs. 1 Satz 2 Nr. 1 InvG mit einem Mindestanfangskapital ausgestattet sein. Dieses dient im Unterschied zu dem in § 11 Abs. 1 InvG geregelten Mindestkapital einer Kapitalanlagegesellschaft jedoch nicht vorwiegend den Gläubigern als Haftungsmasse.[269] In erster Linie soll dieses Kapital in Finanzinstrumente investiert werden und damit unmittelbar das Investmentvermögen bilden. Lediglich als eine Art Annex bildet es gemäß § 99 Abs. 1 InvG i.V.m. § 1 Abs. 1 Satz 2 AktG auch die Haftungsmasse für Verbindlichkeiten der Investmentaktiengesellschaft. Hier zeigt sich ein wichtiger Unterschied zwischen Investmentaktiengesellschaft und Kapitalanlagegesellschaft. Die Investmentaktiengesellschaft investiert ihr Kapital in Finanzinstrumente mit dem Ziel, ihre Aktionäre am Gewinn des Vermögens zu beteiligen, während die Kapitalanlagegesellschaft hingegen ihr Kapital als Haftungsmasse bereithält. Sie muss Sondervermögen bilden, um Gelder für Anleger gewinnbringend anlegen zu können.[270] Im Ergebnis ist dieser Unterschied logische Konsequenz. Denn nach dem erklärten Willen des Gesetzgebers ist eine Investmentaktiengesellschaft Substitut eines Sondervermögens und nicht der Kapitalanlagegesellschaft. Dies ist im Gesetz auch so angelegt. Faktisch mag eine Investmentaktiengesellschaft wiederum teilweise mehr einer Kapitalanlagegesellschaft als einem Sondervermögen entsprechen, da sie im Fall der Selbstverwal-

---

[268] *Zeller* in Brinkhaus/Scherer (Hrsg.), Gesetz über Kapitalanlagegesellschaften und Auslandinvestment-Gesetz, 2003, § 2 KAGG Rn. 6.

[269] Einen anderen Weg ist hier der liechtensteinische Gesetzgeber gegangen. Gemäß Art. 35 Abs. 3 Satz 2 IUG ist das Mindestanfangskapital einer liechtensteinischen Investmentaktiengesellschaft als Haftungsmasse gesondert zu verwalten.

[270] Ausführlich zum Mindestnennkapital einer Kapitalanlagegesellschaft, *Baur*, Investmentgesetze, 2. Auflage 1997, § 2 KAGG Rn. 9 ff.

tung über einen vergleichbaren Verwaltungsapparat verfügen muss und vergleichbare Tätigkeiten ausübt.

Deshalb ist im Falle der Investmentaktiengesellschaft richtigerweise vom „Teilgesellschaftsvermögen" des betreffenden Teilfonds zu sprechen.[271] So auch in Liechtenstein – hier wird in Art. 2 Abs. 1 lit. e) IUG von wirtschaftlich unabhängigen „Teilvermögen" eines Investmentunternehmens (Investmentaktiengesellschaft) gesprochen.

Die Summe der Aktien aller Teilfonds bildet das Grundkapital der Investmentaktiengesellschaft im Sinne des § 1 Abs. 2 AktG i.V.m. § 99 Abs. 1 InvG.[272] Da also alle Teilfonds zusammen das Grundkapital bilden, verstößt die Investmentaktiengesellschaft bei der Teilfondsbildung auch nicht gegen die Grundsätze der Haftungsverfassung für Aktiengesellschaften. Der Gläubiger einer Investmentaktiengesellschaft ist gegenüber dem Gläubiger einer Aktiengesellschaft nicht schlechter gestellt. Auch er kann die Mindesthaftsumme, die Grundkapitalziffer dem Handelsregister entnehmen.

Aus wirtschaftswissenschaftlicher Perspektive ist unter einem Teilgesellschaftsvermögen ein in sich geschlossenes, wirtschaftlich unabhängiges Segment im Sinne eines isolierbaren Bereichs innerhalb einer diversifizierten Wirtschaftseinheit – dem Gesellschaftsvermögen einer Investmentaktiengesellschaft – zu verstehen.[273] Buchhalterisch ist es deshalb erforderlich für die einzelnen Teilfonds Unterkonten (Rechnungskreise) zu bilden, um einzelne Buchungssätze dem betroffenen Teilfonds konkret zurechnen zu können. Mit Blick auf diese wirtschaftswissenschaftliche Betrachtungsweise eines Teilfonds, wird dieser im liechtensteinischen Recht in Art. 53 IUG unmittelbar als „Segment" bezeichnet.

---

[271] Nach dem Investmentänderungsgesetz werden die Teilfonds einer Investmentaktiengesellschaft im Investmentgesetz gemäß § 100 InvG n.F. als Teilgesellschaftsvermögen bezeichnet.

[272] Hierzu ausführlich im 6. Kapitel unter D.

[273] Zum Begriff des Segments im wirtschaftswissenschaftlichen Sinn sowie allgemein zur Segmentberichterstattung, *Coenenberg*, Jahresabschluss und Jahresabschlussanalyse, 17. Auflage 2000, S. 770 ff.

## II.  Die *lex specialis* Anordnung des § 99 Abs. 1 InvG

Auch für die Frage der gesellschaftsrechtlichen Zulässigkeit von Teilfonds gilt die *lex specialis* Regelung des § 99 Abs. 1 InvG. Die Zulässigkeit von Teilfonds als investmentrechtliche Besonderheit beurteilt sich folglich ausschließlich im Lichte des Investmentrechts. Dies verdeutlicht auch der vom Gesetzgeber gewollte Gleichlauf von Investmentaktiengesellschaft und herkömmlichem Sondervermögen. Auch unter dem Schirm eines klassischen Sondervermögens können verschiedene Teilfonds aufgelegt werden. Auch dies ist kein gesellschaftsrechtlich, sondern ein ausschließlich investmentrechtlich zu beurteilender Sachverhalt. Da Teilfonds für Sondervermögen und für Investmentaktiengesellschaften jeweils nach Maßgabe des § 34 Abs. 2 InvG aufzulegen sind, gilt für beide Konstruktionen derselbe rechtliche Rahmen. Weil es jedoch für das herkömmliche Sondervermögen *per se* nicht auf die Zulässigkeit nach gesellschaftsrechtlichen Vorschriften ankommen kann, muss gleiches für die Teilfonds einer Investmentaktiengesellschaft gelten.

## III.  Teilfonds aus aktienrechtlicher Perspektive

Dennoch soll auch für Teilfonds aufgezeigt werden, dass auch diese mit den allgemeinen aktienrechtlichen Regelungen vereinbar sind. Ausgangspunkt ist erneut § 11 Satz 1 AktG. Nach dieser Norm können Aktien verschiedene Rechte gewähren, namentlich bei der Verteilung des Gewinns und des Gesellschaftsvermögens. Folglich können verschiedene Aktiengattungen unterschiedliche Rechte am Gesellschaftsvermögen geben. Das Aktiengesetz enthält keine weiteren Vorgaben, wie diese Rechte der verschiedenen Aktiengattungen am Gesellschaftsvermögen ausgestaltet werden können. Die konkrete Art der Ausgestaltung unterfällt somit unter Wahrung des Aktienrechts im Übrigen der Satzungsautonomie der Satzungsgeber.[274] So ist es beispielsweise im Fall einer klassischen Aktiengesellschaft mit § 11 Satz 1 AktG vereinbar, Aktien zweier unterschiedlicher Gattungen (Aktiengattung A und Aktiengattung B) zu begeben, bei denen der Anteil der Aktien der Aktiengattung A das Zweifache des Anteils der

---

[274] Die Satzungsautonomie hat in § 23 Abs. 5 AktG eine starke Einschränkung erfahren. Dazu, *Hüffer*, Aktiengesetz, 7. Auflage 2006, § 23 AktG Rn. 34 ff.; *Raiser/Veil*, Recht der Kapitalgesellschaften, 4. Auflage 2006, § 9 Rn. 19. Allgemein zur Satzungsautonomie im Gesellschaftsrecht, *Schmidt*, Gesellschaftsrecht, 4. Auflage 2002, S. 83 ff.

Aktiengattung B am Gesellschaftsvermögen beträgt. Dieses Beispiel wird auch von der Regelung des § 271 Abs. 2 AktG erfasst.[275] Gemäß § 271 Abs. 2 AktG ist im Falle der Liquidation einer Aktiengesellschaft das Vermögen nach den Anteilen am Grundkapital zu verteilen. Bei Aktiengesellschaften die Nennbetragsaktien begeben haben, wird folglich auf das Verhältnis von Nennbetrag und Grundkapital abgestellt. Von diesem Grundsatz macht § 271 Abs. 2 AktG jedoch eine Ausnahme, wenn Aktien mit verschiedenen Rechten bei der Verteilung des Gesellschaftsvermögens vorhanden sind.[276] Im Falle einer Investmentaktiengesellschaft könnten sich diese Rechte nur auf das jeweilige Teilgesellschaftsvermögen beziehen.

Der offene Regelungsgehalt von § 11 Satz 1 AktG und § 271 Abs. 2 AktG zeigt, dass es durchaus mit dem geltenden Aktienrecht vereinbar ist, wenn sich einzelne Rechte der Aktien einer Gattung nur auf einen bestimmten, genau abgrenzbaren Teil des Gesellschaftsvermögens beziehen.

Die Richtigkeit dieses Ergebnisses zeigt auch die rechtswissenschaftliche Diskussion über die rechtliche Zulässigkeit von *Tracking Stocks* nach deutschem Gesellschaftsrecht. *Tracking Stocks* sind eine Erfindung des U.S.-amerikanischen Kapitalmarkts.[277] Mit *Tracking Stocks* bezeichnet man Aktien, deren Gewinnbezugsrecht sich lediglich nach dem Ergebnis einer bestimmten Unternehmenssparte, nicht des Gesamtunternehmens, bemisst.[278] Aufgrund der weiten Formulierung des § 11 Satz 1 AktG wird die Einführung von *Tracking Stocks* nach deutschem Aktienrecht in der Literatur weitgehend als zulässig er-

---

[275] *Hüffer* in Münchener Kommentar zum Aktiengesetz, 2. Auflage 2001, § 271 AktG, Rn. 21.

[276] *Hüffer* in Münchener Kommentar zum Aktiengesetz, 2. Auflage 2001, § 271 AktG, Rn. 21.

[277] *Baums*, Spartenorganisation, „Tracking Stock" und deutsches Aktienrecht, in Festschrift für Boujong, 1996, S. 27 ff.

[278] „Ein typisches Beispiel für die Einführung von Tracking Stocks ist die Übernahme von Electronic Data Systems („EDS") durch General Motors („GM"). Die bisherigen Aktionäre von EDS, die EDS eingebrachten hatten, erhielten zwar General Motors-Aktien, deren Dividendenbezugsrecht aber an den - separat zu ermittelnden - Gewinn der künftigen EDS-Sparte von GM geknüpft wurde. Damit sollte sichergestellt werden, dass die bisherigen EDS-Aktionäre auch weiterhin vorrangig an den Erträgen des – im Vergleich zum Kerngeschäft von GM als profitabler eingeschätzten - Elektronikgeschäfts teilhaben zu lassen. Beispiel aus, *Baums*, Festschrift für Boujong, 1996, S. 21.

achtet.[279] Die Einführung der Tracking Stocks blieb jedoch bis heute aus, da insbesondere für die Fragen nach der Segmentberichterstattung und der Zulässigkeit der Verteilung des Segmentgewinns mit Blick auf § 57 Abs. 3 AktG keine zufrieden stellende Lösung gefunden wurden.[280] Trotzdem zeigt die rechtliche Diskussion um die Einführungen von *Tracking Stocks* zumindest, dass das deutsche Aktienrecht Aktien, deren Mitgliedschaftsrechte sich teilweise auf ein Segment beschränken, grundsätzlich zulässt.[281]

## B.    Die haftungsrechtliche Trennung der Teilfonds

Gemäß § 96 Abs. 1 Satz 1 InvG wird eine Investmentaktiengesellschaft ausschließlich in der Rechtsform der Aktiengesellschaft betrieben. Als Konsequenz sind nach § 99 Abs. 1 InvG auf eine Investmentaktiengesellschaft die allgemeinen aktienrechtlichen Regelungen anzuwenden, soweit das Investmentgesetz keine spezielleren Regelungen bietet. Damit finden auf eine Investmentaktiengesellschaft grundsätzlich auch die Vorschriften über die Haftungsverfassung einer Aktiengesellschaft Anwendung. Insbesondere haftet für die Verbindlichkeiten der Investmentaktiengesellschaft den Gläubigern gemäß § 1 Abs. 1 Satz 2 AktG nur das Gesellschaftsvermögen und damit nicht die Aktionäre. Als Ausgleich für diese Haftungsbeschränkung sieht § 7 AktG ein Mindestgrundkapital von EUR 50.000 vor.

In § 34 Abs. 2 Satz 2 InvG findet sich jedoch eine haftungsrechtliche Besonderheit des Investmentrechts. Gemäß § 34 Abs. 2 Satz 2 InvG haftet für die auf den einzelnen Teilfonds entfallende Verbindlichkeit nur der betreffende Teilfonds. Sind also Verbindlichkeiten der Investmentaktiengesellschaft einem einzelnen Teilfonds konkret zurechenbar, so steht den Gläubigern dieser Verbindlichkeiten nur das Teilgesellschaftsvermögen des betreffenden Teilfonds als Haftungsmasse zur Verfügung.

---

[279] *Hüffer*, AktG, 7. Auflage 2006, § 11 AktG, Rn. 4; *Baums*, Festschrift für Boujong, 1996, S. 19 ff.; *Brauer*, AG, 1993, 324, 334, *Fuchs*, ZGR 2003, 167, 169 f.

[280] *Baums*, Festschrift für Boujong, 1996, S. 28 ff.

[281] Der Frage, inwieweit Tracking Stocks mit den Aktien eines Teilfonds vergleichbar sind, konnte vorliegend offen gelassen werden. Es war ausreichend, darzustellen, dass § 11 Satz 1 AktG grundsätzlich auch Aktiengattungen zulässt, die einzelne Mitgliedschaftsrechte auf einen Teil des Gesellschaftsvermögens beschränken.

In der Praxis sind die meisten Verbindlichkeiten den einzelnen Teilfonds konkret zurechenbar. Der größte Teil der Verbindlichkeiten der Investmentaktiengesellschaft beruht auf Verträgen über die Portfolioverwaltung, den Vertrieb, die Depotbanktätigkeit und allgemeine Verwaltungstätigkeiten, die aufgrund einer entsprechenden Vertragsgestaltung den einzelnen Teilfonds zurechenbar sind. Damit kommt § 34 Abs. 2 Satz 2 InvG große Bedeutung zu. Ein Teilfonds haftet somit nicht für die Verbindlichkeiten eines anderen Teilfonds. Der Gläubiger einer Teilfondsverbindlichkeit einer Investmentaktiengesellschaft kann damit nicht auf die grundsätzliche Mindesthaftsumme des § 7 AktG bzw. jene die sich dem Handelsregister entnehmen lässt, vertrauen. Ihm steht damit für eine Teilfondsverbindlichkeit unter Abweichung von § 1 Abs. 1 Satz 2 AktG nicht das gesamte Vermögen der Gesellschaft, sondern lediglich der auf den betreffenden Teilfonds entfallende Teil des Gesellschaftsvermögens als Haftungsmasse zur Verfügung. Die Schlechterstellung des Gläubigers einer Investmentaktiengesellschaft im Verhältnis zum Gläubiger einer herkömmlichen Aktiengesellschaft muss vorliegend im Lichte des Anlegerschutzes hingenommen werden. Nur so kann die Verwässerung eines Teilfonds aufgrund der schlechten Entwicklung eines anderen Teilfonds verhindert werden.

*Beispiel:*
*Eine Investmentaktiengesellschaft begibt Aktien für einen Teilfonds A und einen Teilfonds B. Teilfonds A wird einem Index nachgebildet. Für Teilfonds B wird ein externer Portfolioverwalter bestellt. Anleger X entscheidet sich für Teilfonds A, da er auf den Index setzt und im Übrigen von Portfolioverwaltern nichts hält. Teilfonds A entwickelt sich entsprechend dem ihm zu Grunde liegenden Index hervorragend. Der Portfolioverwalter des Teilfonds B versagt. Am Ende reicht das auf den Teilfonds B entfallende Teilfondsvermögen nicht einmal mehr aus, um die Vergütung für die Portfolioverwaltung zu begleichen. Es wäre für den Anleger X völlig unbillig, wenn der Teilfonds A für die im Rahmen der Portfolioverwaltung des Teilfonds B entstandenen Verbindlichkeiten aufkommen müsste. Denn aufgrund seiner Entscheidung für den Teilfonds A hat er auch nicht die Möglichkeit, an einer besonders positiven Wertentwicklung des Teilfonds B zu partizipieren.*

Die Regelung des § 34 Abs. 2 Satz 2 InvG kann allerdings auch für die Gläubiger einer Investmentaktiengesellschaft nicht als besondere Härte bezeichnet werden. Die auf den einzelnen Teilfonds konkret entfallenden Verbindlichkeiten beruhen in der Regel auf einem Dauerschuldverhältnis. Im Rahmen des zu Grunde liegenden Vertragsverhältnisses kann der Vertragspartner regelmäßige, etwa monatliche Zahlungen vereinbaren und so sein Risiko erheblich minimieren.

## C.   Die Haftung der Teilfonds für Gemeinschaftsverbindlichkeiten

Allerdings enthält § 34 Abs. 2 Satz 2 InvG keine Aussage, ob und inwieweit Teilfonds für die sonstigen Verbindlichkeiten der Investmentaktiengesellschaft haften, die nicht einem einzelnen Teilfonds konkret zurechenbar sind. Hierbei handelt es sich um Verbindlichkeiten, die von der Investmentaktiengesellschaft nicht für einen einzelnen Teilfonds eingegangen worden sind, sondern einerseits um Verbindlichkeiten, die für die gemeinschaftliche Rechnung aller Aktionäre bzw. für Rechnung des gesamten Gesellschaftsvermögens begründet wurden, beispielsweise die Miete für die Geschäftsräume oder die Gehälter für Vorstände und Angestellte, sind und andererseits um alle gesetzlichen Ansprüche gegen die Investmentaktiengesellschaft, die nicht auf einen konkreten Teilfonds entfallen. Zum besseren Verständnis werden diese Verbindlichkeiten im Folgenden als „Gemeinschaftsverbindlichkeiten" bezeichnet.

## I.   Keine Haftung der Teilfonds gemäß § 31 Abs. 2 Satz 1 InvG
## (1. Variante)

Für ein herkömmliches Sondervermögen ist der Ausschluss der Haftung für Verbindlichkeiten der Kapitalanlagegesellschaft in § 31 Abs. 2 Satz 1 InvG ausdrücklich geregelt.

Gemäß §§ 99 Abs. 3, 34 Abs. 2 Satz 2 InvG haftet ein Teilfonds für die auf ihn entfallenden Verbindlichkeiten unter Maßgabe des § 31 Abs. 2 Satz 1 InvG. Im Folgenden ist damit zu untersuchen, ob die Nennung dieser Norm in § 34 Abs. 2 Satz 2 InvG den Ausschluss der Haftung des einzelnen Teilfonds für die Gemeinschaftsverbindlichkeiten der Investmentaktiengesellschaft begründet. In Anwendung auf die Investmentaktiengesellschaft ist § 31 Abs. 2 Satz 1 InvG wie folgt zu lesen:

> *„Ein Teilfonds haftet nicht für Verbindlichkeiten der Investmentaktiengesellschaft; dies gilt auch für Verbindlichkeiten der Investmentaktiengesellschaft aus Rechtsgeschäften, die sie für gemeinschaftliche Rechnung der Anleger schließt."*

Bei einer entsprechenden Anwendung des § 31 Abs. 2 Satz 1 InvG haftet somit ein Teilfonds weder für Gemeinschafts-, noch für sonstige Verbindlichkeiten der Investmentaktiengesellschaft.[282] Diese Lesart des § 31 Abs. 2 Satz 1 InvG für Teilfonds einer Investmentaktiengesellschaft ist juristisch logisch nachvollziehbar. In § 34 Abs. 2 Satz 2 InvG ist bereits ausreichend und hinreichend klar die haftungsrechtliche Trennung der einzelnen Teilfonds untereinander geregelt. Insoweit ist ein Verweis auf § 31 Abs. 2 InvG nicht erforderlich – etwa um nochmals die haftungsrechtliche Trennung der Teilfonds zu untermauern. Mit der Bezugnahme auf § 31 Abs. 2 Satz 1 InvG sollte vielmehr sowohl für die Investmentaktiengesellschaft, als auch für das herkömmliche Sondervermögen einer Kapitalanlagegesellschaft verdeutlicht werden, dass auch im Falle einer Umbrella-Konstruktion die Teilfonds nicht für Gemeinschaftsverbindlichkeiten einstehen müssen. In § 31 Abs. 2 Satz 1 InvG ist damit der allgemeine Grundsatz einer haftungsrechtlichen Trennung für Gemeinschaftsverbindlichkeiten der Dach-Gesellschaft, sei es eine Investmentaktiengesellschaft oder eine Kapitalanlagegesellschaft, geregelt. Nach diesem Verständnis normiert § 34 Abs. 2 Satz 2 InvG die völlige haftungsrechtliche Trennung der Teilfonds.

## II. Volle Haftung der Teilfonds für Gemeinschaftsverbindlichkeiten (2. Variante)

Die soeben dargestellte Lesart des § 34 Abs. 2 Satz 2 InvG und der Haftungsausschluss der Teilfonds für Gemeinschafts- und sonstige Verbindlichkeiten der Investmentaktiengesellschaft ist jedoch nicht zwingend. Neben obiger Variante ist auch eine zweite Lesart des § 34 Abs. 2 Satz 2 InvG für die Frage nach der Haftung der Teilfonds für die Gemeinschaftsverbindlichkeiten möglich.

Völlig unstreitig regelt § 34 Abs. 2 Satz 2 InvG die haftungsrechtliche Trennung der Teilfonds für die auf den einzelnen Teilfonds entfallenden Verbindlichkeiten. Diese haftungsrechtliche Trennung erfolgt nach dem Wortlaut des § 34 Abs. 2 Satz 2 InvG „unter Maßgabe des § 31 Abs. 2 InvG".

---

[282] Bei den sonstigen Verbindlichkeiten der Investmentaktiengesellschaft handelt es sich um einen Unterfall der Gemeinschaftsverbindlichkeiten. Während Gemeinschaftsverbindlichkeiten im engeren Sinn auf einem gegenseitigen Vertrag beruhen sind daneben auch Gemeinschaftsverbindlichkeiten denkbar, die ausschließlich auf einer gesetzlichen Anspruchsgrundlage beruhen; etwa deliktische Ansprüche. Diese werden hier als sonstige Verbindlichkeiten der Investmentaktiengesellschaft bezeichnet.

Hier ist zunächst zu beachten, dass § 31 Abs. 2 InvG sich nicht im Normenkatalog der Investmentaktiengesellschaft – den §§ 96 bis 111 InvG – befindet. Zwar existiert mit § 99 Abs. 3 InvG eine Verweisungsnorm, die einige Vorschriften für Kapitalanlagegesellschaften auch auf die Investmentaktiengesellschaft für anwendbar erklärt; § 31 Abs. 2 InvG wird in § 99 Abs. 3 InvG jedoch nicht genannt. Es stellt sich somit die Frage, ob § 31 Abs. 2 InvG in Ermangelung einer Bezugnahme in § 99 Abs. 3 InvG auf die Investmentaktiengesellschaft gerade keine Anwendung findet. Die Konsequenz wäre eine volle Haftung der Teilfonds für die Gemeinschafts- und die sonstigen Verbindlichkeiten der Investmentaktiengesellschaft.

In § 31 Abs. 2 InvG ist der Haftungsausschluss eines herkömmlichen Sondervermögens für Verbindlichkeiten der Kapitalanlagegesellschaft geregelt. Hintergrund dieser Vorschrift ist die das Verhältnis von Sondervermögen und Kapitalanlagegesellschaft kennzeichnende investmentrechtliche Besonderheit: Während eine klassische Gesellschaft immer nur über ein Gesellschaftsvermögen verfügt, finden sich unter dem Mantel einer Kapitalanlagegesellschaft grundsätzlich mehrere Vermögensmassen. Zum einen das eigene Gesellschaftsvermögen der Kapitalanlagegesellschaft im Sinne von § 11 InvG, zum anderen die von der Kapitalanlagegesellschaft für die Anleger treuhänderisch gehaltenen Sondervermögen im Sinne von § 2 Abs. 2 InvG. Nach dem eindeutigen Wortlaut des § 31 Abs. 2 Satz 1 InvG soll für Verbindlichkeiten der Kapitalanlagegesellschaft nur das Vermögen der Kapitalanlagegesellschaft haften, nicht jedoch das für gemeinschaftliche Rechnung der Anteilinhaber angelegte Sondervermögen. Unter dem Dach einer Kapitalanlagegesellschaft befinden sich folglich mehrere rechtlich selbständige Vermögensmassen. Eine Investmentaktiengesellschaft verfügt hingegen auch bei der Auflage von Teilfonds immer nur über ein Gesellschaftsvermögen. Die Teilfonds werden lediglich als in Segmente aufgeteilte Teilgesellschaftsvermögen dargestellt. Die Summe dieser Teilfonds bildet das eine Gesellschaftsvermögen der Investmentaktiengesellschaft. Die Investmentaktiengesellschaft legt folglich eigenes Vermögen an, bildet hierbei jedoch kein von den Eigenmitteln der Gesellschaft zu trennendes Sondervermögen. Dies folgt auch aus § 96 Abs. 2 Satz 2 InvG. Nach dem dort definierten Unternehmensgegenstand einer Investmentaktiengesellschaft legt diese ihre Mittel nach dem Grundsatz der Risikomischung mit dem Ziel an, die Aktionäre an dem Gewinn aus der Verwaltung des Vermögens der Gesellschaft zu beteiligen. Einer klassischen Kapitalanlagegesellschaft liegt insoweit eine andere Situation zu

Grunde. Hier muss zwischen dem Gewinn der Kapitalanlagegesellschaft und dem Gewinn des Sondervermögens unterschieden werden. Da für die Investmentaktiengesellschaft somit keine dem § 31 Abs. 2 InvG vergleichbare Vermögensseparierung vorgesehen ist, verweist der Gesetzgeber in § 99 Abs. 3 InvG folgerichtig nicht auf § 31 Abs. 2 InvG. Als Konsequenz läuft der Verweis in § 34 Abs. 2 Satz 2 InvG – unter Maßgabe des § 31 Abs. 2 InvG – mit Blick auf die Investmentaktiengesellschaft ins Leere.

Anders liegt es hingegen im Falle von Teilfonds, die unter dem Schirm eines herkömmlichen Sondervermögens aufgelegt werden. Hier ist die klarstellende Bezugnahme in § 34 Abs. 2 Satz 2 InvG auf § 31 Abs. 2 Satz 1 InvG gerechtfertigt: Die Teilfonds eines Sondervermögens haften nicht für die Verbindlichkeiten der Kapitalanlagegesellschaft. Insoweit bleibt der Verweis auf § 31 Abs. 2 InvG in § 34 Abs. 2 Satz 2 InvG stimmig.

In Ermangelung von selbständigen Vermögensmassen unter dem Dach einer Investmentaktiengesellschaft haften nach diesem Verständnis von § 34 Abs. 2 Satz 2 InvG die Teilfonds voll für die Gemeinschafts- und sonstigen Verbindlichkeiten der Investmentaktiengesellschaft.

### III. Diskussion einer Anwendung des § 31 Abs. 2 InvG

Da vorliegend grundsätzlich beide dargestellten Lesarten des § 34 Abs. 2 Satz 2 InvG für die Frage nach der Haftung der Teilfonds für Gemeinschaftsverbindlichkeiten mit dem Wortlaut des Gesetzes vereinbar sind, ist zu untersuchen, ob das sonstige Investmentrecht, allgemeine Rechtsgrundsätze oder die Ziele des Gesetzgebers bei der Beantwortung der Frage nach dem „richtigen" Verständnis des § 34 Abs. 2 Satz 2 InvG weiterhelfen können:

### 1. Anlegerschutz

Der Anlegerschutz ist im gesamten Investmentrecht von großer Bedeutung. Insbesondere der Kleinanleger, der grundsätzlich dem Verbraucher des § 13 BGB gleichzustellen ist, soll oftmals durch verschiedenste Regelungen geschützt werden. Auch § 34 Abs. 2 Satz 2 InvG dient dem Schutz des Anlegers. Durch die Anordnung der Haftungstrennung soll er vor einer zufälligen Haftungsverlagerung geschützt werden.

*Beispiel:*
*Eine Investmentaktiengesellschaft legt drei Teilfonds auf: Teilfonds A ist einem Index nachgebildet, Teilfonds B und C werden von einem externen Vermögensverwalter verwaltet. Anleger X möchte sein mühsam Erspartes in einen Teilfonds einer Investmentaktiengesellschaft investieren und entscheidet sich für den Teilfonds A, da hier keine Kosten für den Portfolioverwalter anfallen. Nachdem er sich ausdrücklich für den Teilfonds A entschieden hat, wäre es völlig unbillig ihn dem Haftungsrisiko für Ansprüche des Portfolioverwalters gegen die Investmentaktiengesellschaft auszusetzen – hier greift deshalb die Haftungsseparierung des § 34 Abs. 2 Satz 2 InvG.*

Im Folgenden ist nun die Frage zu beantworten, ob der Gesetzgeber mit den Regelungen im Investmentgesetz auch eine zufällige Verlagerung der Gemeinschaftsverbindlichkeiten auf einen Teilfonds und damit zum Nachteil einiger weniger Aktionäre der Investmentaktiengesellschaft verhindern wollte. Es ist zu klären, ob es eventuell zu einer Aushöhlung der haftungsrechtlichen Trennung des § 34 Abs. 2 Satz 2 InvG kommt, falls diese nicht durch eine entsprechende Anwendung des § 31 Abs. 2 InvG ergänzt wird. Des Weiteren könnte der Ausschluss der Anwendbarkeit des § 31 Abs. 2 InvG eine Schlechterstellung der Investmentaktiengesellschaft gegenüber dem herkömmlichen Sondervermögen bedeuten. Dies wäre inkohärent zu den ursprünglichen Zielen des Gesetzgebers, im Investmentgesetz einen möglichst weitgehenden Gleichlauf von Investmentaktiengesellschaft und Sondervermögen zu verwirklichen.

Würden sich im obigen Beispiel Teilfonds B und Teilfonds C sehr schlecht entwickeln, so müsste gegebenenfalls Teilfonds A für die Gemeinschaftsverbindlichkeiten aller Teilfonds (A, B und C) einstehen. Dies würde zu einer Verwässerung des Teilfonds A und einer unbilligen Schlechterstellung der Aktionäre des Teilfonds A führen. Denn in diesem Fall würden die Aktionäre des Teilfonds A die schlechte Wertentwicklung der Teilfonds B und C bezogen auf die Gemeinschaftsverbindlichkeiten alleine tragen müssen.

Diese Situation stellt allerdings nur auf den ersten Blick den Aktionär eines Teilfonds einer Investmentaktiengesellschaft schlechter als den Anteilinhaber eines Teilfonds unter dem Umbrella eines herkömmlichen Sondervermögens. Wenngleich es der Investmentaktiengesellschaft aufgrund § 34 Abs. 2 InvG erlaubt ist, unter ihrem Dach verschiedene Teilfonds aufzulegen und sie sich somit noch mehr einer herkömmlichen Kapitalanlagegesellschaft annähert, die bereits nach § 30 Abs. 3 Satz 1 InvG mehrere Sondervermögen bilden darf, bleibt sie *de fac-*

*to* formaljuristisch auf der Ebene der Sondervermögen. Denn auch und gerade Sondervermögen können nach § 34 Abs. 2 Satz 2 InvG Teilfonds bilden.

***Abbildung:***

*Vergleich der Struktur von Kapitalanlagegesellschaft und Investmentaktiengesellschaft bei Bildung von Teilfonds*

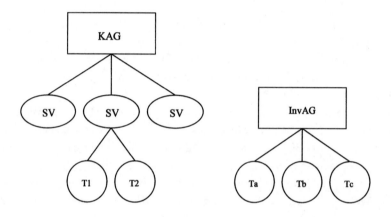

*Die linke Darstellung zeigt eine Kapitalanlagegesellschaft (KAG) i.S.v. §§ 6 ff. InvG, die drei Sondervermögen (SV1, SV2, SV 3) i.S.v. § 30 InvG verwaltet. Das Sondervermögen SV2 ist gemäß § 34 Abs. 2 Satz 1 InvG als Umbrella-Konstruktion ausgestaltet. Die einzelnen Teilfonds des SV2 sind die Teilfonds T1 und T2. Die haftungsrechtliche Trennung der beiden Teilfonds folgt aus § 34 Abs. 2 Satz 2 InvG.*

*Die rechte Darstellung zeigt eine Investmentaktiengesellschaft i.S.v. §§ 96 ff. InvG als Substitut eines herkömmlichen Sondervermögens. Auch die Investmentaktiengesellschaft ist gemäß § 34 Abs. 2 Satz 1 InvG als Umbrella-Konstruktion ausgestaltet. Unter ihrem Dach finden sich die Teilfonds Ta, Tb und Tc. Die haftungsrechtliche Trennung der Teilfonds der Investmentaktiengesellschaft folgt ebenfalls aus § 34 Abs. 2 Satz 2 InvG.*

Betrachtet man obige Schaubilder, so stellt man fest, dass für Teilfonds eines Sondervermögens genau die gleichen rechtlichen Vorgaben gelten, wie für die Teilfonds einer Investmentaktiengesellschaft. Beide „Formen" der Teilfonds befinden sich rechtlich auf der gleichen Ebene, beiden Varianten drohen damit auch die gleichen Risiken. Auch für Teilfonds eines Sondervermögens ist nur die Haftung des Teilfonds für Verbindlichkeiten der Kapitalanlagegesellschaft über den Verweis in § 34 Abs. 2 Satz 2 InvG auf § 31 Abs. 2 Satz 1 InvG ausgeschlossen. Auch hier besteht die Gefahr der zufälligen Schadensverlagerung für Gemeinschaftsverbindlichkeiten des „Dach-Sondervermögens". Insoweit besteht völliger Gleichlauf zwischen einer Investmentaktiengesellschaft und dem herkömmlichen Sondervermögen. Es liegt damit gerade keine Schlechterstellung der Investmentaktiengesellschaft gegenüber dem herkömmlichen Sondervermögen vor. Folglich werden auch die Teilfondsaktionäre nicht schlechter gestellt als die Anteilinhaber eines Teilfonds unter dem Dach eines Sondervermögens. Für beide Anleger bestehen die gleichen Risiken. In der Praxis wird das Problem der Haftung der Teilfonds für Gemeinschaftsverbindlichkeiten nur von geringer praktischer Bedeutung sein, da die meisten Verbindlichkeiten einem Teilfonds bei einer entsprechenden vertraglichen Gestaltung konkret zurechenbar sein werden. Des Weiteren besteht grundsätzlich nur eine geringe Zahl von Gemeinschaftsverbindlichkeiten, die grundsätzlich auch betragsmäßig verhältnismäßig gering sein dürften. Der größte Posten der Gemeinschaftsverbindlichkeiten einer Investmentaktiengesellschaft resultieren aus Aufwendungen für Personal und Miete. Auch hier könnte im Wege der Vertragsgestaltung zumindest teilweise eine entsprechende Zuweisung an die verschiedenen Teilfonds mit der Folge des § 34 Abs. 2 Satz 2 InvG erreicht werden. In diesem Fall drohen nur noch die sonstigen Gemeinschaftsverbindlichkeiten, insbesondere jene der deliktischen Natur, die den einzelnen Teilfonds nicht konkret zurechenbar sind. Allerdings kann die Investmentaktiengesellschaft Versicherungen abschließen, die die Investmentaktiengesellschaft im Schadensfall freistellen würden. Auf diesem Weg kann eine größtmögliche Sicherheit erreicht werden. Eine hundertprozentige Sicherheit gibt es nicht.

## 2. Zwischenergebnis

Der Anleger einer Investmentaktiengesellschaft steht für das Problem der Haftung der Teilfonds für Gemeinschaftsverbindlichkeiten keineswegs schlechter als der Inhaber von Teilfondsanteilen eines herkömmlichen Sondervermögens. Weder die Gleichstellung der Anleger der beiden Formen eines Investmentvermögens, noch der Schutz der Anleger im Allgemeinen setzen den Haftungsausschluss voraus. Ferner zeigt der Vergleich mit dem Teilfonds eines herkömmlichen Sondervermögens, dass der Gesetzgeber die Frage nach der Haftung der Teilfonds für Gemeinschaftsverbindlichkeiten, gleichgültig ob unter dem Umbrella „Investmentaktiengesellschaft" oder „Sondervermögen", nicht vom Verweis auf § 31 Abs. 2 InvG in § 34 Abs. 2 Satz 2 InvG erfasst hat. Auch der Schutz des Anlegers kann kein absoluter sein, ein gewisses Anlagerisiko verbleibt grundsätzlich immer.

### 3. Teilgesellschaftsvermögen als Treuhandvermögen

Eine Anwendung des § 31 Abs. 2 InvG auf die Teilfonds einer Investmentaktiengesellschaft wäre allerdings angezeigt und sinnvoll, falls es sich bei den die Teilfonds verkörpernden Teilgesellschaftsvermögen um Treuhandvermögen handeln würde.

**a) Die Treuhandlösung beim herkömmlichen Sondervermögen**

Für die rechtliche Ausgestaltung eines herkömmlichen Sondervermögens sieht § 30 Abs. 1 Satz 1 InvG die Miteigentums- und die Treuhandlösung vor. Die Miteigentumslösung kann vorliegend ausgeblendet werden, da sie für eine Investmentaktiengesellschaft nicht in Betracht kommt. Im Falle der Treuhandlösung stehen die Vermögensgegenstände des Sondervermögens im formalen Eigentum der Kapitalanlagegesellschaft, während wirtschaftlich die Anteilinhaber Eigentümer sind.[283] Formal sind die Anteilinhaber allerdings auf schuldrechtliche Ansprüche gegen die Kapitalanlagegesellschaft als Treuhänderin beschränkt.[284] Gemäß §§, 31 Abs. 1, 2 Abs. 2 InvG wird das Sondervermögen von der Kapitalanlagegesellschaft zwar im eigenen Namen, aber für Rechnung der Anleger verwaltet.[285] Das formale, nicht aber das wirtschaftliche Eigentum der Kapitalanlagegesellschaft resultiert aus vertraglichen und gesetzlichen Beschränkung der Verfügungsmacht über die Finanzinstrumente des Sondervermögens; dies verdeutlicht die Definition der Treuhänderschaft der Kapitalanla-

---

[283] *Geßler*, WM 1957, Sonderbeilage Nr. 4, S. 17; *Zeller*, in Brinkhaus/Scherer (Hrsg.), Kommentar zum KAGG und AuslInvestmG, 2003, § 6 KAGG, Rn. 7; *Baur*, Investmentgesetze, 2. Auflage 1997, § 6 KAGG, Rn. 14; *Geßler*, WM 1957, Sonderbeilage Nr. 4 S. 14.

[284] *Zeller*, in Brinkhaus/Scherer (Hrsg.), Kommentar zum KAGG und AuslInvestmG, 2003, § 6 KAGG, Rn. 7; Bauer, Investmentgesetze, 2. Auflage 1997, § 6 KAGG, Rn. 14.

[285] *Zeller*, in Brinkhaus/Scherer (Hrsg.), Kommentar zum KAGG und AuslInvestmG, 2003, § 1 KAGG, Rn. 11.

gegesellschaft in § 31 InvG. Des Weiteren schreibt § 30 Abs. 1 Satz 2 InvG die Trennung des Sondervermögens vom eigenen Vermögen der Kapitalanlagegesellschaft vor. Es findet also keine Vermischung zwischen Anlegergeldern und Gesellschaftsmitteln statt.[286] Deshalb sind die Anleger im Falle einer Insolvenz der Kapitalanlagegesellschaft und einer drohenden Zwangsvollstreckung in das Sondervermögen durch die Aussonderungsrechte des § 47 InsO und die Drittwiderspruchsklage nach § 771 ZPO geschützt.[287]

### b) Teilfonds als Treuhandvermögen?

Es stellt sich die Frage, ob und inwieweit sich diese Ausführungen auf eine deutsche Investmentaktiengesellschaft, die als Umbrella-Konstruktion ausgestaltet ist, übertragen lassen – ob und inwieweit die Teilgesellschaftsvermögen der einzelnen Teilfonds als fremdnütziges Treuhandvermögen anzusehen sind und damit das Recht des § 47 InsO auf Aussonderung Anwendung findet.[288] *Baur*[289] führt in seinem Werk „Investmentgesetze" allgemein zur Investment(aktien)gesellschaft aus:

> *„Bei dem Investmentunternehmen der Satzungsform oder des Gesellschaftstyps handelt es sich um eine privatrechtliche Körperschaft. Als Rechtsform für die Investmentgesellschaft kommen im Inland theoretisch die Aktiengesellschaft, die Genossenschaft, die GmbH und im Ausland vergleichbare Rechtsformen in Frage. Seiner Gesellschaftsform entsprechend verschafft dieses Investmentunternehmen durch Ausgabe von Aktien [...] dem Sparer Mitgliedschaftsrechte an dem Unternehmen. Auf diese Weise wird eine direkte Verbindung zwischen dem Investmentunternehmen (Investmentfonds) und dem Publikum hergestellt. Das Gesellschaftsvermögen und das Anlagevermögen sind nicht getrennt. Die Gesellschaft benutzt das von den Investoren erhaltene Geld, um damit Wertpapiere oder auch andere Anlagegegenstände im eigenen Namen und auf eigene Rechnung zu kaufen. Im Übrigen besteht das Vermögen der Gesellschaft aus einem relativ geringen Betriebskapital und einem gewissen Dispositionsfonds an Barmitteln."*[290]

---

[286] *Zeller*, in Brinkhaus/Scherer (Hrsg.), Kommentar zum KAGG und AuslInvestmG, 2003, § 6 KAGG, Rn. 8.

[287] *Zeller*, in Brinkhaus/Scherer (Hrsg.), Kommentar zum KAGG und AuslInvestmG, 2003, § 6 KAGG, Rn. 7.

[288] BGH, DNotZ 1993, S. 384.

[289] *Baur*, Investmentgesetze, 2. Auflage 1997, Einleitung I, Rn. 71 und § 6 KAGG, Rn. 17.

[290] Hervorhebung durch den Verfasser.

Zunächst ist festzuhalten, dass Baur bereits 1997 und damit vor Aufnahme der Investmentaktiengesellschaft in das deutsche Kapitalmarktrecht davon ausging, dass eine Investment(aktien)gesellschaft neben ihrem Anlagevermögen – den Teilfonds – über eine weitere Vermögensmasse, von ihm als Betriebskapital bezeichnet, verfügt. Es ist nun zu klären, ob es sich bei diesen unterschiedlichen Vermögensmassen lediglich um separierte Segmente handelt oder um rechtlich eigenständige Vermögensmassen im Sinne eines Treuhandvermögens.

### aa) Der Begriff der Treuhand im deutschen Zivilrecht

Da die OGAW-Richtlinie keine Vorgaben nennt und das Investmentgesetz im Übrigen schweigt, ist der Begriff der Treuhand über das allgemeine Zivilrecht zu bestimmen.

Das Wesen der Treuhand hat nach wie vor keine Kodifizierung im deutschen Zivilrecht erfahren. Ihre Existenz ist im deutschen Rechtssystem jedoch völlig unstrittig und in unterschiedlichen Normen – etwa § 42 DepotG, §§ 292, 293 InsO, § 855a ZPO – vorausgesetzt und damit vom Gesetzgeber anerkannt.[291] Rechtskultur übergreifend ist der Begriff des Treuhänders und somit der Treuhand wie folgt zu definieren:

> *Unter einem Treuhänder ist eine natürliche oder juristische Person zu verstehen, die von einem anderen (oder für einen anderen) Vermögensrechte zu eigenen Rechten erworben hat, diese Rechte aber nicht oder wenigstens nicht ausschließlich in eigenem Interesse ausüben soll.*[292]

Unter dem Dach dieses Begriffs der Treuhand ist im Speziellen zwischen verschiedenen Formen der Treuhand zu unterscheiden. Im Wesentlichen kennt das deutsche Zivilrecht die Varianten der Ermächtigungstreuhand[293], der Voll-

---

[291]  *Gernhuber*, JuS 1988, 355 ff.; *Liebich-Mathews*, Treuhand und Treuhänder in Recht und Wissenschaft, 2. Auflage 1983, S. 597 ff.; *Henssler*, AcP 196 s. 37 ff. BGH, NJW 2004, 1382.

[292]  *Henssler*, AcP 196, S. 41.

[293]  Im Falle der Ermächtigungstreuhand wird die Ermächtigung, gemäß § 185 BGB über das Treugut zu verfügen erteilt. Der Treugeber bleibt Rechtsinhaber. BGHZ 19, 69, 71; *Bassenge*, in Palandt (Hrsg.), Bürgerliches Gesetzbuch, 66. Auflage 2007, § 903 BGB, Rn. 34.

machtstreuhand[294] und der fiduziarischen Treuhand.[295] Für die folgenden Ausführungen ist lediglich die fiduziarische Treuhand von Bedeutung. Denn nur
hier wird die Rechtsinhaberschaft in vollem Umfang vom Treugeber auf den
Treuhänder übertragen. Die fiduziarische Treuhand ist als Rechtsverhältnis zu
definieren,

> *das ein Rechtsgut zum Gegenstand hat (das Treugut), welches einem Vertragspartner*
> *(dem Treuhänder) zu vollem Recht (also mit ungeschmälerter Außenzuständigkeit)*
> *übertragen wird, jedoch mit der Verpflichtung dem anderen Vertragspartner (dem*
> *Treuegeber) gegenüber, von der unbeschränkten Rechtsmacht nur in [gewissen vorde-*
> *finierten] Grenzen Gebrauch zu machen.*[296]

Das Treuhandverhältnis ist dadurch gekennzeichnet, dass es dem Treuhänder
nach außen hin ein Mehr an Rechten überträgt, als er nach der gleichzeitig mit
dem Treuegeber getroffenen schuldrechtlichen Treuhandabrede ausüben darf.[297]
Für die Einordnung eines Rechtsverhältnisses als Treuhandverhältnis ist nicht
dessen Bezeichnung, sondern ausschließlich die rechtliche Ausgestaltung maß-
gebend.[298] Ferner gibt es keinen spezifischen Treuhandvertragstypus. Die
Rechtsbeziehungen zwischen Treuegeber und Treuhänder müssen vielmehr nach
den jeweiligen Umständen des Einzelfalles, insbesondere nach dem zugrunde
liegenden Auftrag oder bei Vereinbarung eines Entgeltes nach dem Geschäfts-
besorgungsvertrag, bestimmt werden.[299]

---

[294] Bei der Vollmachtstreuhand wird lediglich eine Vollmacht zu Treuhandzwecken erteilt.
Der Treugeber bleibt auch hier Rechtsinhaber. *Bassenge*, in Palandt (Hrsg.), Bürgerliches
Gesetzbuch, 66. Auflage 2007, § 903 BGB, Rn. 34.

[295] *Gernhuber*, JuS 1988, 355.

[296] *Gernhuber*, JuS 1988, 355 f.

[297] Die fiduziarische Treuhand besteht im Wesentlichen aus zwei Rechtsgeschäften: Zum
einen der Übertragung des Treugutes und zum anderen der organisierenden und steuern-
den Treuhandabrede. *BGH*, NJW 2004, 1383; *Heinrichs*, in Palandt (Hrsg.), Bürgerliches
Gesetzbuch, 66. Auflage 2007, Überblick vor § 104 BGB, Rn. 25; *Gernhuber*, JuS 1988
S. 355, 356.

[298] *Bassenge*, in Palandt (Hrsg.), Bürgerliches Gesetzbuch, 66. Auflage 2007, § 903 BGB,
Rn. 36.

[299] *BGH*, WM 1969, 935. Daneben kann ein Treuhandverhältnis auch als BGB-
Innengesellschaft ausgestaltet werden. *Bassenge*, in Palandt (Hrsg.), Bürgerliches Gesetzbuch, 66. Auflage 2007, § 903 BGB, Rn. 36.

**bb) Kein Treuhandverhältnis im Sinne des allgemeinen Zivilrechts**

Für die Frage der rechtlichen Einordnung der Teilgesellschaftsvermögen der einzelnen Teilfonds einer Investmentaktiengesellschaft ist damit auf die der Rechtsbeziehung von Anleger und Investmentaktiengesellschaft zugrunde liegenden Verträge und Dokumente abzustellen. Die relevanten Dokumente sind die Satzung der Investmentaktiengesellschaft, der Verkaufsprospekt und der Zeichnungsschein.[300] Gemäß § 34 Abs. 2 Satz 1 InvG unterscheiden sich die Teilfonds hinsichtlich der Anlagepolitik oder eines anderen Ausstattungsmerkmals. Nach §§ 99 Abs. 3, 42 Abs. 1 Satz 3 Nr. 7 InvG muss der ausführliche Verkaufsprospekt unter anderem eine Beschreibung der Anlageziele und der Anlagepolitik der Teilfonds nebst etwaiger Konkretisierungen und Beschränkungen derselben beinhalten. Diese Vorschrift wird von § 42 Abs. 1 Satz 3 Nr. 14 InvG ergänzt. Hiernach sind zusätzlich die wesentlichen Merkmale der für die einzelnen Teilfonds erwerbbaren Investmentanteile einschließlich der maßgeblichen Anlagegrundsätze und -grenzen zu beschreiben. Eine entsprechende Regelung findet sich in §§ 99 Abs. 3 Nr. 2, 43 Abs. 4 Nr. 9 InvG für den Mindestinhalt der Satzung einer Investmentaktiengesellschaft.

Für die in Rede stehende Frage ergibt sich aus diesen Bestimmungen Folgendes: Unstreitig stehen die über den Kauf von Aktien eingelegten Gelder nach außen im alleinigen Eigentum der Investmentaktiengesellschaft. Aufgrund der Bestimmung in der Satzung, die teilweise in den Verkaufsprospekten nochmals konkretisiert werden, dürfen die eingelegten Gelder nur innerhalb der vordefinierten Anlagegrundsätze eingesetzt werden. Dies stellt jedoch keine vertragliche Beschränkung im Innenverhältnis dar, wie sie das Wesen der Treuhand voraussetzt. Vielmehr ist hierin die satzungsmäßige Festlegung des Unternehmensgegenstands im Sinne von § 96 Abs. 2 Satz 2 InvG zu sehen. Als echte Aktiengesellschaft wird eine Investmentaktiengesellschaft nach § 99 Abs. 1 InvG i.V.m. § 76 Abs. 1 AktG vom Vorstand unter eigener Verantwortung geleitet. Anders als bei einem herkömmlichen Sondervermögen haben die Aktionäre keine schuldrechtlichen Ansprüche gegenüber der Investmentaktiengesellschaft. Ferner können sie nicht als wirtschaftliche Eigentümer der investierten Finanz-

---

[300] Im Falle einer Kapitalanlagegesellschaft sind die die Rechtsbeziehung zwischen den Parteien prägenden Dokumente der Investmentvertrag und die Vertragsbedingungen. *Schäcker*, Entwicklung und System des Investmentsparens, S. 111 ff.; *Zeller*, in Brinkhaus/Scherer, Gesetz über Kapitalanlagegesellschaften und Auslandinvestment-Gesetz, 2003, § 1 KAGG, Rn. 11.

instrumente gesehen werden, da die Aktionäre vielmehr wirtschaftliches Eigentum an der Investmentaktiengesellschaft selbst anteilig erwerben. Es besteht keine Trennung zwischen dem Gesellschaftsvermögen und dem Anlagevermögen.[301] Unabhängig von der Anzahl der Teilfonds, besteht unter dem Dach einer Investmentaktiengesellschaft nur ein Gesellschaftsvermögen und damit nur eine einzige Vermögensmasse. Folgerichtig werden sie gemäß § 96 Abs. 2 InvG am Gewinn der Investmentaktiengesellschaft selbst beteiligt, der Anteilinhaber eines Sondervermögens jedoch nur am Gewinn des Sondervermögens.

Den Teilfonds einer Investmentaktiengesellschaft fehlt es damit an den eine Treuhänderschaft prägenden Charakteristika.

### cc) Treuhandverhältnis über Satzungsautonomie

Da die gesetzliche Ausgestaltung der Investmentaktiengesellschaft der Annahme einer Treuhänderschaft entgegensteht, ist im Folgenden zu untersuchen, ob über die Satzungsautonomie eine Ausgestaltung der Teilfondsvermögen als Treuhandvermögen möglich ist. In diesem Fall würde die Haftung der Teilfonds für Gemeinschaftsverbindlichkeiten im Sinne von § 31 Abs. 2 InvG mit Hilfe der Satzungsautonomie ausgeschaltet werden können.[302] Wie oben dargestellt[303], gibt es keinen typischen Vertragstypus der Treuhänderschaft. Die für die Begründung einer Treuhänderschaft erforderlichen Beschränkungen müssen nicht zwingend in einem wechselseitigen Vertrag geregelt sein. Entsprechende Bestimmungen können auch in einen Gesellschaftsvertrag aufgenommen sein.[304]

Die Satzungsautonomie wird jedoch auch für die Investmentaktiengesellschaft über § 99 Abs. 1 InvG durch den Grundsatz der Satzungsstrenge nach § 23 Abs. 5 AktG eingeschränkt. Nach dieser Vorschrift kann von den aktienrechtlichen Bestimmungen nur abgewichen werden, wenn dies im Gesetz ausdrücklich zugelassen ist.[305] Eine Ergänzung der gesetzlichen Vorschriften ist nur möglich, wenn das Aktienrecht keine entsprechende Regelung vorhält oder wenn mit der

---

[301] *Baur*, Investmentgesetze, 2. Auflage 1997, Einleitung I, Rn. 71 und § 6 KAGG, Rn. 17.

[302] Zum Begriff der Satzungsautonomie ausführlich und mit vielen Verweisen: *Schmidt*, Gesellschaftsrecht, 3. Auflage 1997, S. 88 ff.

[303] Dazu, 6. Kapitel unter C.III.3b)aa).

[304] *Bassenge*, in Palandt (Hrsg.), Bürgerliches Gesetzbuch, 66. Auflage 2007, § 903 BGB, Rn. 36; *BGH*, WM 1969, 935.

[305] *Hüffer*, AktG, 7. Auflage 2006, § 23 AktG, Rn. 34 ff.; *Pentz*, in MüKo zum AktG, 2. Auflage 2000, Rn. 148 ff.

Ergänzung eine gesetzliche Regelung ihrem Gedanken nach weitergeführt wird
– die Regelung hierbei im Grundsatz also unberührt bleibt.[306] Vorliegend steht
die Haftungsverfassung für Aktiengesellschaften einer satzungsrechtlichen Ausgestaltung der Teilgesellschaftsvermögen als Treuhandvermögen entgegen. Gemäß § 99 Abs. 1 InvG i.V.m. § 1 Abs. 1 Satz 2 AktG haftet für Verbindlichkeiten der Investmentaktiengesellschaft nur das Gesellschaftsvermögen. Gläubiger
der Investmentaktiengesellschaft können sich also nicht an die Aktionäre halten.
Als Ausgleich für den angeordneten Haftungsausschluss bestimmen §§ 1 Abs. 2,
7 AktG, dass die Investmentaktiengesellschaft über ein Grundkapital von Mindestens EUR 50.000 verfügen muss.[307] Die Bereitstellung eines Mindesthaftkapitals, dessen Aufbringung und möglichst ungeschmälerte Erhaltung durch eine
Vielzahl gesetzlicher Regelungen sichergestellt wird, dient auch bei einer Investmentaktiengesellschaft dem Schutz der Gläubiger und bietet den notwendigen Ausgleich für die Begrenzung der Haftung auf das Gesellschaftsvermögen.[308] Die vorgenannten Normen fallen in den Anwendungsbereich der Satzungsstrenge des § 23 Abs. 5 AktG. Von ihnen darf in den Satzungsbestimmungen nicht zu Lasten der Gläubiger abgewichen werden.

Unter Berücksichtigung des in § 97 Abs. 1 Satz 2 InvG angeordneten Mindestanfangskapitals von EUR 300.000 könnte in der Satzung einer Investmentaktiengesellschaft eine Regelung aufgenommen werden, nach der EUR 50.000 bzw.
eine dem jeweiligen Grundkapital entsprechende Summe im sonstigen Vermögen der Gesellschaft als Haftungsmasse verbleiben und das restliche Kapital in
die treuhänderischen Teilgesellschaftsvermögen eingebracht wird. Hier würde
jedenfalls § 7 AktG gewahrt sein. Die entscheidende Norm der Haftungsverfassung bleibt jedoch § 1 Abs. 1 Satz 2 AktG. Die Investmentaktiengesellschaft
haftet in Ermangelung einer spezialgesetzlichen Regelung mit dem gesamten
Gesellschaftsvermögen. Anders als etwa im Falle einer Kapitalanlagegesellschaft befindet sich unter dem Dach einer Investmentaktiengesellschaft unabhängig von der Zahl und der rechtlichen Ausgestaltung ihrer Teilfonds immer
nur ein einziges Gesellschaftsvermögen. Nach § 99 Abs. 1 InvG i.V.m. § 1 Abs.
1 Satz 2 AktG haftet eine Investmentaktiengesellschaft ihren Gläubigern damit

---

[306] *Hüffer*, AktG, 7. Auflage 2006, § 23 AktG, Rn. 37 ff.; *Pentz*, in MüKo zum AktG, 2. Auflage 2000, Rn. 157 ff.

[307] Darüber hinaus ordnet § 97 Abs. 1 Satz 2 InvG ein Mindestanfangskapital von EUR
300.000 an.

[308] *Heider*, in Münchener Kommentar zum AktG, 2. Auflage 2000, § 1 AktG, Rn. 84.

mit ihrem gesamten Gesellschaftsvermögen unter Einschluss aller Teilfondsvermögen. Eine haftungsrechtliche Separierung der Teilfondsvermögen für die
Gemeinschaftsverbindlichkeiten aufgrund einer entsprechenden Regelung in der
Satzung der Investmentaktiengesellschaft ist mit Blick auf die zwingend zu be-
achtende Satzungsstrenge des § 23 Abs. 5 AktG nicht möglich.

**c) Zwischenergebnis**

Auch im Falle der Bildung von Teilfonds unter dem Dach einer Investmentaktiengesellschaft hat eine Investmentaktiengesellschaft nur ein Gesellschaftsvermögen. Die die einzelnen Teilfonds bildenden Teilgesellschaftsvermögen sind
lediglich ein separierter Teil dieser einen Vermögensmasse. Die Aktionäre bleiben unabhängig von der teilweisen Beschränkung ihrer Mitgliedschafts- und
Teilhaberechte vollwertige Gesellschafter der Investmentaktiengesellschaft. Sie
tragen weiterhin das unternehmerische Risiko der Gesellschaft mit. Zwischen
einer Investmentaktiengesellschaft und den Aktionären besteht folglich kein
Treuhandverhältnis.

**IV. Gemeinschaftsverbindlichkeiten und die Grundsätze der**
**Haftungsverfassung**

Die grundsätzliche Begrenzung der Haftung für Gesellschaftsverbindlichkeiten
auf das Vermögen einer (Investment-)Aktiengesellschaft in § 1 Abs. 1 Satz 2
AktG findet ihre Rechtfertigung in den Regelungen zur Sicherstellung der vollständigen Aufbringung und der möglichst ungeschmälerten Erhaltung eines
Mindesthaftkapitals.[309] Die Verweisung der Gesellschaftsgläubiger auf eine beschränkte Haftungsmasse unter Verwehrung des Zugriffs auf das Vermögen der
hinter der Gesellschaft stehenden Aktionäre ist nur dann gerechtfertigt, wenn
sich die Gläubiger durch Einsicht in das Handelsregister über die Höhe des
Haftkapitals informieren können und die Aufbringung sowie die Erhaltung dieser Mindesthaftungsmasse sichergestellt sind.[310] Nur unter diesen Voraussetzun-

---

[309] Entsprechende Vorschriften finden sich beispielsweise in §§ 9, 23 ff., 46 ff., 54, 57 f., 62,
65 AktG. *Heider*, in Münchener Kommentar zum Aktiengesetz, 2. Auflage 2000, § 1
AktG, Rn. 64; *Hüffer*, AktG, 7. Auflage 2006, § 1 AktG, Rn. 10; *Brändel*, in Großkommentar zum Aktiengesetz, 4. Auflage Stand 1992, § 1 AktG, Rn. 77f.

[310] *Heider*, in Münchener Kommentar zum Aktiengesetz, 2. Auflage 2000, § 1 AktG, Rn. 64.

gen können die Gesellschaftsgläubiger ihr Risiko, mit der Gesellschaft in Geschäftsverbindung zu treten, ausreichend abwägen und einschätzen. Deshalb wird gemäß § 99 Abs. 1 InvG i.V.m. § 39 Abs. 1 Satz 1 AktG die Grundkapitalziffer einer Investmentaktiengesellschaft in das Handelsregister eingetragen. Das Grundkapital dient neben der Sicherung der künftigen Aktionäre insbesondere der Sicherung der Gläubiger. Die Investmentaktiengesellschaft muss nach den allgemeinen haftungsrechtlichen Grundsätzen für Aktiengesellschaften mindestens über Vermögensgegenstände verfügen, deren objektiver Gesamtwert wenigstens dem Betrag des Grundkapitals entspricht.[311] Gemäß § 99 Abs. 1 InvG i.V.m. § 7 AktG beträgt das Grundkapital einer Investmentaktiengesellschaft mindestens EUR 50.000.[312] Aufgrund der in § 105 Abs. 1 Satz 2 InvG normierten Pflicht zur jederzeitigen Deckung der Grundkapitalziffer können die Gläubiger darauf vertrauen, dass eine Investmentaktiengesellschaft zumindest über diesen Betrag als Mindesthaftungsmasse verfügt.

Haftet eine Investmentaktiengesellschaft nicht für die so bezeichneten Gemeinschaftsverbindlichkeiten, so verstößt dies zum einen gegen den allgemeinen aktienrechtlichen Grundsatz der Kapitalerhaltung und zum anderen ist dies mit dem durch § 105 Abs. 1 Satz 2 InvG begründeten Vertrauensschutz nicht vereinbar.

Wie bereits mehrfach ausgeführt, werden im Falle einer Umbrella-Konstruktion alle Vermögensgegenstände (zumindest anteilig) den einzelnen Teilfonds zugerechnet. Im Vermögen einer Investmentaktiengesellschaft findet sich keine Position, die nicht (zumindest anteilig) einem Teilfonds zurechenbar ist. Im Falle eines Ausschlusses der Haftung der Teilfonds für die Gemeinschaftsverbindlichkeiten, würde sich bereits im Zeitpunkt der Gründung der Investmentaktiengesellschaft im Vermögen keine Haftungsmasse für diese Art der Verbindlichkeit befinden. Der durch das Grundkapital begründete Vertrauensschutz gebietet somit die Haftung der Teilfonds für die Gemeinschaftsverbindlichkeiten.

---

[311] *Hüffer*, AktG, 7. Auflage 2006, § 1 AktG, Rn. 10. *Kraft*, in Kölner Kommentar zum Aktiengesetz, 2. Auflage 1988, § 1 AktG, Rn. 28 f.

[312] Nach dem Investmentänderungsgesetz wird das Gesellschaftskapital einer Investmentaktiengesellschaft aufgrund des Gleichlaufs von Gesellschaftskapital und Gesellschaftsvermögen im Zeitpunkt der Gründung der Gesellschaft mindestens EUR 300.000 betragen. Ferner wird auch das in der Satzung der Investmentaktiengesellschaft zu bestimmende Mindestkapital mindestens EUR 300.000 betragen.

## V.  Der konkrete Haftungsanfall bei den Teilfonds

Die obigen Ausführungen haben gezeigt, dass die einzelnen Teilfonds für die Gemeinschaftsverbindlichkeiten einer Investmentaktiengesellschaft uneingeschränkt haften müssen. Es stellt sich damit die Frage, wie in der Praxis dieser Grundsatz umzusetzen ist.

*Beispiel:*
*Die XXX Investmentaktiengesellschaft m.v.K. hat unter ihrem Dach den Teilfonds A, den Teilfonds B und den Teilfonds C aufgelegt. Das Teilgesellschaftsvermögen des Teilfonds A beträgt Euro 10.000.000, das des Teilfonds B Euro 15.000.000 und das des Teilfonds C Euro 2.000.000.*

*Als der Vorstand V auf dem Weg zur Depotbank D, die die Depotbanktätigkeit für das gesamte Gesellschaftsvermögen wahrnimmt, völlig betrunken einen schweren Autounfall verursacht, entsteht ein Sachschaden in Höhe von Euro 1.500.000. Die XXX Investmentaktiengesellschaft wurde zur Zahlung des gesamten Betrages verurteilt. Der Geschädigte hat inzwischen ausschließlich in das Teilgesellschaftsvermögen des Teilfonds C vollstreckt.*

Es wäre mit dem aktienrechtlichen Gleichbehandlungsgrundsatz nicht vereinbar, wenn der Zufall abhängen würde, welcher Teilfonds (und damit welche Aktionäre) am Ende für die Gemeinschaftsverbindlichkeiten einstehen müssen. Mit Blick auf § 53a AktG müssen alle Aktionäre den gleichen Haftungsanteil übernehmen. Wird der Gläubiger aus dem Teilgesellschaftsvermögen eines einzelnen Teilfonds befriedigt, so ist der Vorstand aufgrund des aktienrechtlichen Gleichbehandlungsgrundsatzes verpflichtet, einen Ausgleich mit den anderen Teilfonds herbeizuführen.[313]

Es ist lediglich zu klären, welche Bezugsgröße Basis für die Bemessung des jeweils zu tragenden Anteils ist. Zum einen könnten die Gemeinschaftsverbindlichkeiten zu gleichen Teilen auf die einzelnen Teilfonds umgelegt werden. Dies ist insoweit zu begrüßen, als es Gemeinschaftsverbindlichkeiten gibt, die von der Investmentaktiengesellschaft völlig losgelöst von den einzelnen Teilfondsvolumina entstehen (etwa Miete, allgemeine Personalkosten etc.). Zum anderen

---

[313]  Dies entspricht auch dem Rechtsgedanken des Gesamtschuldnerausgleichs in § 426 Abs. 1 Satz 1 BGB. Allgemein zum Gesamtschuldnerausgleich, *Grüneberg*, in Palandt (Hrsg.), Bürgerliches Gesetzbuch, 66. Auflage 2007, § 426 BGB, Rn. 1 ff.; *Bydlinski*, in Münchener Kommentar zum Bürgerlichen Gesetzbuch, 4. Auflage 2003, § 426 BGB, Rn. 1 ff.

könnte jede Aktie im Verhältnis der einzelnen Nettoinventarwerte (bezogen auf die jeweiligen Teilgesellschaftsvermögen) für die Gemeinschaftsverbindlichkeiten einstehen. In diesem Fall würden jedoch die gut performenden Teilfonds für ihre bessere Wertentwicklung bestraft werden. Da alle Aktien gemäß § 96 Abs. 1 Satz 3 InvG denselben Anteil am Grundkapital verkörpern müssen, ist es konsequent, wenn auf jede Aktie der gleiche Haftungsanteil entfällt. Damit haftet jede Aktie unabhängig von ihrer Teilfondszugehörigkeit für eine Gemeinschaftsverbindlichkeit mit dem gleichen Betrag. Werden die einzelnen Teilfonds im Zeitpunkt ihrer Auflegung zu unterschiedlichen Ausgabepreisen emittiert, so ist das Verhältnis der Ausgabepreise der unterschiedlichen Teilfondsaktien entsprechend zu berücksichtigen.

## VI. Zwischenergebnis

Da eine Investmentaktiengesellschaft nur über ein Gesellschaftsvermögen verfügt, haften im Falle von Teilfondsbildung alle Teilfonds voll für die so genannten Gemeinschaftsverbindlichkeiten. Da die Summe der Teilgesellschaftsvermögen grundsätzlich das gesamte Vermögen einer Investmentaktiengesellschaft bildet, würde ansonsten den Gläubigern einer Gemeinschaftsverbindlichkeit keine Haftungsmasse zur Verfügung stehen. Diese wäre mit den allgemeinen aktienrechtlichen Haftungsgrundsätzen und dem schützenswerten Vertrauen der Gläubiger in das Grundkapital als Haftungsmasse nicht zu vereinbaren. In der Praxis wird ein solcher Haftungsfall wohl ein theoretisches Szenario bleiben, da grundsätzlich alle anfallenden Verbindlichkeiten den einzelnen Teilfonds konkret zurechenbar sein werden. Sollte ein solcher Haftungsfall eintreten, ist der Vorstand mit Blick auf den aktienrechtlichen Gleichbehandlungsgrundsatz in § 53a AktG verpflichtet, zwischen den Aktionären einen Ausgleich im Verhältnis ihres Anteils am Grundkapital herbeizuführen. Die Gemeinschaftsverbindlichkeiten sind auf die einzelnen Teilfonds unter Berücksichtigung der Anzahl der Aktien je Teilfonds und dem Verhältnis der Ausgabepreise der Aktien der einzelnen Teilfonds im Zeitpunkt der Auflegung des betreffenden Teilfonds umzulegen.

## VII. Teilfondshaftung im Rechtsvergleich

In Literatur und Praxis wurde in der Vergangenheit teilweise die Auffassung vertreten, der bestehende gesetzliche Rahmen des Investmentgesetzes sei für die Umsetzung von Teilfonds in der Praxis nicht ausreichend.[314] Da inzwischen mehrere Investmentaktiengesellschaften mit Teilfonds von der BaFin eine Erlaubnis zum Geschäftsbetrieb erhalten haben, bedarf die Unrichtigkeit dieser Äußerung keiner weiteren Darstellung. Im Folgenden werden dennoch – wenngleich in der gebotenen Kürze – die Vorschriften der Teilfondshaftung des Investmentgesetzes, als das zentrale Element der Implementierung von Teilfonds, mit ihren luxemburgischen und liechtensteinischen Gegenstücken verglichen, um zu untersuchen, ob (und falls ja, inwieweit) die deutsche Regelung im internationalen Vergleich zurück bleibt.

### 1. Teilfondshaftung in Luxemburg

Die Regelungen des § 34 Abs. 2 InvG sind auf das Vorbild der Umbrella-Konstruktion unter dem Dach einer luxemburgischen SICAV zurückzuführen. Die Vorschrift des Art. 133 OGAG hat folgenden Wortlaut:

*(1) OGA können in der Rechtsform eines Umbrella-Fonds mit einzelnen Teilfonds gegründet werden, die jeweils einen separaten Teil des Vermögens des OGA umfassen.*

*(2) Die Gründungsunterlagen eines OGA müssen diese Möglichkeit ebenso wie die diesbezügliche Modalitäten ausdrücklich vorsehen. Der Prospekt muss eine Beschreibung der spezifischen Anlagepolitik der einzelnen Teilfonds enthalten.*

*(3) Die Anteile eines Umbrella-Fonds können, je nach der gewählten Rechtsform, einen unterschiedlichen Wert besitzen und mit oder ohne Wertangabe ausgegeben werden.*

*(4) Umbrella-Fonds können teilfondsspezifische Verwaltungsreglements mit den je Teilfonds relevanten Charakteristika und Bestimmungen erlassen.*

*(5) Die Rechte der Anleger und Gläubiger im Hinblick auf einen Teilfonds oder die Rechte, die im Zusammenhang mit der Gründung, der Verwaltung oder der Liqui-*

---

[314] *Volhard/Kayser*, Absolut Report Nr. 30, 2006, 47.

*dation eines Teilfonds stehen, beschränken sich, vorbehaltlich einer anders lautenden Vereinbarung in den Gründungsunterlagen, auf die Vermögenswerte dieses Teilfonds.*

*Die Vermögenswerte eines Teilfonds haften, vorbehaltlich einer anders lautenden Vereinbarung in den Gründungsunterlagen, ausschließlich im Umfang der Anlagen der Anleger in diesem Teilfonds und im Umfang der Forderungen bei Gründung des Teilfonds, im Zusammenhang mit der Verwaltung oder der Liquidation dieses Teilfonds entstanden sind.*

*Vorbehaltlich einer anders lautenden Vereinbarung in den Gründungsunterlagen wird im Verhältnis der Anteilinhaber untereinander jeder Teilfonds als eigenständige Einheit behandelt.*

*(6) Jeder Teilfonds eines Organismus kann einzeln liquidiert werden, ohne dass dies die Liquidation eines anderen Teilfonds zur Folge hat. Nur die Liquidation des letzten verbleibenden Teilfonds eins OGA führt automatisch auch zur Liquidation des OGA [...].*

Die zentralen Vorschriften der luxemburgischen Teilfondshaftung finden sich in Art. 133 Abs. 5 Unterabsatz 1 und 2 OGAG.

So ist in Art. 133 Abs. 5 Unterabsatz 1 OGAG die ausdrückliche Beschränkung der Rechte der Aktionäre und der Gläubiger auf die Vermögenswerte des betreffenden Teilfonds geregelt. In § 34 Abs. 2 Satz 2 InvG ist hingegen dem Wortlaut nach lediglich eine Haftungsseparierung für die Teilfondsverbindlichkeiten normiert. Eine Regelung, nach der sich die Rechte der Aktionäre eines Teilfonds nur auf das dem Teilfonds zuzurechnende Vermögen beziehen, findet sich im Investmentgesetz nicht.

Dennoch beziehen sich auch die Rechte des Aktionärs eines Teilfonds einer deutschen Investmentaktiengesellschaft ausschließlich auf das Teilfondsvermögen (dies umfasst auch den dem einzelnen Teilfonds zuzurechnenden Anteil des sonstigen Vermögens). Zum einen ergibt sich die rechtliche Beschränkung der Rechte der Teilfondsaktionäre aus der normativen Kraft des Faktischen. Aufgrund der Vorschriften der §§ 103 Abs. 2 Satz 1, 105 Abs. 3 Satz 1 InvG bestimmen sich Ausgabe- und Rücknahmepreis der Teilfondsaktie auf der Basis des jeweiligen Teilgesellschaftsvermögens. Hieraus folgt die Beschränkung der Teilhaberechte des Teilfondsaktionärs auf dieses Teilgesellschaftsvermögen.

Der Aktionär eines überdurchschnittlich schlecht performenden Teilfonds kann damit mit einer Klage auf Rücknahme seiner Anteile zum anteiligen Nettoinventarwert des gesamten Vermögens einer Investmentaktiengesellschaft keinen Erfolg haben. Seine Rechte beziehen sich *de facto* auf das jeweilige Teilfondsvermögen. Zum anderen werden sich inhaltsgleiche Beschränkungen in der Satzung und dem der Struktur zu Grunde liegenden Vertragswerk finden.

In Art. 133 Abs. 5 Unterabsatz 2 OGAG ist eine Beschränkung der Haftung der Teilfonds auf das jeweilige Teilfondsvermögen normiert. Wenngleich in § 34 Abs. 2 Satz 2 InvG dem Wortlaut nach „nur" eine Haftungsseparierung geregelt ist, so folgt aus dieser Regelung doch gleichzeitig auch eine Begrenzung der Haftung eines Teilfonds im Umfang. Denn sollten die Verbindlichkeiten eines Teilfonds das betreffende Teilgesellschaftsvermögen übersteigen, so löst dies nicht eine Haftung der anderen Teilfonds aus. Dieses Szenario fällt alleine in den Risikobereich der Gläubiger.

Im Übrigen ist festzustellen, dass auch das luxemburgische Investmentrecht den Anleger nicht absolut schützt. So können auch dort neben den Teilfondsverbindlichkeiten Gemeinschaftsverbindlichkeiten entstehen, die die volle Haftung der SICAV auslösen können. Die SICAV müsste dann mit der gesamten Summe der Teilgesellschaftsvermögen für die Gemeinschaftsverbindlichkeiten einstehen. Insoweit besteht in beiden Rechtsordnungen ein nahezu identisches Schutzniveau.

**2. Teilfondshaftung in Liechtenstein**

Die Regelung des liechtensteinischen Gesetzes über Investmentunternehmen betreffenden Teilfondshaftung befindet sich in Art 53 IUG und lautet wie folgt:

*(1) Ein Investmentunternehmen kann in mehrere wirtschaftlich unabhängige Segmente aufgeteilt werden. Die Regierung regelt das Nähere mit Verordnung.*

*(2) Ansprüche von Anlegern und Gläubigern, die sich gegen ein Segment richten oder die anlässlich der Gründung, während des Bestehens oder bei der Liquidation eines Segments entstanden sind, sind auf das Vermögen des Segments beschränkt.*

Zunächst ist festzuhalten, dass auch der liechtensteinische Gesetzgeber sich bei den Teilfondsvorschriften sehr knapp gefasst hat. Während § 34 Abs. 2 Satz 2

InvG lediglich allgemein von auf den einzelnen Teilfonds entfallenden Verbindlichkeiten spricht, ist in Art. 53 Abs. 2 IUG allerdings konkreter von Ansprüchen der Aktionäre und der Gläubiger die Rede. Aus der liechtensteinischen Regelung lässt sich die Beschränkung der Ansprüche der Aktionäre auf das jeweilige Teilfondsvermögen damit ebenfalls unmittelbar entnehmen.[315] Im Übrigen besteht grundsätzlich kein Unterschied zum deutschen Investmentgesetz.[316] Allerdings hat die liechtensteinische Regierung bereits von der Verordnungsermächtigung des Art. 53 Abs. 1 Satz 2 IUG Gebrauch gemacht und eine Verordnung über Investmentunternehmen erlassen.[317] Dort finden sich in Art. 63 IUV weitere Regelungen für die Frage der Haftung der Teilfonds sowie der Rechte von Anlegern und Gläubigern gegenüber und an den Teilfonds. Die Vorschrift des Art. 63 IUV lautet wie folgt:

*(1) Ein segmentiertes Investmentunternehmen besteht aus mindestens zwei Segmenten, wobei die Erstellung eines vollständigen und vereinfachten Prospektes ausreichend ist.*

*(2) Hat die Verwaltungsgesellschaft das Recht, weitere Segmente zu eröffnen, bestehende aufzulösen oder zu vereinigen, ist im vollständigen Prospekt darauf hinzuweisen.*

*(3) Eine Umwandlung von einem segmentierten in ein unsegmentiertes und umgekehrt ist zulässig. Bei Verbleiben eines einzelnen Segments gilt das Investmentunternehmen als unsegmentiert. Sämtliche für ein Investmentunternehmen zu erstellende Dokumente sind entsprechend anzupassen.*

*(4) Im vollständigen Prospekt ist besonders darauf hinzuweisen, dass:*

*(a) eine Trennung der Vermögenswerte der einzelnen Segmente sichergestellt ist;*

*(b) Vergütungen und Verbindlichkeiten den einzelnen Segmenten verursachergerecht zugerechnet werden;*

---

[315]  Im Unterschied zu Art. 133 Abs. 5 OGAG, spricht Art. 53 Abs. 2 IUG nicht von „Rechten", sondern ungenauer lediglich von „Ansprüchen".

[316]  Ein Unterschied besteht lediglich insoweit, dass die liechtensteinische Regierung von der Verordnungsermächtigung des Art. 53 Abs. 1 Satz 2 IUG Gebrauch gemacht hat. In der Verordnung finden sich in Art. 63, 64 IUV weitere Regelungen betreffend Teilfonds.

[317]  Die Verordnung über Investmentunternehmen vom 23. August 2005 ist im Liechtensteinischen Landesgesetzblatt Nr. 179, ausgegeben am 26. August 2005, abgedruckt.

*(c) Kosten, die nicht verursachergerecht zugeordnet werden können, den einzel-
nen Segmenten im Verhältnis zum Vermögen belastet werden*[318]*; und*

*(d) der Anleger nur am Vermögen und Ertrag jener Segmente berechtigt ist, an
denen er beteiligt ist.*

*(5) Falls der Wechsel von einem Segment zu einem anderen nicht spesenfrei ist, muss
im vollständigen und vereinfachten Prospekt darauf hingewiesen werden.*

Damit wurden zentrale Regelungen für die Haftung der Segmente und der Aktionärs- und Gläubigerrechte in die Verordnung aufgenommen. Nach liechtensteinischem Vorbild könnten auf der Basis des § 34 Abs. 3 InvG entsprechende Regelungen in eine Teilfondsverordnung aufgenommen und damit bestehende Unsicherheiten beseitigt werden. Die Regelungen der liechtensteinischen Verordnung zeigen aber auch, dass die Initiatoren selbst entsprechende Vorschriften in die Satzung und die abzuschließenden Verträge aufnehmen können und somit auch kautelarisch dasselbe Ergebnis erzielbar ist.

## 3. Zwischenergebnis

Das luxemburgische Recht beinhaltet detailliertere Regelungen für das Problem der Teilfondshaftung und damit einhergehend für die Frage nach dem Umfang der Rechte der Anleger und der Aktionäre im Falle der Teilfondsbildung. Wenngleich die bestehenden deutschen Vorschriften der Auflage von Teilfonds nicht entgegenstehen, sollte § 34 Abs. 2 InvG entsprechend dem Vorbild des Art. 133 Abs. 5 OGAG ergänzt werden.

## D.   Die „Aktien" der einzelnen Teilfonds

Die Aktien der einzelnen Teilfonds gewähren allgemeine Mitgliedschaftsrechte an der Investmentaktiengesellschaft als solcher und spezielle Teilhaberechte an

---

[318] Es ist fraglich, ob das jeweilige Vermögen der einzelnen Segmente der richtige Umlegungsschlüssel für die nicht zurechenbaren Kosten ist. Im Ergebnis würden hier die besser performenden Segmente benachteiligt, da sie aufgrund ihrer guten Wertentwicklung einen höheren Anteil dieser Kosten tragen müssten. Mit Blick auf den deutschen Gleichbehandlungsgrundsatz der Aktionäre in § 53a AktG ist es vorzuziehen, jede Aktie mit dem gleichen Anteil dieser nicht zurechenbaren Kosten zu belasten. Dazu, 6. Kapitel C.V.

den die betreffenden Teilfonds bildenden Teilgesellschaftsvermögen. Es handelt sich bei den Teilfondsaktien immer um Anteilspapiere der einen Investmentaktiengesellschaft. Im Falle einer börsennotierten Investmentaktiengesellschaft werden den Teilfonds getrennte Wertpapierkennungen zugeteilt. Die Trennung der einzelnen Teilfonds unter dem Dach derselben Investmentaktiengesellschaft wird hier besonders deutlich.

Gemäß § 96 Abs. 1 Satz 3 InvG müssen sämtliche Aktien der Investmentaktiengesellschaft denselben Anteil am Grundkapital verkörpern.[319] Entscheiden sich die Initiatoren einer Investmentaktiengesellschaft beispielsweise dazu, Nennwertaktien i.S.v. § 8 Abs. 1 Alternative 1 AktG zu geben, so müssen die Aktien eines jeden Teilfonds auf denselben Nennwert lauten.

Dies bedeutet jedoch nicht, dass damit gleichzeitig jeder Teilfonds einen gewissen Anteil am Grundkapital hält. Das Grundkapital ist eine bloße Bilanzziffer und damit weder als ganzes noch anteilig Gegenstand subjektiver Zuordnung.[320]

## I.    Die Zuordnung des „sonstigen" Vermögens

Grundsätzlich verfügt die Investmentaktiengesellschaft neben den in den Teilgesellschaftsvermögen gehaltenen Finanzinstrumenten über keine weiteren Vermögensgegenstände. Allerdings steht es einer Investmentaktiengesellschaft frei, auch weitere Vermögensgegenstände zu erwerben, die für den Geschäftsbetrieb erforderlich sind. So könnten sich im Vermögen einer Investmentaktiengesellschaft beispielsweise eine Computeranlage, Büromöbel oder ein PKW für den Vorstand befinden. Diese Gegenstände, die nicht der Kapitalanlage im Sinne der Anlagegrundsätze dienen, sondern lediglich für die Aufrechterhaltung des Geschäftsbetriebs erforderlich sind, werden im Folgenden als das „sonstige Vermögen" einer Investmentaktiengesellschaft bezeichnet. Da das gesamte Vermögen einer (Investment-)Aktiengesellschaft von den Aktien der Gesellschaft verbrieft wird, verbriefen die Aktien der einzelnen Teilfonds auch die Rechte am sonstigen Vermögen der Investmentaktiengesellschaft. Dies zeigt auch die Regelung des § 103 Abs. 2 Satz 2 InvG. Nach dieser Vorschrift bildet das gesamte

---

[319]    Die Regelung des § 96 Abs. 1 Satz 3 InvG wird als Folge der Ersetzung des aktienrechtlichen Begriffs des Grundkapitals durch den investmentrechtlichen Begriff des Gesellschaftskapitals gestrichen.

[320]    *Hüffer*, Aktiengesetz, 7. Auflage 2006, § 8 AktG, Rn. 20 und § 1 AktG, Rn. 10.

Gesellschaftsvermögen die Basis für den anteiligen Inventarwert und nicht lediglich die investierten Vermögensgegenstände im Sinne des § 96 Abs. 2 Satz 2 InvG. Außerhalb der Teilfonds besteht damit keine weitere Vermögensmasse. Der Verteilungsschlüssel ergibt sich aus § 53a AktG. Da nach dem aktienrechtlichen Gleichbehandlungsgrundsatz alle Aktionäre gleich zu behandeln sind, verbrieft jede Aktie grundsätzlich wertmäßig den gleichen Anteil am sonstigen Vermögen.

*Beispiel:*
*Die ABCD Investmentaktiengesellschaft m.v.K. begibt Aktien der Teilfonds A und der Teilfonds B. Für beide Teilfonds wurden im Zeitpunkt ihrer Gründung insgesamt 10.000 Aktien zu jeweils EUR 100 veräußert. Der anteilige Inventarwert der Aktie des Teilfonds A beträgt (bezogen auf die im Teilfonds A befindlichen Finanzinstrumente) aufgrund einer guten Wertentwicklung EUR 110 und der anteilige Inventarwert des Teilfonds B beträgt (bezogen auf die im Teilfonds B befindlichen Finanzinstrumente) aufgrund einer schlechten Entwicklung EUR 80. Im sonstigen Vermögen hält die ABCD Investmentaktiengesellschaft lediglich eine Computeranlage im Wert von EUR 20.000. Die Computeranlage wird durch die Aktien der Teilfonds ebenfalls anteilig im gleichen Umfang verkörpert. Damit beträgt der tatsächliche anteilige Nettoinventarwert der Aktie des Teilfonds A EUR 111 und der der Aktie des Teilfonds B EUR 81.*

Sollten die Aktien eines Teilfonds zu einem geringeren Ausgabepreis ausgegeben werden als die Aktien eines anderen Teilfonds, so könnte eine quotale Verteilung des sonstigen Vermögens im Verhältnis der ursprünglichen Ausgabepreise vorgenommen werden. Der aktienrechtliche Grundsatz der Gleichbehandlung des § 53a AktG ist in diesem Fall gewahrt, da die unterschiedlichen Ausgabepreise eine geringere Beteiligung bei geringerem Ausgabepreis rechtfertigen. Es muss lediglich sichergestellt werden, dass die Aktien eines jeden Teilfonds im Zeitpunkt ihrer ersten Ausgabe mit Blick auf das in diesem Zeitpunkt vorhandene sonstige Vermögen anteilig den gleichen Anteil am sonstigen Vermögen wie die Aktien eines anderen Teilfonds im Zeitpunkt ihrer ersten Ausgabe verbriefen. In diesem Fall verbriefen alle Teilfondsaktien, bezogen auf ihren ersten Ausgabepreis, den quotenmäßig gleichen Anteil des sonstigen Vermögens.

**II.  Die Zuordnung des sonstigen Vermögens im Falle eines nachträglichen**

   **Teilfonds**

Mit Blick auf die obigen Ausführungen stellt sich die Frage, wie das „sonstige"
Vermögen im Falle der nachträglichen Auflage eines zweiten oder eines weiteren Teilfonds zu berücksichtigen ist. Offensichtlich wäre es unbillig, das sonstige Vermögen ausschließlich den alten Teilfonds zuzurechnen. Diese würden bei
einem solchen Vorgehen alleine mit diesen für den Geschäftsbetrieb erforderlichen, allgemeinen Kosten belastet werden. Ferner ist fraglich, ob eine solche
Regelung mit § 53a AktG zu vereinen wäre.

Deshalb sind auch die Aktien der neuen Teilfonds anteilig am sonstigen Vermögen einer Investmentaktiengesellschaft zu beteiligen. Auch hier muss den neuen
Aktien ein zumindest im Verhältnis gleicher Anteil zugewiesen werden. Da dieser Zufluss bei den Aktien des neuen Teilfonds mit einem in der Summe gleichen Abfluss bei den bestehende Aktien einhergeht, ist den alten Teilfonds aus
dem Teilgesellschaftsvermögen des neuen Teilfonds ein Ausgleich in Höhe des
Abflusses zuzuweisen. Damit bleibt der anteilige Nettoinventarwert der alten
Aktien völlig gleich. Es entfällt lediglich ein höherer Anteil auf die Finanzinstrumente, da die Beteiligung am sonstigen Vermögen aufgrund der Umvertei-
lung auf eine größere Basis gesunken ist.

*Beispiel:*
*Die ABCD Investmentaktiengesellschaft m.v.K. begibt bei ihrer Gründung 10.000 Ak-*
*tien zu je Euro 100. Von den eingenommenen Geldern erwirbt sie eine Computeranla-*
*ge für Euro 20.000. Das restliche Kapital investiert sie entsprechend ihren Anlage-*
*grundsätzen in verschiedene Finanzinstrumente. Der Wert der einzelnen Aktie steigt*
*innerhalb von 2 Wochen auf EUR 110. Deshalb entschließt sich der Vorstand einen*
*„zweiten" Teilfonds B aufzulegen. Die bereits vorhandenen Finanzinstrumente sollen*
*künftig den Teilfonds A bilden.*
*Auch für den Teilfonds B werden von der Gesellschaft 10.000 Aktien zu einem Ausga-*
*bepreis von EUR 100 veräußert.*

Im Zeitpunkt der Gründung der Investmentaktiengesellschaft (entspricht Teilfonds A) und im Zeitpunkt der Gründung des Teilfonds B wurden die Aktien
beider Teilfonds für EUR 100 an die Anleger abgegeben. Deshalb sind die Aktionäre beider Teilfonds mit dem gleichen Betrag am sonstigen Vermögen zu
beteiligen. Somit verbriefen sowohl die Aktien des Teilfonds A, als auch die auf
den Teilfonds B lautenden Aktien jeweils EUR 1 des sonstigen Vermögens der

Investmentaktiengesellschaft. Da das sonstige Vermögen ursprünglich mit Mitteln des Teilfonds A angeschafft worden ist, hat der Teilfonds B an den Teilfonds A zum Ausgleich für den Anteil am sonstigen Vermögen je Aktie EUR 1 zu leisten.

All diese Vorgänge sind lediglich von buchhalterischer Natur und haben keinen Einfluss auf den tatsächlichen Wert der Aktien. Der Wert einer Aktie des Teilfonds A beträgt weiterhin EUR 110 und der anteilige Nettoinventarwert einer Aktie des Teilfonds B ist EUR 100. Effektiv verbessert sich allerdings aufgrund der Auflage des zweiten Teilfonds die Vermögenssituation des Teilfonds A, da er nun mehr Finanzinstrumente und weniger sonstiges Vermögen (nur noch im Wert von EUR 10.000) im Teilgesellschaftsvermögen hält.

**E.   Die Preisbestimmung für Aktien eines Teilfonds**

Da die einzelnen Teilfonds das sie verkörpernde Kapital üblicherweise in unterschiedliche Finanzinstrumente investieren, werden sie in der Regel eine unterschiedliche Wertentwicklung erfahren. Insoweit bedarf es einer Regelung, wie der Wert der auf einen Teilfonds lautenden Aktie bei Kauf und Verkauf zu bestimmen ist. In § 34 Abs. 2 Satz 3 InvG i.V.m. Abs. 1 Satz 4 InvG findet sich lediglich die Anordnung, dass der Wert einer Aktie für jeden Teilfonds gesondert zu errechnen ist. Diese Regelung ist als Ergänzung der allgemeinen Vorschriften über die Wertermittlung in §§ 103 Abs. 2 Satz 1 und 2, 105 Abs. 3 Satz 1 InvG einzuordnen. Die Frage nach der Wertermittlung für die Aktien der einzelnen Teilfonds ist damit jedoch noch nicht beantwortet. Dies gilt im Übrigen auch für die Anteile an Teilfonds eines Sondervermögens. In § 34 Abs. 3 Satz 1 InvG findet sich lediglich eine Ermächtigung für das Bundesministerium der Finanzen eine Teilfondsverordnung erlassen zu können. Hier können entsprechend des Ermächtigungsrahmens auch Regelungen für die Ermittlung des Werts eines Teilfonds und damit für die Berechnung des Werts einer Teilfondsaktie aufgenommen werden. Bis zum Erlass dieser Verordnung muss eine andere Lösung für die Wertberechnung der Teilfondsaktien gefunden werden.

Gemäß § 103 Abs. 2 Satz 1 InvG und § 105 Abs. 3 Satz 1 InvG bestimmt sich der Wert der Aktie einer Investmentaktiengesellschaft über den anteiligen Nettoinventarwert.[321] Aufgrund § 103 Abs. 2 Satz 2 InvG ergibt sich der anteilige Nettoinventarwert aus der Teilung des Wertes des Gesellschaftsvermögens durch die Zahl der in den Verkehr gelangten Aktien. Betrachtet man diese Norm losgelöst vom Kontext, so würde dies bedeuten, dass alle Aktien immer den gleichen Wert hätten. Da eine Investmentaktiengesellschaft immer nur ein Gesellschaftsvermögen hat und dieses die alleinige Bezugsgröße für die Wertberechnung der einzelnen Aktie ist, hätte dies zur Konsequenz, dass alle Aktien völlig unabhängig von ihrer Teilfondszugehörigkeit den gleichen Wert haben würden; die schlecht performenden Teilfonds würden die gut performenden damit verwässern. Deshalb ist in § 34 Abs. 2 Satz 3 i.V.m. Abs. Abs. 1 Satz 4 InvG die gesonderte Berechnung des Werts einer Aktie für jeden Teilfonds angeordnet.

Für die Wertermittlung der Aktie eines Teilfonds, darf die Regelung des § 103 Abs. 2 Satz 2 InvG damit nicht ohne § 34 Abs. 2 Satz 1 InvG i.V.m. § 99 Abs. 3 Nr. 2 InvG betrachtet werden. Mit Blick auf eine Investmentaktiengesellschaft ist § 34 Abs. 2 Satz 1 InvG wie folgt zu lesen:

*Unter Berücksichtigung der Festlegung in der Rechtsverordnung nach Absatz 3 Satz 1 und 2 können mehrere Gesellschaftsvermögen, die sich hinsichtlich der Anlagepolitik oder eines anderen Ausstattungsmerkmals unterscheiden (Teilfonds), zusammengefasst werden (Umbrella-Konstruktion).[322]*

Bei dieser Lesart werden folglich die Teilfonds einer Investmentaktiengesellschaft, wenngleich juristisch unsauber, als „Gesellschaftsvermögen" bezeichnet. Insoweit besteht Gleichlauf zwischen der Vorschrift über die Bestimmung des anteiligen Nettoinventarwerts in § 103 Abs. 2 Satz 2 InvG und der Ermächtigungsgrundlage des § 34 Abs. 2 Satz 2 InvG für die Auflage von Teilfonds. Somit ist der Wert der einzelnen Teilfondsaktie über § 103 Abs. 2 Satz 1 InvG und § 105 Abs. 3 Satz 1 InvG bestimmbar. Bezugsgröße ist jedoch mit Blick auf 34 Abs. 2 Satz 1 InvG der den Teilfonds verkörpernde Anteil des Gesellschaftsvermögens.

---

[321] Gegebenenfalls unter Berücksichtung eines Transaktionskostenaufschlags oder -abschlags.

[322] [Hervorhebung durch den Verfasser.]

## F.     Die Anlagegrundsätze der Teilfonds

Über die Verweisung des § 99 Abs. 3 InvG findet auch § 43 Abs. 4 Nr. 8 InvG auf die Satzung einer Investmentaktiengesellschaft entsprechende Anwendung. Hiernach muss die Satzung Angaben darüber enthalten, ob das Gesellschaftsvermögen verschiedene Teilfonds umfasst, unter welchen Voraussetzungen Aktien an verschiedenen Teilfonds ausgegeben und nach welchen Grundsätzen die Teilfonds gebildet werden. Während sich die ersten beiden Anforderungen relativ einfach in der Satzung darstellen lassen, ist eine genau Beschreibung der Anlagegrundsätze der einzelnen Teilfonds in der Satzung als problematisch anzusehen. Zwar entsprechen die Vertragsbedingungen im Ergebnis der Satzung der Investmentaktiengesellschaft, da beide das Verhältnis von Anleger und Gesellschaft festlegen.

Dennoch wird es *in praxi* nicht sinnvoll sein, die Anlagegrundsätze für die einzelnen Teilfonds bereits in der Satzung festzuziehen. Im Falle eines herkömmlichen Sondervermögens werden die Vertragsbedingungen einschließlich der Anlagegrundsätze relativ kurzfristig ausgearbeitet und festgelegt. Nur so kann die Kapitalanlagegesellschaft die Anlagegrundsätze entsprechend der Nachfrage der Anleger oder den veränderten Marktbedingungen festlegen. Diese Flexibilität würde der Investmentaktiengesellschaft andernfalls genommen. Im Lichte des gesetzgeberischen Motivs einer weitestgehenden Gleichstellung von herkömmlichen Sondervermögen und Investmentaktiengesellschaft ist es deshalb erforderlich, auch der Investmentaktiengesellschaft eine entsprechend flexible Handhabung zu ermöglichen. Insoweit ist § 43 Abs. 4 Nr. 8 InvG für eine Investmentaktiengesellschaft einer anderen Auslegung zuzuführen als für ein herkömmliches Sondervermögen. Nur eine solche Betrachtungsweise berücksichtigt die aufgezeigten Besonderheiten einer Investmentaktiengesellschaft und die lediglich entsprechende Anwendung dieser Vorschrift ausreichend. Im Übrigen würde es dem Erfordernis eines angemessenen Anlegerschutzes genügen, wenn die konkreten Anlagegrundsätze erst im Verkaufsprospekt wiedergegeben werden müssten. Erst dann wäre die Investmentaktiengesellschaft dem herkömmlichen Sondervermögen in diesem Punkt gleichgestellt und der ursprüngliche Wille des Gesetzgebers verwirklicht. Mit Blick auf eine Investmentaktiengesellschaft sollte den Anforderungen des § 43 Abs. 4 Nr. 8 InvG genüge getan sein, wenn in die Satzung ein Rahmen für Anlagegrundsätze potentieller Teilfonds aufgenommen wird. Aufgrund ihres abstrakt generellen Wortlauts kann die Regelung des § 43 Abs. 4 Nr. 8 InvG einer entsprechenden Auslegung zugeführt werden. Dennoch wäre eine Klarstellung durch den Gesetzgeber zu begrüßen.

Des Weiteren finden auf eine Investmentaktiengesellschaft auch die Ausstellergrenzen der §§ 60 ff., 83 InvG entsprechende Anwendung. Beispielsweise darf eine Investmentaktiengesellschaft nach §§ 99 Abs. 3, 60 Abs. 1 InvG in Wertpapiere und Geldmarktinstrumente desselben Ausstellers nur bis zu 5 % des Werts des Gesellschaftsvermögens anlegen; in diesen Werten dürfen jedoch bis zu 10 % des Werts des Gesellschaftsvermögens angelegt werden, wenn dies in den Vertragsbedingungen vorgesehen ist und der Gesamtwert der Wertpapiere und Geldmarktinstrumente dieser Aussteller 40 % des Werts des Gesellschaftsvermögens nicht übersteigt.[323] Hieraus folgt jedoch nicht, dass eine Investmentaktiengesellschaft über die Auflage von 20 Teilfonds mit jeweils gleicher Kapitalausstattung das gesamte Teilgesellschaftsvermögen eines jeden Teilfonds in die Wertpapiere eines einzelnen Ausstellers investieren kann. Mit Blick auf die Teilfonds sind gemäß § 99 Abs. 3 InvG in § 34 Abs. 2 InvG und in § 60 Abs. 1 InvG die Begriffe *Sondervermögen* gleichermaßen durch *Gesellschaftsvermögen* zu ersetzen. Wenngleich bei einer solchen Lesart jeder Teilfonds juristisch ungenau als *Gesellschaftsvermögen* bezeichnet wird, folgt hieraus, dass auch für die einzelnen Teilfonds die Ausstellergrenzen des Investmentgesetzes beachtet werden müssen. Somit setzt sich auf der Ebene der Teilfonds der Grundsatz der Risikomischung fort.[324]

## G.   Teilfonds und das Gebot der Deckung der Grundkapitalziffer

Im Folgenden werden mit Blick auf Teilfonds beispielhaft einige Szenarien aus dem Geschäft einer Investmentaktiengesellschaft sowie deren bilanzielle Behandlung dargestellt. Es handelt sich lediglich um eine vereinfachte Darstellung. Die Ausführungen sollen insbesondere das Fehlen einer Verbindung zwischen Grundkapital und Teilfonds sowie das Verhältnis von Teilfonds und der Pflicht zur jederzeitigen Deckung der Grundkapitalziffer verdeutlichen.

---

[323]  In den §§ 61 ff. InvG finden sich weitere Spezialvorschriften über die Ausstellergrenzen, deren Darstellung an dieser Stelle jedoch nicht erforderlich ist. Die Ausführungen im Text gelten für diese entsprechend.

[324]  Auch in diesem Punkt wäre eine klarstellende Überarbeitung durch den Gesetzgeber zu begrüßen.

## I.  Buchhalterische Darstellung von Teilfonds

Für die Frage der buchhalterischen Behandlung einer Investmentaktiengesell-schaft enthalten lediglich die §§ 110, 111 InvG investmentgesetzliche Spezial-vorschriften. In § 110 InvG wird der Jahresabschluss geregelt und in § 111 InvG finden sich Vorschriften für den Zwischenbericht einer Investmentaktiengesell-schaft. In Ermangelung weiterer spezialgesetzlicher Regelungen ist für die Buchführungs- und Abschlusspflichten im Übrigen auf die allgemeinen Vor-schriften für Aktiengesellschaften zurückzugreifen. Eine Investmentaktienge-sellschaft ist nach § 99 Abs. 1 InvG i. V. m. § 3 Abs. 1 AktG i. V. m. § 238 Abs. 1 HGB als Formkaufmann buchführungspflichtig. Gemäß § 99 Abs. 1 InvG i. V. m. § 150 AktG i. V. m. §§ 242 ff, 264 ff. HGB ist eine Investmentaktiengesell-schaft zur Aufstellung des Jahresabschlusses verpflichtet. Nach §§ 242 Abs. 1 und 2, 264 Abs. 1 HGB besteht der Jahresabschluss aus Bilanz, Gewinn- und Verlustrechnung, Lagebericht und Anhang. Gemäß § 110 Satz 2 InvG hat die Investmentaktiengesellschaft in den Anhang zum Jahresabschluss die in § 44 Abs. 1 Satz 3 InvG vorgeschriebenen Angaben aufzunehmen, soweit sich diese nicht bereits aus dem Jahresabschluss ergeben. In § 44 Abs. 1 Satz 3 InvG findet sich eine vollständige Auflistung der Angaben, die im Jahresbericht eines Son-dervermögens enthalten sein müssen. Insoweit besteht inhaltlicher Gleichlauf zwischen dem Jahresabschluss einer Investmentaktiengesellschaft und dem Jah-resbericht eines klassischen Investmentfonds.

Sollte eine Investmentaktiengesellschaft als Umbrella-Konstruktion ausgestaltet sein, so sind für die einzelnen Segmente Unterkonten zu bilden, um die einzel-nen Vermögensgegenstände, Forderungen und Verbindlichkeiten dem jeweili-gen Teilfonds konkret zurechnen zu können.

## II.  Die Bilanz einer Investmentaktiengesellschaft ohne Teilfonds

Ausgangslage: Die Investmentaktiengesellschaft verfügte über ein Anfangskapi-tal von EUR 500.000. Das Grundkapital betrug im Zeitpunkt der Gründung EUR 50.000 verbrieft durch 5.000 Aktien. Damit entstanden Rücklagen von EUR 450.000. Die EUR 500.000 wurden in Wertpapiere und Finanzinstrumente investiert.

**Aktiva** **Investmentaktiengesellschaft** **Passiva**

| 1. | Umlaufende Anlagewerte | | Grundkapital | 50.000 |
|---|---|---|---|---|
| 1.1 | börsennotierte Aktien | 200.000 | Rücklagen | 450.000 |
| 1.2 | nicht börsennotierte Aktien | 100.000 | | |
| 1.3 | Schuldverschreibungen | 50.000 | | |
| 2. | Finanzinstrumente | | | |
| 2.1. | Termingeschäfte | 100.000 | | |
| 2.2 | Optionen | 50.000 | | |
| Gesamt | | 500.000 | Gesamt | 500.000 |

## III. Die Bilanz nach Kapitalerhöhung

Es wurden Kapitalerhöhungen durchgeführt und insgesamt 95.000 weitere Aktien zu einem Ausgabekurs von EUR 100 begeben. Mit den eingenommenen Geldern wurden weiter Vermögensgegenstände erworben. Die bilanzielle Darstellung zeigt, dass sich im Fall einer Kapitalerhöhung der rechnerische Anteil der einzelnen Aktie am Grundkapital nicht ändert; er beträgt weiterhin EUR 10.

**Aktiva** **Investmentaktiengesellschaft** **Passiva**

| 1. | Umlaufende Anlagewerte | | Grundkapital | 1.000.000 |
|---|---|---|---|---|
| 1.1 | börsennotierte Aktien | 9.200.000 | Rücklagen | 9.000.000 |
| 1.2 | nicht börsennotierte Aktien | 100.000 | | |
| 1.3 | Schuldverschreibungen | 50.000 | | |
| 2. | Finanzinstrumente | | | |
| 2.1. | Termingeschäfte | 100.000 | | |
| 2.2 | Optionen | 50.000 | | |
| Gesamt | | 10.000.000 | Gesamt | 10.000.000 |

**IV. Die Bilanz einer Investmentaktiengesellschaft mit Teilfonds**

Der Vorstand entschließt sich, zwei neue Teilfonds, Teilfonds B und Teilfonds C, neben dem bestehenden Vermögen aufzulegen. Das bestehende Vermögen bildet künftig den Teilfonds A. Es werden jeweils 10.000 neue Aktien für die Teilfonds B und C ausgegeben. Auf Teilfonds A beziehen sich weiterhin 100.000 Aktien.

Das Grundkapital der Investmentaktiengesellschaft erhöht sich durch die Ausgabe der neuen Aktien um EUR 200.000 (10.000 Aktien mal 2 Teilfonds mal EUR 10). Damit beträgt der rechnerische Anteil der einzelnen Aktie am Grundkapital weiterhin EUR 10. EUR 10 ist damit auch der Mindestbetrag, zu dem die Aktien ausgegeben werden dürfen; denn eine sog. Unterpari-Emission ist nach aktienrechtlichen Grundsätzen gemäß § 9 Abs. 1 AktG unzulässig. Im Übrigen können nach § 9 Abs. 2 AktG die Erstausgabepreise für die auf Teilfonds B und C bezogenen Aktien frei festgesetzt werden. Nach „Geschäftsaufnahme" sind neue auf die Teilfonds B und C bezogene Aktien gemäß § 103 Abs. 2 Satz 1 InvG zum anteiligen Nettoinventarwert des jeweiligen Teilfonds auszugeben.[325] Rücknahmepreis ist nach § 105 Abs. 3 Satz 1 InvG gleichfalls der anteilige Nettoinventarwert des jeweiligen Teilfonds.[326]

Im obigen Beispiel wurde der Erstausgabepreis für die auf die neuen Teilfonds bezogenen Aktien ebenfalls auf EUR 100 festgesetzt. Demnach sieht die Bilanz der Investmentaktiengesellschaft wie folgt aus:

| Aktiva | Investmentaktiengesellschaft | | Passiva |
|---|---|---|---|
| 1. Anlagewerte | | Grundkapital | 1.200.000 |
| 1.1 börsennotierte Aktien | 10.400.000 | Rücklagen | 10.800.000 |
| 1.2 nicht börsennotierte Aktien | 900.000 | | |
| 1.3 Schuldverschreibungen | 550.000 | | |
| 1.4 Termingeschäfte | 100.000 | | |

---

[325] Sollte in der Satzung ein Transaktionskostenaufschlag festgesetzt sein, so würde dieser den Ausgabepreis gemäß § 103 Abs. 2 Satz 1 InvG erhöhen.

[326] Rücknahmeabschlag § 105 Abs. 3 Satz 1 InvG.

| 1.5 | Optionen | 50.000 | | |
|-----|----------|--------|--------|-----------|
| Gesamt | | 12.000.000 | Gesamt | 12.000.000 |

Für die Ermittlung der jeweiligen Nettoinventarwerte werden für die einzelnen Teilfonds keine Bilanzen, sondern lediglich Vermögensaufstellungen erstellt. In den Vermögensaufstellungen wird das Anlagevermögen entsprechend der Anzahl der für den jeweiligen Teilfonds ausgegebenen Aktien berücksichtigt. Die Vermögensaufstellung ist damit die buchhalterische Darstellung des einzelnen Segments (Teilfonds). Die Aktien des Teilfonds C konnten eine Wertsteigerung von insgesamt EUR 36.000 verbuchen. Für die Portfolioverwaltung sind in den Teilfonds Verbindlichkeiten in Höhe von EUR 36.000, EUR 30.000 für den Teilfonds A, EUR 4.000 für den Teilfonds B und EUR 2.000 für den Teilfonds C, aufgelaufen. Im Folgenden werden auf Grundlage dieses Szenarios die einzelnen Vermögensaufstellungen dargestellt:

**Teilfonds A: Vermögensaufstellung**

| 1. | Anlagewerte | |
|-----|-------------|-----------|
| 1.1 | börsennotierte Aktien | 9.200.000 |
| 1.2 | nicht börsennotierte Aktien | 100.000 |
| 1.3 | Schuldverschreibungen | 550.000 |
| 1.4 | Termingeschäfte | 100.000 |
| 1.5 | Optionen | 50.000 |
| 2. | Verbindlichkeiten | - 30.000 |
| Fondsvermögen | | 9.970.000 |
| Anteilwert | | 99,70 |
| Umlaufende Anteile | | 100.000 |

**Teilfonds B: Vermögensaufstellung**

| 1. | Anlagewerte | |
|-----|-------------|-----------|
| 1.1 | börsennotierte Aktien | 700.000 |
| 1.2 | nicht börsennotierte Aktien | 300.000 |
| 2. | Sonstige Vermögensgegenstände | - 4.000 |

| Fondsvermögen | 996.000 |
|---|---|
| Anteilwert | 99,60 |
| Umlaufende Anteile | 10.000 |

## Teilfonds C: Vermögensaufstellung

| 1. | Anlagewerte | |
|---|---|---|
| 1.1 | börsennotierte Aktien | 536.000 |
| 1.2 | nicht börsennotierte Aktien | 500.000 |
| 2. | Verbindlichkeiten | - 2.000 |
| | Fondsvermögen | 1.034.000 |
| | Anteilwert | 103,40 |
| | Umlaufende Anteile | 10.000 |

Die Bilanz der Investmentaktiengesellschaft sieht wie folgt aus:

**Aktiva**      **Investmentaktiengesellschaft**      **Passiva**

| 1. | Anlagewerte | | Grundkapital | 1.200.000 |
|---|---|---|---|---|
| 1.1 | börsennotierte Aktien | 10.436.000 | Rücklagen | 10.800.000 |
| 1.2 | nicht börsennotierte Aktien | 900.000 | Verbindlichkeiten | 36.000 |
| 1.3 | Schuldverschreibungen | 550.000 | | |
| 1.4 | Termingeschäfte | 100.000 | | |
| 1.5 | Optionen | 50.000 | | |
| | Gesamt | 12.036.000 | Gesamt | 12.036.000 |

## 1. Wertverluste eines Teilfonds

Szenario: Teilfonds C schmilzt völlig bis zu einem Gesamtwert der eingebrachten Vermögenswerte von zwei Euro ab. Die Aktien werden noch von den Aktionären bzw. aufgrund deren Rücknahme von der Investmentaktiengesellschaft gehalten. Im letzteren Fall sind sie folglich noch nicht eingezogen.

**Aktiva          Investmentaktiengesellschaft          Passiva**

| 1. | Anlagewerte | | Grundkapital | 1.200.000 |
|----|-------------|--------|--------------|-----------|
| 1.1 | börsennotierte Aktien | 9.900.001 | Rücklagen | 9.800.002 |
| 1.2 | nicht börsennotierte Aktien | 400.001 | | |
| 1.3 | Schuldverschreibungen | 550.000 | | |
| 1.4 | Termingeschäfte | 100.000 | | |
| 1.5 | Optionen | 50.000 | | |
| | Gesamt | 11.000.002 | Gesamt | 11.000.002 |

Die vereinfacht dargestellte Bilanz zeigt, dass im vorgestellten Szenario das Gebot der jederzeitigen Deckung des Grundkapital des § 105 Abs. 1 Satz 2 InvG nicht verletzt ist. Denn das Grundkapital in Höhe von EUR 1.200.000 ist immer noch vom Wert des Gesellschaftsvermögens – EUR 11.000.002 – gedeckt. In Fortführung der dargestellten Szenarien sind Sachverhalte denkbar, in denen die Teilfonds so hohe Verluste erleiden, dass mit Blick auf die gesamte Investmentaktiengesellschaft § 105 Abs. 1 Satz 2 InvG verletzt ist. Im verwendeten Beispiel müssten die Vermögensgegenstände aber um über 90% sinken. In einem solchen Fall ist der Vorstand gemäß § 93 Abs. 1 Satz 1 InvG verpflichtet, die im 4. Kapitel unter F. dargestellten Maßnahmen zur Deckung der Grundkapitalziffer zu ergreifen.

Die obigen Darstellungen zeigen, dass zwischen dem Gebot der jederzeitigen Deckung des Grundkapitals und der Haftungstrennung des § 34 Abs. 2 Satz 2 InvG kein Zusammenhang besteht, der den Aktionären eines Teilfonds zum Nachteil gereichen könnte. Insbesondere steht nicht zu befürchten, dass im Fall einer nachhaltigen Wertverringerung des Vermögens eines Teilfonds andere Teilfonds negativ beeinträchtigt werden. Dies gilt auch dann, wenn Gesellschaftsvermögen durch Rücknahmen in den beeinträchtigten Teilfonds abfließt. Denn nur (noch) vorhandenes Teilfondsvermögen kann an die Aktionäre verteilt werden; der Rücknahmepreis berechnet sich gemäß § 105 Abs. 3 Satz 1 InvG nach dem anteiligen Nettoinventarwert des jeweiligen Teilfonds. Es gilt zu beachten, dass sich die Vermögensrechte eines Aktionärs nur auf einen Teilfonds beziehen, nicht auf das gesamte Gesellschaftsvermögen.[327] Im Übrigen regelt schon §§ 99 Abs. 3, 34 Abs. 2 Satz 2 InvG die notwendige Haftungsabschottung der einzelnen Teilfonds. Es sei nochmals darauf hingewiesen, dass einem Teilfonds kein fester Teil des Grundkapitals zugewiesen ist.[328] Lediglich die Investmentaktiengesellschaft als Ganzes verfügt über ein Grundkapital. Folglich kann ein Teilfondsvermögen bis auf den Mindestbuchwert abschmelzen, solange die übrigen Teilfondsvermögen in der Summe mindestens der Grundkapitalziffer entsprechen und so § 105 Abs. 1 Satz 2 InvG gewahrt bleibt.[329]

## 2. Wertverlust eines Teilfonds und Einziehung aller Aktien

Entsprechend dem unter Punkt G.II.2. dargestellten Szenario ist das Vermögen von Teilfonds C bis zum Wert von EUR 2 abgeschmolzen. Nun werden die Aktien eingezogen. Damit verringert sich der buchhalterische Gesamtwert der Investmentaktiengesellschaft um EUR 2 – den Wert des Teilfonds C. Auf der Seite der Passiva wächst das durch die Einziehung frei gewordene Grundkapital den Rücklagen an. Damit zeigt sich deutlich, dass die schlechte Entwicklung einzelner Teilfonds gerade nicht in einer Verwässerung der anderen Teilfonds resultiert.

---

[327] Hierbei handelt es sich um den Idealfall, bei dem die Investmentaktiengesellschaft neben den Finanzinstrumenten keine weiteren Vermögensgegenstände hält.

[328] Als bloße Bilanzziffer ist Grundkapital weder als Ganzes noch anteilig Gegenstand subjektiver Zuordnung, *Hüffer*, AktG, 7. Auflage 2006, § 8 AktG, Rn. 20 und § 1 AktG, Rn. 10.

[329] Zum Problem der jederzeitigen Deckung der Grundkapitalziffer gemäß § 105 Abs. 2 Satz 1 InvG, 4. Kapitel unter F.

**Aktiva**          **Investmentaktiengesellschaft**          **Passiva**

| | | | |
|---|---|---|---|
| 1. Anlagewerte | | Grundkapital | 1.100.000 |
| 1.1 börsennotierte Aktien | 9.900.000 | Rücklagen | 9.900.000 |
| 1.2 nicht börsennotierte Aktien | 400.000 | | |
| 1.3 Schuldverschreibungen | 550.000 | | |
| 1.4 Termingeschäfte | 100.000 | | |
| 1.5 Optionen | 50.000 | | |
| Gesamt | 11.000.000 | Gesamt | 11.000.000 |

## V. Zusammenfassung

Die vorgestellten Szenarien zeigen folgende Aspekte auf:

Werden im Zuge einer Kapitalerhöhung neue Aktien ausgegeben, etwa zur Auflegung eines neuen Teilfonds oder zur Erweiterung eines bestehenden, wird das
Verhältnis von Grundkapital und Rücklage hiervon nicht beeinträchtigt. Der Investmentaktiengesellschaft verbleibt somit unabhängig von der Anzahl der begebenen Aktien grundsätzlich immer der gleiche prozentuale „Verlustpuffer" –
hier 90 %. Dieser „Verlustpuffer" verringert sich ausschließlich durch eine
Wertminderung des Gesellschaftsvermögens.

Zwischen dem Grundkapital und den Teilfonds besteht keine Verknüpfung. Die
Teilfonds sind lediglich wirtschaftlich von einander unabhängige Segmente.
Schmilzt der Wert eines Teilfonds bis auf den Mindestbuchwert ab, so hat dies
grundsätzlich keine Auswirkungen auf die Grundkapitalziffer. Erst wenn – etwa
durch das Abschmelzen mehrerer Teilfonds – der Wertverlust so hoch ist, dass
das gesamte Gesellschaftsvermögen nicht mehr dem Grundkapital entspricht,
greift § 105 Abs. 1 Satz 2 InvG ein und eine Herabsetzung der Grundkapitalziffer ist erforderlich.

Gemäß §§ 99 Abs. 3, 34 Abs. 2 Satz 2 InvG haftet für die auf den einzelnen
Teilfonds entfallenden Verbindlichkeiten nur der betreffende Teilfonds. Auch
die Vermögensrechte der Aktionäre beziehen sich nur auf einen Teilfonds. Ver-

mögensabflüsse aus einem Teilfonds haben somit keinen Einfluss auf das Vermögen der übrigen Teilfonds.

## H.    Teilfonds und der Grundsatz der Kapitalerhaltung

Wenngleich alle Aktionäre einer Investmentaktiengesellschaft Aktien dieser einen Gesellschaft erwerben, können sich die auf die einzelnen Teilfonds lautenden Aktien völlig unterschiedlich entwickeln. Da die Teilfonds jeweils über ein separiertes Teilgesellschaftsvermögen verfügen, nehmen die Aktien nur am Erfolg der für den betreffenden Teilfonds erworbenen Vermögensgegenstände teil.

Es stellt sich somit die Frage nach der Zulässigkeit der Gewinnverteilung, wenn nur einzelne Teilfonds Gewinne erzielt haben, die Investmentaktiengesellschaft insgesamt aber keinen Gewinn bzw. einen Verlust zu verzeichnen hat.

Als besondere Ausgestaltung des Grundsatzes der Kapitalerhaltung darf gemäß § 57 Abs. 3 AktG jedenfalls im Falle einer klassischen Aktiengesellschaft vor Auflösung der Gesellschaft unter den Aktionären nur der Bilanzgewinn verteilt werden. Gemäß § 268 Abs. 1 HGB bezieht sich der Bilanzgewinn jedoch auf die gesamte Gesellschaft. Es ist folglich denkbar, dass die Gewinne einzelner Teilfonds nicht verteilt werden können, weil die Gesellschaft insgesamt einen Verlust erzielt hat. Auch über § 60 Abs. 3 AktG kann diese Frage keiner Lösung zugeführt werden.

Die Vorschrift des § 57 Abs. 3 AktG wird den Besonderheiten einer Investmentaktiengesellschaft als Investmentvermögen in Satzungsform nicht gerecht. Wird an die Aktionäre eines erfolgreichen Teilfonds der Gewinn ausgeschüttet, so gereicht dies den anderen Aktionären, anders als im Fall einer herkömmlichen Aktiengesellschaft, nicht zum Nachteil. Zwar verkleinert sich in diesem Fall das Gesellschaftsvermögen, die Chancen der anderen Aktionäre werden dadurch jedoch nicht beeinträchtigt, da sich das Vermögen ihres Teilfonds aufgrund der Gewinnausschüttung nicht verändert. Dies ist der zentrale Unterschied zur herkömmlichen Aktiengesellschaft. Würde hier im Falle eines Verlustes lediglich an einige Aktionäre ein Gewinn ausgeschüttet, so würde sich das Gesellschaftsvermögen mit Blick auf alle Aktionäre verringern.

Es stellt sich somit die Frage nach der Anwendbarkeit des Ausschüttungsverbots des § 57 Abs. 3 AktG auf eine Investmentaktiengesellschaft. Gemäß § 99 Abs. 1 InvG besteht grundsätzlich ein *lex specialis* Verhältnis zwischen dem Invest-

ment- und dem Aktienrecht. Damit findet das Ausschüttungsverbot als aktien-
rechtlicher Grundsatz auf eine Investmentaktiengesellschaft jedenfalls dann keine Anwendung, wenn er von einer investmentrechtlichen Spezialregelung überlagert wird. Gemäß § 99 Abs. 3 InvG finden auf eine Investmentaktiengesellschaft auch die dort aufgezählten Regelungen für herkömmliche Investmentvermögen entsprechende Anwendung. Somit besteht nach §§ 99 Abs. 3, 43
Abs. 4 Nr. 6 InvG auch für eine Investmentaktiengesellschaft grundsätzlich die
Pflicht, in der Satzung eine Regelung dahingehend aufzunehmen, ob auf Erträge
entfallende Teile des Ausgabepreises für ausgegebenen Aktien zur Ausschüttung
herangezogen werden können und ob die Ausschüttung von Veräußerungsge-
winnen vorgesehen ist. Aufgrund der entsprechenden Anwendung dieser Regelung auf eine Investmentaktiengesellschaft sind damit wie im Falle eines herkömmlichen Sondervermögens auch bei einer Investmentaktiengesellschaft
Vorabausschüttungen möglich. Insoweit werden die Regelungen des § 59 AktG
über die Zulässigkeit von Vorabausschüttungen für klassische Aktiengesellschaften von den investmentrechtlichen Spezialregelungen verdrängt. Hieraus
folgt jedoch nicht nur, dass eine Investmentaktiengesellschaft in Abweichung
von § 59 AktG Vorabausschüttungen vornehmen darf, sondern vielmehr auch,
dass eine Investmentaktiengesellschaft nicht nur den (voraussichtlichen) Bilanzgewinn, sondern auch Teile des eigentlichen Gesellschaftsvermögens an die Aktionäre ausschütten darf. Damit findet auch das Ausschüttungsverbot des § 57
Abs. 3 AktG auf eine Investmentaktiengesellschaft keine Anwendung. Folglich
können der Teilfondsgewinn und sogar Anteile des Teilfondsvermögens unabhängig von einem Bilanzgewinn auf Ebene der Investmentaktiengesellschaft an
die Aktionäre des betreffenden Teilfonds ausgeschüttet werden.

## I.    Teilfondsversammlung und Teilfondsbeschluss

Ein Teilfonds kann nicht nur als wirtschaftlich eigenständiges Segment, sondern
auch als ein in sich geschlossener Interessenkreis innerhalb des korporativen
Gebildes Investmentaktiengesellschaft bezeichnet werden. Aufgrund dieser in-
neren Abgeschlossenheit bestehen in den einzelnen Teilfonds Interessen und
Belange, die ausschließlich den Teilfonds und seine Aktionäre betreffen und
deshalb ausschließlich von diesen Teilfondsaktionären einer Lösung zuzuführen
sind. Das deutsche Investmentrecht sieht keine spezifischen Vorschriften über
besondere Versammlungen der Aktionäre eines Teilfonds (Teilfondsversamm-

lungen) vor. Jedoch finden auch hier über § 99 Abs. 1 InvG die allgemeinen Bestimmungen des Aktienrechts Anwendung.

## I.  Entsprechende Anwendung der Vorschriften über Sonderbeschlüsse

In § 138 AktG finden sich Regelungen über Sonderbeschlüsse. Gemäß § 138
Satz 1 AktG sind im Aktiengesetz oder in der Satzung vorgeschriebene Sonderbeschlüsse gewisser Aktionäre entweder in einer gesonderten Versammlung dieser Aktionäre oder in einer gesonderten Abstimmung zu fassen, soweit das Gesetz nichts anderes bestimmt. Nach § 138 Satz 2 AktG gelten für Sonderbeschlüsse die Bestimmungen über Hauptversammlungsbeschlüsse sinngemäß.
Das Erfordernis eines Sonderbeschlusses bezweckt den Schutz der betroffenen
Aktionäre vor Mehrheitsentscheidungen der Hauptversammlung und bestimmten Maßnahmen des Vorstands.[330] Sonderbeschlüsse setzen also das Bestehen
unterschiedlicher Aktiengattungen, im Fall einer Investmentaktiengesellschaft
etwa Aktien verschiedener Teilfonds, oder Aktionärsgruppen voraus.[331] Die Regelung des § 138 AktG beruht auf dem Gedanken des § 35 BGB.[332] Besondere
mitgliedschaftliche Rechte sollen dem Aktionär nicht ohne seine Zustimmung
entzogen werden können.[333] Der Sonderbeschluss ist nicht Bestandteil, sondern
zusätzliches Erfordernis für die Wirksamkeit des seiner bedürfenden Hauptversammlungsbeschlusses.[334] Der Sonderbeschluss tritt somit nicht an die Stelle
eines Hauptversammlungsbeschlusses für den betroffenen Teilfonds, sondern er
ist Zustimmungserklärung für den zu Grunde liegenden Hauptversammlungsbeschluss.[335]

---

[330] *Volhard*, in Münchener Kommentar zum Aktiengesetz, 2. Auflage 2004, § 138 AktG, Rn.
2; *Bezzenberger*, in Großkommentar zum Aktienrecht, § 138 AktG, Rn. 6.

[331] *Volhard*, in Münchener Kommentar zum Aktiengesetz, 2. Auflage 2004, § 138 AktG, Rn.
2.

[332] *Volhard*, in Münchener Kommentar zum Aktiengesetz, 2. Auflage 2004, § 138 AktG, Rn.
2; *Bezzenberger*, in Großkommentar zum Aktienrecht, § 138 AktG, Rn. 7.

[333] *Volhard*, in Münchener Kommentar zum Aktiengesetz, 2. Auflage 2004, § 138 AktG, Rn.
2; *Bezzenberger*, in Großkommentar zum Aktienrecht, § 138 AktG, Rn. 7.

[334] *Volhard*, in Münchener Kommentar zum Aktiengesetz, 2. Auflage 2004, § 138 AktG, Rn.
2; *Bezzenberger*, in Großkommentar zum Aktienrecht, § 138 AktG, Rn. 7; *Hüffer*, AktG,
7. Auflage 2006, § 182 AktG, Rn. 21.

[335] Hierzu ausführlich: *Volhard*, in Münchener Kommentar zum Aktiengesetz, 2. Auflage
2004, § 138 AktG, Rn. 3 ff.

## II. Kapitalwirksame Beschlüsse

Das Aktiengesetz sieht in §§ 182 Abs. 2, 222. Abs. 2 AktG Sonderbeschlüsse
für kapitalwirksame Beschlüsse der Hauptversammlung vor. In diesen Fällen
bedarf es im Falle einer Investmentaktiengesellschaft jedoch keines Sonderbeschlusses des betroffenen Teilfonds. Gemäß § 104 InvG ist der Vorstand einer
Investmentaktiengesellschaft mit veränderlichem Kapital ermächtigt, ohne einen
entsprechenden Beschluss der Hauptversammlung neue Aktien zu geben. Ferner
haben die Aktionäre nach § 105 Abs. 3 Satz 1 InvG grundsätzlich einen Anspruch auf Rücknahme ihrer Aktien gegen die Investmentaktiengesellschaft.
Damit unterliegen die Zahl der Aktien der Investmentaktiengesellschaft, das
Grundkapital und das Verhältnis der Teilfonds untereinander ständigen Schwankungen. Aufgrund des in § 99 Abs. 1 InvG normierten Anwendungsvorrangs des
Investmentrechts finden die Vorschriften des Aktienrechts über Sonderbeschlüsse im Falle eines kapitalwirksamen Beschlusses keine Anwendung. Dies begründet keine Schlechterstellung der einzelnen Teilfondsaktionäre. Zum einen
bietet ihnen § 105 Abs. 3 Satz 1 InvG stets die Möglichkeit ihre Aktien zum
Nettoinventarwert der Investmentaktiengesellschaft anzudienen. Zum anderen
haben die Aktionäre einer Investmentaktiengesellschaft im Verhältnis zu den
Aktionären einer herkömmlichen Aktiengesellschaft einen anderen Interessen-
schwerpunkt. Den Aktionären einer Investmentaktiengesellschaft geht es nicht
um die Ausübung von Leitungsmacht. Sie sehen den Erwerb von Aktien einer
Investmentaktiengesellschaft ausschließlich als Investment. Insoweit genießen
sie hinreichenden Schutz durch § 105 Abs. 3 Satz 1 InvG.

### 1. Beschluss zum Nachteil einer Gattung

Soll das Verhältnis mehrer Aktiengattungen zum Nachteil einer Aktiengattung
geändert werden, bedarf es gemäß § 179 Abs. 3 AktG ebenfalls eines Sonderbeschlusses. Wie soeben dargestellt, unterliegt die Zahl der Aktien und damit das
Verhältnis der einzelnen Teilfonds zueinander bereits aufgrund des Rückgaberechts der Aktionäre einer ständigen Veränderung. Insoweit greift auch hier die
Spezialregelung des § 99 Abs. 1 InvG.

### a) Umwandlungsbeschluss

Nach § 65 Abs. 2 Satz 1 Umwandlungsgesetz bedarf der Verschmelzungsbe-
schluss der Hauptversammlung der Zustimmung der stimmberechtigten Aktio-

näre jeder Gattung.[336] Gemäß § 65 Abs. 2 Satz 2 UmwG haben die Aktionäre jeder Gattung einen Sonderbeschluss zu fassen. Da die Investmentaktiengesellschaft gemäß § 96 Abs. 1 Satz 1 InvG lediglich in der Rechtsform der Aktiengesellschaft betrieben werden kann, ist sie nach § 3 Abs. 1 Nr. 2 UmwG als Kapitalgesellschaft ein verschmelzungsfähiger Rechtsträger. Die Verschmelzung einer Investmentaktiengesellschaft auf eine andere Investmentaktiengesellschaft gemäß § 40 InvG unter gleichzeitiger Nutzung der steuerlichen Vorteile des § 14 InvStG ist nach dem erklärten Willen des Gesetzgebers nicht möglich. Insoweit ist für die Frage der Verschmelzung auf die allgemeinen gesellschaftsrechtlichen Vorschriften zurückzugreifen. Beabsichtigt eine Investmentaktiengesellschaft, sich im Sinne des § 2 UmwG auf eine andere Investmentaktiengesellschaft zu verschmelzen, bedürfen die zu fassenden Beschlüsse der Hauptversammlungen zustimmende Sonderbeschlüsse aller Teilfonds beider Investmentaktiengesellschaften.[337]

**b) Bestimmungen in der Satzung**

Nach dem Wortlaut des § 138 Satz 1 AktG können in die Satzungen zusätzliche Sonderbeschlüsse aufgenommen werden, allerdings nur, soweit das Gesetz nichts anderes bestimmt. Da ein Sonderbeschluss nur dann in die Satzung aufgenommen werden darf, wenn das Gesetz nicht zwingend die einfache Stimmenmehrheit genügen lässt, spielt diese Möglichkeit *in praxi* nur eine untergeordnete bis keine Rolle.[338]

**2. Zwischenergebnis**

Wenngleich die allgemeinen aktienrechtlichen Vorschriften über Sonderbeschlüsse auf die Investmentaktiengesellschaft entsprechende Anwendung finden, werden diese in der Praxis keine Bedeutung haben, da sich im Investmentgesetz für ihre Hauptanwendungsfälle Spezialvorschriften finden. Allerdings bestehen

---

[336] Gemäß § 96 Abs. 1 Satz 2 InvG ist die Ausgabe von Aktien ohne Stimmrecht unzulässig. Die Vorschrift des § 65 Abs. 2 UmwG finden über § 73 UmwG auch im Falle einer Verschmelzung durch Neugründung Anwendung. *Zimmermann,* in Kallmeyer (Hrsg.), Kommentar zum Umwandlungsgesetz, 3. Auflage 2006, § 65 UmwG, Rn. 21 ff.

[337] Gemäß § 99 Abs. 6 InvG n.F. findet das Umwandlungsgesetz in Zukunft auf eine Investmentaktiengesellschaft keine Anwendung.

[338] Ausführlicher hierzu: *Volhard,* in Münchener Kommentar zum Aktiengesetz, 2. Auflage 2004, § 138 AktG, Rn. 18.

innerhalb eines Teilfonds Interessen, etwa die Verteilung des Teilfondsgewinns, der Abschluss eines neuen Vermögensverwaltungsvertrags oder die Änderung der Anlagegrundsätze, die ausschließlich die Aktionäre des jeweiligen Teilfonds betreffen. Deshalb sollte der Gesetzgeber zur Verbesserung der rechtlichen Rahmenbedingungen für Investmentaktiengesellschaften im Zuge der Überarbeitung des Investmentgesetzes dort spezifische Regelungen über Teilfondsversammlungen und Teilfondsbeschlüsse aufnehmen.[339]

## J.    Die fehlende Teilfondsverordnung

Nach dem Wortlaut des § 34 Abs. 2 Satz 1 InvG sind Teilfonds unter Berücksichtigung der Festlegungen in der Rechtsverordnung nach § 34 Abs. 3 Satz 1 und 2 InvG zu bilden. In § 1 Nr. 3 der Verordnung zur Übertragung von Befugnissen zum Erlass von Rechtsverordnungen auf die Bundesanstalt für Finanzdienstleistungsaufsicht hat das Bundesministerium der Finanzen die ihm in § 34 Abs. 1 InvG eingeräumte Verordnungskompetenz gemäß § 34 Abs. 3 Satz 3 InvG auf die BaFin übertragen. Die BaFin hat jedoch lediglich eine Anteilklassenverordnung, hingegen noch keine Verordnung für Teilfonds erlassen. Das Fehlen einer Verordnung für Teilfonds steht der Bildung von Teilfonds jedoch nicht entgegen. Nach dem Willen des Gesetzgebers ist eine Teilfondsverordnung keine Voraussetzung für die Bildung von Teilfonds. Auch der Gesetzgeber geht in den Gesetzesmaterialen davon aus, dass Teilfonds auch ohne eine entsprechende Verordnung gebildet werden können. In der Begründung zum Investmentmodernisierungsgesetz führt der Gesetzgeber zu § 34 Abs. 3 InvG unter anderem aus:

> *„Auch für deren (Teilfonds) buchhalterische Darstellung, Rechnungslegung und die Ermittlung des Wertes eines Teilfonds kann ein bestimmtes Verfahren festgelegt werden."*[340]

---

[339]   Im Rahmen des Investmentänderungsgesetz hat sich der Gesetzgeber – wohl insbesondere auch vor dem Hintergrund der grundsätzlich stimmrechtslosen Anlageaktien – gegen die Aufnahme von Regelungen betreffend Teilfondsbeschlüssen und Teilfondsversammlungen in das Investmentgesetz entschieden.

[340]   BT-Drucks. 15/1553 S. 86; [Einfügung durch den Verfasser].

Die Formulierung „kann festgelegt werden" zeigt deutlich, dass der Gesetzgeber den Verordnungserlass nicht als Voraussetzung für die Einführung von Teilfonds erachtet. Vielmehr wird im Ergebnis der BaFin die Kompetenz eingeräumt, selbst zu entscheiden, unter welchen Umständen sie ein regulierendes Eingreifen für erforderlich erachtet. Die Situation ist insoweit mit der Gesetzeslage vor dem Erlass des Gesetzes über Kapitalanlagegesellschaften vergleichbar. Auch hier bestanden bereits mehrere Sondervermögen in Deutschland, bevor sich der Gesetzgeber für eine Regelung dieses Bereiches entschloss.[341] In Ermangelung einer Teilfondsverordnung ist es damit an den Investmentaktiengesellschaften bzw. ihren Initiatoren, in die Satzungen entsprechende Regelungen aufzunehmen, die den Anforderungen des Investmentgesetzes und den Zielen des Gesetzgebers gerecht werden.[342]

## K.    Unterschiedliche Depotbanken für Teilfonds

Über § 99 Abs. 3 InvG finden auch die Vorschriften der §§ 20 bis 29 InvG über die Depotbank auf eine Investmentaktiengesellschaft entsprechende Anwendung. Folglich hat die Investmentaktiengesellschaft ein Kreditinstitut als Depotbank mit der Verwahrung ihres Vermögens sowie den sonstigen Aufgaben nach Maßgabe der §§ 24 bis 29 InvG zu beauftragen. Dies wird auch in § 97 Abs. 1 Satz 2 Nr. 5 InvG für die Erteilung der aufsichtsrechtlichen Erlaubnis vorausgesetzt. Gemäß § 21 Abs. 1 Satz 1 InvG bedarf die Auswahl sowie jeder Wechsel der Depotbank einer gesonderten, zusätzlichen Genehmigung der BaFin.[343] Aufgrund der dem Schutz der Anleger dienenden Kontroll- und Treuhandfunktion der Depotbank muss sichergestellt werden, dass das die Funktion der Depotbank übernehmende Kreditinstitut ein gewisses Maß an Vertrauen genießt, zuverläs-

---

[341] *Geßler*, WM 1957 Sonderbeilage Nr. 4, S. 27. Alle im Zeitpunkt des Inkrafttretens des Gesetzes über Kapitalanlagegesellschaften am 18.4.1957 bereits bestehen Kapitalgesellschaften die Wertpapierinvestmentgeschäfte betrieben, sind ohne weiteres dazutun Kapitalanlagegesellschaften im Sinne dieses Gesetzes geworden.

[342] Siehe hierzu, etwa zur Bestimmung des Wertes einer Teilfondsaktie, im 6. Kapitel unter E.

[343] *Schödermeier/Baltzer,* in Brinkhaus/Scherer (Hrsg.), Kommentar zum Gesetz über Kapitalanlagegesellschaften und Auslandsinvestmentgesetz, 2003, § 12 KAGG, Rn. 32 ff.; *Beckmann*, in Beckmann/Scholz, § 12 KAGG, Rn. 14, *Baur*, Investmentgesetze, 2. Auflage 1997, § 12 KAGG, Rn. 35.

sig und für die vorgesehene Funktion geeignet ist.[344] Denn nach § 22 Abs. 1 Satz 1 InvG handelt die Depotbank bei der Wahrnehmung ihrer Aufgaben unabhängig von der Investmentaktiengesellschaft und ausschließlich im Interesse der Aktionäre. Um Interessenkollisionen zu vermeiden, dürfen nach § 22 Abs. 2 InvG Geschäftsleiter, Prokuristen und die zum gesamten Geschäftsbetrieb ermächtigten Handlungsbevollmächtigten der Depotbank nicht gleichzeitig Angestellte der Investmentaktiengesellschaft sein und umgekehrt.

Neben der Eignung des Kreditinstituts, die Tätigkeit der Depotbank nach den Vorschriften der §§ 20 ff. InvG ausüben zu können, insbesondere gemäß § 20 Abs. 1 Satz 1 InvG i.V.m. § 1 Abs. 1 Satz 2 Nr. 1 und 5 KWG zum Einlagen- und Depotgeschäft zugelassen zu sein, ist die Vermeidung von Interessenkollisionen die wichtigste Voraussetzung für den Erhalt der Genehmigung.

Im Folgenden wird deshalb der Frage nachgegangen, ob für die einzelnen Teilfonds unterschiedliche Depotbanken bestellt werden dürfen. Dies könnte gegebenenfalls erforderlich werden, um eine personelle Verflechtung von Investmentaktiengesellschaft und Depotbank zu verhindern.

## I.   Die grammatische Auslegung

Gemäß § 97 Abs. 1 Satz 2 Nr. 5 InvG darf die BaFin der Investmentaktiengesellschaft die Erlaubnis nur erteilen, wenn sie „eine" Depotbank nach § 20 Abs. 1 InvG beauftragt hat. Nach § 20 Abs. 1 InvG i.V.m. § 99 Abs. 3 InvG hat die Investmentaktiengesellschaft mit der Verwahrung von Investmentvermögen sowie den sonstigen Aufgaben nach Maßgabe der §§ 24 bis 29 InvG „ein" Kreditinstitut als Depotbank zu bestellen. Beide Normen sprechen von „einer" Depotbank. Die grammatische Auslegung spricht insoweit gegen die Beauftragung unterschiedlicher Depotbanken für die einzelnen Teilfonds.

## II.   Die Rechtslage nach dem ehemaligen KAGG

Die Regelung des § 20 Abs. 1 Satz 1 InvG entspricht der des ehemaligen § 12 Abs. 1 Satz 1 KAGG. Nach § 12 Abs. 1 Satz 1 KAGG hatte eine Kapitalanlage-

---

[344] *Schödermeier/Baltzer*, in Brinkhaus/Scherer (Hrsg.), Kommentar zum Gesetz über Kapitalanlagegesellschaften und Auslandsinvestmentgesetz, 2003, § 12 KAGG, Rn. 32.

gesellschaft ein anderes Kreditinstitut (Depotbank) mit der Verwahrung der Sondervermögen sowie mit der Ausgabe und der Rücknahme von Anteilscheinen zu beauftragen. Auch hier sprach die Vorschrift nur von „einer" Depotbank. Allerdings konnte eine Kapitalanlagegesellschaft nach der unter der alten Rechtslage gelebten Praxis, falls sie verschiedene Sondervermögen verwaltete, für jedes Sondervermögen eine andere Depotbank bestellen.[345] Dies wurde unter anderem mit der ausdrücklichen Nennung der Depotbank in § 15 Abs. 5 Satz 2 KAGG begründet. Wäre der Gesetzgeber von einer einzigen Depotbank pro Kapitalanlagegesellschaft ausgegangen, so wäre die besondere Nennung der Depotbank nicht erforderlich gewesen. Gemäß § 55 Abs. 1 KAGG war unter anderem auch § 12 Abs. 1 Satz 1 KAGG auf eine Investmentaktiengesellschaft mit fixem Kapital entsprechend anwendbar.[346] Damit war die dargestellte Praxis bereits nach altem Recht grundsätzlich auf die Investmentaktiengesellschaft zu übertragen.

**III. Die Rechtslage für Sondervermögen**

Im Zuge des Investmentmodernisierungsgesetzes wurde das Gesetz über Kapitalanlagegesellschaften und das Auslandinvestmentgesetz im Investmentgesetz zusammengeführt.[347] Insoweit wurden viele Regelungen mit identischem Inhalt, oftmals bei im Wesentlichen gleich bleibenden Wortlaut, in das Investmentgesetz übernommen. Im Falle einer Fortführung des Regelungsgehalts sind insoweit auch in Zukunft die für die alten Vorschriften entwickelten Grundsätze und Verwaltungspraktiken anzuwenden, es sei denn, diese sind mit den Neuerungen des Investmentgesetzes nicht vereinbar. Als Folge der Erweiterung des Regelungsgehalts, wurde in § 20 Abs. 1 Satz 1 InvG der Begriff „Sondervermögen" durch den allgemeinen Begriff „Investmentvermögen" i.S.v. § 1 Satz 1 Nr. 1 InvG ersetzt. Somit ist es auch unter der Geltung des Investmentgesetzes zulässig, für mehrere Sondervermögen unterschiedliche Depotbanken zu beauftragen.

---

[345] *Baur*, Investmentgesetze, 2. Auflage 1997, § 12 KAGG, Rn. 13.

[346] Wie bereits in der Einleitung unter A. ausgeführt, war die Investmentaktiengesellschaft mit veränderlichem Kapital im KAGG nicht vorgesehen.

[347] BT-Drucks. 15/1553 S. 65.

**IV. Übertragung der Praxis für Sondervermögen auf Teilfonds**

Bei den Teilfonds einer Investmentaktiengesellschaft handelt es sich jedoch nicht um mehrere Investmentvermögen. Vielmehr sieht das Gesetz die Investmentaktiengesellschaft in § 1 Satz 1 Nr. 1 InvG selbst als ein Investmentvermögen an. Dies begründet jedoch für sich noch nicht die Unzulässigkeit von unterschiedlichen Depotbanken je Teilfonds. Vielmehr kennt auch das Investmentgesetz die Verwaltung eines Investmentvermögens durch mehrere Depotbanken. Denn nach § 136 Abs. 1 Nr. 4 InvG kann die Bundesanstalt für Nicht-EG-Investmentanteile die Wahrnehmung der Depotbankfunktion durch mehrere Depotbanken für zulässig erklären, wenn dies im Rahmen des Geschäftsbetriebs der ausländischen Investmentaktiengesellschaft erforderlich ist und dadurch die Sicherheit nicht beeinträchtigt wird.

Die Regelung des § 136 Abs. 1 Nr. 4 InvG entspricht der des § 2 Nr. 2 AuslInvestmG. Aufgrund der ausdrücklichen Regelung in § 2 Nr. 2 AuslInvestmG wurde teilweise geschlossen, dass die Bestellung mehrer Depotbanken für ein Sondervermögen unzulässig sei.[348] Ob diese Auffassung für das alte Recht zutreffend war, kann vorliegend dahin stehen, da das Investmentmodernisierungsgesetz wesentliche Neuerungen gebracht hat. Insbesondere wurden die in Rede stehenden Teilfonds in das Investmentgesetz aufgenommen. Somit gibt es im Unterschied zur alten Rechtslage auch unter einem Investmentvermögen, unabhängig von seiner rechtlichen Ausgestaltung, erstmals separierte Teilfondsvermögen. Eine entsprechende Aufteilung war dem Gesetz über Kapitalanlagegesellschaften fremd.

Ferner definiert § 34 Abs. 2 Satz 2 InvG den Teilfonds als ein Sondervermögen, das sich von den anderen Sondervermögen der Umbrella-Konstruktion durch ein Ausstattungsmerkmal unterscheidet. Im Fall einer Umbrella-Konstruktion unter dem Dach eines herkömmlichen Sondervermögens bleibt folglich jeder Teilfonds für sich ein eigenständiges Sondervermögen und ein Investmentvermögen i.S.v. § 20 Abs. 1 Satz 1 InvG i.V.m. § 1 Satz 1 Nr. 1, 1. Alternative InvG. Für den Teilfonds eines herkömmlichen Sondervermögens stellt sich das Problem der Zulässigkeit einer Depotbank je Teilfonds damit nicht; es können unterschiedliche Depotbanken bestellt werden.

---

[348] *Baur,* Investmentgesetze, 2. Auflage 1997, § 12 KAGG, Rn. 13.

Da der Gesetzgeber die Investmentaktiengesellschaft im Rahmen des Investmentmodernisierungsgesetzes dem klassischen Sondervermögen gleichstellen wollte, würde es eine Schlechterstellung der Investmentaktiengesellschaft begründen, falls diese für die einzelnen Teilfonds nicht verschiedene Depotbanken beauftragen darf.

## V.  Zwischenergebnis

Im Lichte dessen ist damit die Bestellung verschiedener Depotbanken für die einzelnen Teilfonds zulässig, wenn die bestellten Banken ihre Depotbanktätigkeit gleichermaßen effektiv ausüben können und im Übrigen keine Vorschriften entgegenstehen.

## VI.  Die Voraussetzungen für die Zulässigkeit unterschiedlicher Depotbanken

Damit sind unterschiedliche Depotbanken für die einzelnen Teilfonds zulässig, wenn jede einzelne Depotbank die Anforderungen der §§ 20 bis 29 InvG mit Blick auf das jeweilige Teilfondsvermögen erfüllen kann. Im Folgenden werden die wesentlichen Aufgaben der Depotbank mit Blick auf die in Rede stehende Frage dargestellt:

### 1.  Verwahrung des Teilfondsvermögens

Eine der Hauptaufgaben der Depotbank ist gemäß §§ 99 Abs. 3, 20 Abs. 1 Satz 1, 24 InvG die Verwahrung des Investmentvermögens. Wenngleich das Teilfondsvermögen nur ein Teil des einen Investmentvermögens ist, ist es doch ein für sich wirtschaftlich unabhängiges Segment. Insoweit sind die Teilfondsvermögen bereits in den Büchern getrennt zu erfassen. Nur bei einer getrennten buchhalterischen Verwaltung der Teilfonds kann für die auf den einzelnen Teilfonds entfallenden Aktien der Ausgabe- und Rücknahmepreis ermittelt werden.[349] Da es sich bei einem Teilfonds um einen in sich geschlossenes Segment

---

[349]  Hierzu ausführlich im 6. Kapitel unter E.

handelt, steht das Investmentrecht einer getrennten Verwahrung der Teilfonds-vermögen bei verschiedenen Depotbanken nicht entgegen.

## 2. Ausgabe und Rücknahme der Aktien

Nach §§ 99 Abs. 3, 23 Abs. 1, 27 Abs. 1 Nr. 1 InvG obliegt der Depotbank die Ausgabe und die Rücknahme der einzelnen Aktien. Um die einzelnen Teilfonds kenntlich zu machen, werden für jeden Teilfonds eigene Aktien begeben. Handelt es sich um eine börsennotierte Investmentaktiengesellschaft, erhält jeder Teilfonds eine eigene Wertpapierkennung. Dies ist unter aktienrechtlichen Ge-sichtspunkten nichts Ungewöhnliches. So werden bereits für Stamm- und für Vorzugsaktien derselben Aktiengesellschaft unterschiedliche Wertpapierken-nungen begeben. Im Übrigen sind nach dem Aktiengesetz bestimmte Situationen denkbar, die sogar verschiedene Wertpapierkennungen für Aktien der gleichen Gattung erforderlich machen.

So kann eine Aktiengesellschaft im Falle einer Kapitalerhöhung durch abwei-chende Kennzeichnung der Neuemission ihre Prospekthaftung für die alten Ak-tien nach § 45 Abs. 1 Satz 3 BörsG (*e contrario*) ausschließen.[350]

Im Falle von unterschiedlichen Depotbanken je Teilfonds ist eine Depotbank für die Ausgabe und Rücknahme aller auf diesen Teilfonds lautenden Aktien zu-ständig. Es besteht folglich auch in diesem Punkt eine klare Aufgabenzuwei-sung.

Als problematisch könnte sich in diesem Zusammenhang die Vorschrift des § 105 Abs. 3 Satz 2 InvG erweisen. Hiernach besteht die Verpflichtung zum Rückerwerb der Aktien nur insoweit, als durch den Erwerb der Nennbetrag oder der rechnerische Anteil der von der Gesellschaft gehaltenen eigenen Aktien ins-gesamt den Unterschiedsbetrag zwischen dem Grundkapital zum Zeitpunkt des Erwerbs der eigenen Aktien und dem in der Satzung bestimmten Mindestkapital nicht übersteigt. Da die Depotbanken bei der Ausgabe und Rücknahme unab-hängig voneinander handeln, könnte dies die Gefahr eines Verstoßes gegen den Grundsatz des § 105 Abs. 3 Satz 2 InvG in sich bergen. Allerdings ist zu beach-ten, dass die Depotbank zwar mit Ausgabe- und Rücknahme der Aktien betraut

---

[350] BT-Drucks. 13/8933, S. 77; Hierzu ausführlich, *Groß*, Kapitalmarktrecht, 2. Auflage 2002, § 46 BörsG, Rn. 1 ff,; *Schwark*, Börsengesetz, 3. Auflage 2004, § 46 BörsG, Rn. 1 ff.

ist, die erforderliche Erklärung der Annahme des Angebots des Aktionärs, sei es auf Kauf oder Verkauf der Aktien gerichtet, erfolgt jedoch gewöhnlich durch die Investmentaktiengesellschaft selbst. Gemäß § 103 Abs. 2 Satz 1 InvG nimmt die Investmentaktiengesellschaft das Angebot des Publikums, Aktien der Gesellschaft zu erwerben, an. Für die Rücknahme fehlt eine ausdrückliche Regelung. Allerdings ist auch die *Rücknahme* der Aktien ein zweiseitiges Rechtsgeschäft, das nach § 147 BGB der Erklärung der Annahme durch den Angetragenen – der Investmentaktiengesellschaft – bedarf. Insoweit besteht die Gefahr eines Verstoßes gegen § 105 Abs. 3 Satz 2 InvG nur dem Anschein nach.

### 3. Bestimmung von Ausgabe- und Rücknahmepreis

Gemäß § 99 Abs. 3, 36 Abs. 1 Satz 1 InvG ergibt sich der Wert einer Aktie aus der Teilung des Wertes des Investmentvermögens durch die Zahl der in den Verkehr gelangten Aktien.[351] Nach §§ 99 Abs. 3, 36 Abs. 1 Satz 2 InvG ist der Wert des Investmentvermögens von der Depotbank unter Mitwirkung der Investmentaktiengesellschaft oder von der Investmentaktiengesellschaft selbst börsentäglich zu ermitteln. Die konkrete Aufgabenverteilung ist in der Satzung vorzunehmen. Unabhängig von der Frage, ob die Depotbank mit der Bestimmung des Wertes des Investmentvermögens betraut ist, weist § 27 Abs. 1 Nr. 1 InvG der Depotbank eine Kontrollfunktion für die Berechnung des Wertes der Aktien zu. Nach § 27 Abs. 1 Nr. 1 InvG hat die Depotbank dafür zu sorgen, dass die Berechnung des Wertes der Anteile den Vorschriften dieses Gesetzes und der Satzung entsprechen. Da im in Rede stehenden Szenario eine Depotbank alle Anlagegegenstände eines Teilfonds verwahrt, kann sie auf der Basis der jeweiligen Kurswerte der zum Teilfonds gehörenden Vermögensgegenstände i.S.v. § 36 Abs. 1 Satz 2 InvG die Berechnung des Wertes der Aktien des Teilfonds vornehmen und/oder kontrollieren. Folglich werden die verschiedenen Depotbanken auch im Rahmen der Bestimmung von Ausgabe- und Rücknahmepreis ihren gesetzlichen Aufgaben gerecht.

### 4. Ausschluss des Erforderlichkeitskriteriums

Im Falle des Vertriebs von ausländischen Investmentanteilen, die keine EG-Investmentanteile sind, kann die Bundesanstalt gemäß § 136 Abs. 1 Nr. 3 InvG

---

[351] Ausführlich hierzu im 6. Kapitel unter E.

zulassen, dass die Depotbankfunktion von mehreren Depotbanken ausgeübt wird, wenn das im Rahmen der ausländischen Investmentgesellschaft erforderlich ist und dadurch die Sicherheit nicht beeinträchtigt wird. Wenngleich diese Regelung auf eine deutsche Investmentaktiengesellschaft nicht anwendbar ist, so lässt sie dennoch einige interessante Schlüsse zu.

So verdeutlicht diese Regelung, dass der Gesetzgeber selbst davon ausgeht, dass das Vermögen einer (ausländischen) Investment(aktien)gesellschaft von mehreren Depotbanken verwaltet werden kann. Wenn aber bereits das „eine" Investmentvermögen i.S.v. § 1 Satz 2 InvG von mehreren Depotbanken verwaltet werden kann, so muss es erst recht zulässig sein, dass die separierten Teilgesellschaftsvermögen als wirtschaftlich getrennte Segmente jeweils von eigenen Depotbanken verwaltet werden.

Im Falle einer ausländischen Investmentgesellschaft sind mehrere Depotbanken jedoch nur dann zulässig, wenn der Geschäftsbetrieb der Gesellschaft dies erforderlich macht. Es müssen mehrere Depotbanken *erforderlich* sein. Diese Regelung will insbesondere eine Verschleierung der Überschaubarkeit des Anlagevermögens und das Generieren von zusätzlichen, unnötigen Gebühren verhindern. Zusätzliche Kosten entstehen jedoch grundsätzlich nur dann, wenn dasselbe Vermögen zwei- oder mehrmals von derselben Depotbanktätigkeit erfasst wird. Dies ist bei unterschiedlichen Depotbanken für die verschiedenen Teilfonds jedoch nicht der Fall. Denn die Investmentaktiengesellschaft beauftragt für dasselbe Teilfondsvermögen keine zusätzliche zweite Depotbank, sondern eine weitere Depotbank für ein anderes, verschiedenes Teilfondsvermögen. Folglich kommt es nicht zu einer Kumulierung von Depotbankkosten zu Lasten der Aktionäre. Die dem § 136 Abs. 1 Nr. 3 InvG zu Grunde liegende Gefahr stellt sich bei Teilfonds insoweit nicht.

## 5. Zwischenergebnis

Die Kontroll- und Treuhandpflichten einer Depotbank werden auch dann gewahrt, wenn die einzelnen Teilfonds von jeweils unterschiedlichen Depotbanken verwaltet werden. Die Aufspaltung der Depotbanktätigkeit auf mehrere Kreditinstitute ist jedoch nur dann zulässig, wenn jede Depotbank für sich die besonderen Anforderungen des Investmentgesetzes an eine Depotbank erfüllt.

## L.   Die Beendigung eines Teilfonds

Ursprünglich verfolgte der Gesetzgeber bei der Einführung von Teilfonds unter dem Dach einer Investmentaktiengesellschaft die Absicht, den Kapitalanlegern die Möglichkeit anzubieten, bei minimalen Kosten von einem Teilfonds in einen anderen und damit von einer Anlagestrategie auf eine andere wechseln zu können.[352]

In der Praxis kann eine große Zahl an Ausstiegen und/oder das fehlende Interesse der Marktgegenseite an der Anlagestrategie eines einzelnen Teilfonds die Frage aufwerfen, wie eine Investmentaktiengesellschaft einen Teilfonds beenden kann, wenn dieser mit Blick auf die Anlegerinteressen nicht mehr wirtschaftlich sinnvoll fortgeführt werden kann.[353]

*Beispiel:*
*Die 123 Investmentaktiengesellschaft m.v.K. begibt Aktien der Teilfonds A, B und C. Für die Teilfonds A befinden sich noch 100 Aktien im Eigentum einiger Anleger (Nettoinventarwert je Aktie: EUR 50) und für den Teilfonds B werden noch 200 Aktien (Nettoinventarwert je Aktie: EUR: 30) von einem Aktionär gehalten. Die allgemeinen Verwaltungskosten, beispielsweise für die getrennte Buchhaltung, Teilfondsversammlung etc., sind so hoch, dass sie das Teilfondsvermögen der Teilfonds A und B in kürzester Zeit beinahe vollständig verschlingen würden. In diesem Fall ist es im Interesse der Anleger sinnvoll, den Teilfonds möglichst schnell zu beenden, um den Anlegern einen möglichst großen Anteil am Nettoinventarwert zu erhalten und auszukehren.*

### I.   Die Auflösung eines Teilfonds nach luxemburgischem Recht

Das luxemburgische Investmentrecht hält in Art. 133 Abs. 6 Satz 1 OGAG eine Regelung für die Frage der Beendigung eines einzelnen Teilfonds bereit. Nach Art. 133 Abs. 6 Satz 1 OGAG kann jeder Teilfonds einer Investmentaktiengesellschaft einzeln liquidiert werden, ohne dass dies die Liquidation eines anderen Teilfonds zur Folge hat. Die Liquidation des letzten verbliebenen Teilfonds

---

[352] BT-Drucks. 15/1553 S. 86.
[353] Gemäß § 100 Abs. 4 Satz 1 InvG n.F. kann die Satzung einer Investmentaktiengesellschaft vorsehen, dass ein Teilfonds (Teilgesellschaftsvermögen) durch Beschluss des Vorstands und Zustimmung des Aufsichtsrates oder der Depotbank aufgelöst werden kann.

führt automatisch zur Liquidation der Investmentaktiengesellschaft im Sinne von Art. 106 Abs. 1 OGAG.

## II. Die Liquidation eines Segments nach dem IUG

Auch dem liechtensteinischen Investmentrecht ist die Auflösung eines Teilfonds – Segment – nicht fremd. Gemäß Art. 53 Abs. 2 IUG sind Ansprüche von Anlegern und Gläubigern, die sich gegen ein Segment richten oder die anlässlich der Gründung, während des Bestehens oder bei der Liquidation eines Segments entstanden sind, auf das Vermögen dieses Segments beschränkt. Dieser Regelung über die Haftungsbeschränkung für liechtensteinische Teilfonds lässt sich klar die Möglichkeit der Auflösung eines einzelnen Teilfonds entnehmen. Gemäß Art. 53 Abs. 1 Satz 2 IUG regelt die Regierung die Einzelheiten der Segmente in einer Verordnung. In der Verordnung über Investmentunternehmen („IUV") vom 23. August 2005 finden sich jedoch keine weitergehenden Vorschriften für die Liquidation eines einzelnen Teilfonds.

## III. Die Beendigung eines Sondervermögens nach dem Investmentgesetz

Im Investmentgesetz findet sich in § 38 Abs. 1 Satz 1 InvG das Recht einer Kapitalanlagegesellschaft, die Verwaltung[354] eines Sondervermögens unter Einhaltung einer Kündigungsfrist von 13 Monaten durch Bekanntmachung im elektronischen Bundesanzeiger und darüber hinaus im Jahresbericht oder im Halbjahresbericht zu kündigen.[355] Die Rechtsfolge der Kündigung ist in § 39 InvG geregelt. Gemäß § 39 Abs. 1 InvG geht das Sondervermögen bzw. das Verfügungsrecht über das Sondervermögen auf die Depotbank über. Die Depotbank ist

---

[354] Der Begriff „Verwaltung" im Sinne des § 38 Abs. 1 Satz 1 InvG meint nicht die Vermögensverwaltung im Sinn der unmittelbaren Portfolioverwaltung, sondern das eigentliche zwischen der Kapitalanlagegesellschaft und dem Anleger bestehende Verwaltungsverhältnis. *Schödermeier/Baltzer*, in Brinkhaus/Scherer (Hrsg.), Gesetz über Kapitalanlagegesellschaften und Auslandinvestmentgesetz, 2003, § 13 KAGG, Rn. 3.

[355] Die Regelung des § 38 InvG folgt der des § 13 KAGG nach. Ausführlich zur Kündigung des Verwaltungsverhältnisses, *Schödermeier/Baltzer*, in Brinkhaus/Scherer (Hrsg.), Gesetz über Kapitalanlagegesellschaften und Auslandinvestmentgesetz, 2003, § 13 KAGG, Rn. 5 f.; hierzu grundlegend in *Wilderink*, Die Auflösung, die Übertragung und die Verschmelzung von Investmentfonds, S. 45 ff.

hiernach zur Abwicklung des Sondervermögens und zur Verteilung auf die Anleger verpflichtet.[356]

## IV. Die Nichtanwendbarkeit der §§ 38, 39 InvG

Im Folgenden ist zu klären, ob die Ausstiegslösung über §§ 38, 39 InvG auch auf die Beendigung eines Teilfonds einer Investmentaktiengesellschaft entsprechend angewandt werden kann.

Aufgrund der Definition des Begriffs Teilfonds in § 34 Abs. 2 Satz 2 InvG ist ein Teilfonds ein Sondervermögen, das mit anderen Sondervermögen (Teilfonds) unter einer Umbrella-Konstruktion zusammengefasst worden ist. Damit steht zumindest fest, dass der Teilfonds unter der Umbrella-Konstruktion eines herkömmlichen Sondervermögens über die Regelungen der §§ 38 und 39 InvG aufgelöst und abgewickelt werden kann.

Auf den Teilfonds einer Investmentaktiengesellschaft sind die Vorschriften über herkömmliche Sondervermögen jedoch nur dann entsprechend anwendbar, wenn sie ausdrücklich im Katalog des § 99 Abs. 3 InvG genannt werden. Dies ist mit Blick auf §§ 38, 39 InvG nicht der Fall.

Hier wird der Unterschied zwischen einem Investmentvermögen in Vertragsform und einem solchen in Satzungsform besonders deutlich. Im Falle einer Beteiligung an einer Investmentaktiengesellschaft, besteht gerade kein Verwaltungsverhältnis zwischen Anleger und Gesellschaft. Der Aktionär ist vielmehr unmittelbar als Gesellschafter an der Investmentaktiengesellschaft beteiligt. Damit besteht auch an kein Verwaltungsvertrag zwischen Aktionär und Investmentaktiengesellschaft, der gemäß §§ 38, 39 InvG gekündigt werden könnte. Folglich verweist § 99 Abs. 3 InvG zu Recht nicht auf die Vorschriften über die Beendigung eines Sondervermögens.

## V. Die Beendigung eines Teilfonds nach Aktienrecht

Eine ausdrückliche Regelung über die Auflösung eines Teilfonds einer Investmentaktiengesellschaft ist jedoch dann nicht erforderlich, wenn sich über § 99

---

[356] § 39 Abs. 2 InvG. dazu, *Schödermeier/Baltzer,* in Brinkhaus/Scherer (Hrsg.), Gesetz über Kapitalanlagegesellschaften und Auslandinvestmentgesetz, 2003, § 14 KAGG, Rn. 5.

Abs. 1 InvG im allgemeinen Aktienrecht eine Lösung für dieses Problem findet.[357]

Es bedarf damit einer aktienrechtlichen Vorschrift, die es einer Investmentaktiengesellschaft ermöglicht, alle im Umlauf befindlichen Aktien eines Teilfonds einzuziehen. Ferner sollte dieser Beschluss vom Vorstand gefasst werden können, um in Gleichlauf mit § 104 Satz 1 InvG die mit dem zeitaufwändigen Prozedere eines Hauptversammlungsbeschlusses einhergehenden Probleme vermeiden zu können.

Gemäß § 237 Abs. 1 und Abs. 6 AktG können Aktien zwangsweise vom Vorstand eingezogen werden, wenn eine solche Zwangseinziehung in der ursprünglichen Satzung oder durch eine Satzungsänderung gestattet ist. Eine solche Satzungsregelung wird als angeordnete Zwangseinziehung bezeichnet.[358] Die Satzungsregelung muss hierbei die Voraussetzungen der Zwangseinziehung so genau bestimmen, dass sich die Entscheidung über die Zwangseinziehung auf die Feststellung dieser Voraussetzungen beschränkt; ein Entscheidungsspielraum des Beschlussorgans darf nicht bestehen.[359] Der Hauptversammlungsbeschluss ist in diesem Fall entbehrlich, weil die Willensbildung bereits bei der Feststellung bzw. der Änderung der Satzung in vollem Umfang erfolgt ist.[360]

Das Bestimmtheitsgebot des § 237 Abs. 1 Satz 2 AktG dient im Falle einer Investmentaktiengesellschaft hauptsächlich dem Anlegerschutz.[361] Die Aktionäre können die sachlichen Voraussetzungen und Grenzen – etwa die Höhe des Ab-

---

[357] Insoweit besteht Gleichlauf mit den luxemburgischen und den liechtensteinischen Investmentgesetzen.

[358] Die angeordnete Zwangseinziehung ist von der gestatteten Zwangseinziehung abzugrenzen. Bei Letzterer ist die Zwangseinziehung lediglich in der Satzung vorgesehen, ohne das Verfahren anzuordnen. *Hüffer*, AktG, 7. Auflage 2006, § 237 AktG, Rn. 15.

[359] *Hüffer*, AktG, 7. Auflage 2006, § 237 AktG, Rn. 10.

[360] Dazu ausführlich, *Oechsler*, in Münchener Kommentar zum Aktiengesetz, 2. Auflage 2001, § 237 AktG, Rn. 28.

[361] Ferner wird verhindert, dass der Vorstand in eine der Kernkompetenzen der Hauptversammlung der Kapitalherabsetzung im Sinne von § 119 Abs. 1 Nr. 6 AktG, hineinregiert. Dieser Kompetenz kommt aufgrund des veränderlichen Grundkapitals eine wesentlich geringere Bedeutung zu. *Oechsler*, in Münchener Kommentar zum Aktiengesetz, 2. Auflage 2001, § 237 AktG, Rn. 28.

findungsentgelts – unter denen ihre Mitgliedschaft durch die Einziehungsbefugnis einziehbar ist, beim Erwerb der Aktien erkennen.[362]

Bestimmt genug ist beispielsweise eine Satzungsregelung, nach der alle Aktien einer Aktiengattung zu einem festen Termin gegen Abfindung in Höhe eines bestimmten Entgelts eingezogen werden.[363]

Soll in die Satzung einer Investmentaktiengesellschaft eine Regelung aufgenommen werden, die es dem Vorstand ermöglicht, einen Teilfonds im Fall einer besonders schlechten Wertentwicklung zu beenden, so könnte ein „Schwellenwert" ein objektiv nachvollziehbares und damit taugliches Kriterium i.S.v. § 237 Abs. 1 Satz 2 AktG sein. Die Satzung einer Investmentaktiengesellschaft könnte für dieses Szenario beispielsweise folgende Regelung enthalten:

*Die Aktien des Teilfonds A werden eingezogen, wenn der auf den Teilfonds A entfallende Anteil des Gesellschaftsvermögens weniger als EUR 10.000 beträgt.*[364]

*Die Aktien des Teilfonds A werden eingezogen, wenn der anteilige Nettoinventarwert der einzelnen Aktie des Teilfonds A innerhalb von 20 Handelstagen der Frankfurter Wertpapierbörse an fünf dieser Handelstage den Betrag von EUR 15 unterschreitet.*

Zusätzlich wären Regelungen über den Zeitpunkt der Einziehung und der Höhe[365] der Abfindung erforderlich. Da es sich bei der Investmentaktiengesellschaft um eine Anlagegesellschaft handelt, ist die Abfindung mit Blick auf § 105 Abs. 3 Satz 1 InvG auf den anteiligen Nettoinventarwert festzusetzen. Eine andere Regelung ist mit den investmentrechtlichen Vorgaben und dem Anlagerschutz nicht vereinbar. Als Zeitpunkt der Einziehung könnte etwa der dritte Handelstag an der Frankfurter Börse nach Eintritt des die Einziehung auslösenden Ereignisses gewählt werden.

---

[362] *Oechsler,* in Münchener Kommentar zum Aktiengesetz, 2. Auflage 2001, § 237 AktG, Rn. 28.

[363] *Oechsler,* in Münchener Kommentar zum Aktiengesetz, 2. Auflage 2001, § 237 AktG, Rn. 29.

[364] Diese Formulierung wurde in Anlehnung an Art. 30 Abs. 1 OGAG gewählt.

[365] Dazu, *Oechsler,* in Münchener Kommentar zum Aktiengesetz, 2. Auflage 2001, § 237 AktG, Rn. 62 ff.

## VI. Zusammenfassung

Grundsätzlich ist es für einen Initiator bereits im Zeitpunkt der Gründung vorhersehbar, wie hoch das auf einen Teilfonds entfallende Gesellschaftsvermögen mindestens sein muss, damit der Teilfonds, insbesondere mit Blick auf die Anlegerinteressen – sinnvoll verwaltet werden kann. Folglich bietet das aktuelle Gesellschaftsrecht dem Initiator einer Investmentaktiengesellschaft über § 237 Abs. 1 und 6 AktG die grundsätzliche Möglichkeit, für den Fall der Unrentabilität eines Teilfonds dessen Auflösung durch Zwangseinziehung der ihn verkörpernden Aktien aufzulösen. Dennoch sollten im Rahmen der Überarbeitung des Investmentgesetzes konkrete Regelungen für die Auflösung eines Teilfonds einer Investmentaktiengesellschaft aufgenommen werden. Hierbei ist zu beachten, dass der Auflösung des Teilfonds einer Investmentaktiengesellschaft und der Auflösung des Teilfonds eines Sondervermögens unterschiedliche Rechtsbeziehungen zu Grunde liegen.

Mit Blick auf § 104 Satz 1 InvG sollte in Betracht gezogen werden, ob als *lex specialis* zu § 237 Abs. 1 und 6 AktG dem Vorstand einer Investmentaktiengesellschaft ein gewisser Entscheidungsspielraum für die Auflösung eines Teilfonds *de lege ferenda* eingeräumt werden sollte. Das Aktionärsinteresse kann mit einem angemessenen Abfindungsentgelt gewahrt werden. Dieses hat grundsätzlich dem anteiligen Nettoinventarwert im Zeitpunkt des die Auflösung begründenden Ereignisses zu entsprechen. Ferner wäre es mit Blick auf die Zwangslage unbillig, wenn die Aktionäre die Kosten der Zwangseinziehung zu tragen hätten. Ein Transaktionskostenabschlag sollte folglich nicht in Abzug gebracht werden dürfen.

# 7. Kapitel: Auslagerung

Zur Stärkung ihrer Wettbewerbsfähigkeit sind in den vergangenen Jahren immer mehr Kredit- und Finanzdienstleistungsinstitute dazu übergegangen, gewisse Unternehmensfunktionen und -prozesse durch die Beauftragung externer Dienstleister zu optimieren. Aus eben diesen Gründen ist auch für eine Investmentaktiengesellschaft mit veränderlichem Kapital die Auslagerung[366] von Unternehmensbereichen auf Dritte von besonderem Interesse. Im Übrigen kann das Outsourcing als ein Wesensmerkmal der Investmentaktiengesellschaft bezeichnet werden. Als Investmentvermögen ist es das vornehmliche Ziel einer Investmentaktiengesellschaft, Gewinne für die Aktionäre zu erwirtschaften und das Gesellschaftsvermögen zu vermehren. Dies ist auch der vom Gesetzgeber in §§ 96 Abs. 2 Satz 2, 2 Abs. 5 InvG vorgegebene und in der Satzung festzulegende Unternehmensgegenstand einer Investmentaktiengesellschaft.[367] Oftmals werden einzelne Tätigkeiten in Abhängigkeit von der konkreten Ausgestaltung der Gesellschaft einen so geringen Aufwand verursachen, dass es wesentlich effektiver und kostengünstiger ist, diese Tätigkeit außer Haus von einem spezialisierten Dienstleister erbringen zu lassen. So kann beispielsweise das Portfolio der Investmentaktiengesellschaft bei entsprechenden Anlagegrundsätzen, etwa wenn diese einen Index nachbilden, lediglich einen geringen Vermögensverwaltungsaufwand auslösen. In einem solchen Fall wäre es den Interessen der Anleger wenig förderlich, wenn eine Investmentaktiengesellschaft im Personal einen eigenen Vermögensverwalter vorhalten müsste. Andererseits ist es auch denkbar, dass eine Tätigkeit – etwa die Führung des Aktienregisters im Falle von Namensaktien – so aufwändig ist, dass es auch hier kostengünstiger ist, die Tätigkeit auf einen entsprechend spezialisierten Dienstleister auszulagern, als entsprechend kostenintensives Personal vorzuhalten. Neben einer erfolgreichen Vermögensverwaltung sind eine schmale Gesellschaftsstruktur und die mit ihr

---

[366] Nach dem Auslagerungsrundschreiben des ehemaligen Bundesamtes für die Kreditwesenaufsicht (heute: BaFin) liegt eine Auslagerung von Geschäftsbereichen im Sinne von § 25a Abs. 2 KWG vor, wenn eine Investmentaktiengesellschaft ein anderes Unternehmen (Auslagerungsunternehmen) damit beauftragt, auf Dauer oder zumindest auf längere Zeit eine für die Geschäftstätigkeit des Instituts wesentliche Tätigkeit oder Funktion (Dienstleistung) wahrzunehmen. Ausführlich zu Begriff der Auslagerung: *Braun*, in Boos/Fischer/Schulte-Mattler (Hrsg.), Kreditwesengesetz 2004, § 25a KWG, Rn. 563 ff.

[367] § 96 Abs. 2 Satz 2 InvG.

verbundenen geringen Verwaltungskosten Grundvoraussetzungen für eine wirtschaftlich erfolgreiche Investmentaktiengesellschaft.

## A.  Die Vorgaben der OGAW-Richtlinie

Die OGAW-Richtlinie beinhaltet für den rechtlichen Rahmen der Übertragung von Tätigkeiten durch ein richtlinienkonformes Investmentvermögen konkrete Vorgaben.[368] Für eigenverwaltete, richtlinienkonforme Investmentaktiengesellschaften finden gemäß Art. 13b Abs. 1 OGAW-RiLi die Voraussetzungen des Art. 5g OGAW-RiLi entsprechende Anwendung. Bei diesen Anforderungen handelt es sich um keine speziellen Regelungen für Investmentaktiengesellschaften. Vielmehr gelten diese Vorgaben gleichermaßen für Kapitalanlagegesellschaften als die eigentlichen Verwaltungsgesellschaften im Sinne des Art. 5g Abs. 1 OGAW-RiLi.

Im Folgenden wird der Wortlaut des Art. 5g Abs. 1 OGAW-RiLi bei einer entsprechenden Anwendung auf eine Investmentaktiengesellschaft wiedergegeben. Da es sich bei den Anforderungen an eine zulässige Auslagerung um keine spezifischen Regelungen für Investmentaktiengesellschaften handelt, wird der Vollständigkeit halber in den entsprechenden Fußnoten auf deren Umsetzung ins deutsche Kapitalanlagerecht verwiesen:

*Gestatten die Mitgliedstaaten den Investment(aktien)gesellschaften, eine oder mehrere ihrer Aufgaben zum Zwecke einer effizienten Geschäftsführung an Dritte zu übertragen, die diese Aufgaben für sie wahrnehmen, so müssen die folgenden Voraussetzungen erfüllt sein:*

*a) Die zuständigen Behörden sind in geeigneter Form davon zu unterrichten;[369]*

*b) der Auftrag darf die Wirksamkeit der Beaufsichtigung der Investment(aktien)gesellschaft in keiner Weise beeinträchtigen; insbesondere darf er weder die Invest-*

---

[368]  Vg. *Dietrich*, Outsourcing bei Kapitalgesellschaften, S. 165 ff.

[369]  § 25a Abs. 2 Satz 3 KWG. Weitere Einzelheiten sind in § 20 Anzeigenverordnung („AnzVO") geregelt. Dazu, *Gawanke*, in Boos/Fischer/Schulte-Mattler (Hrsg.), Kreditwesengesetz, 2. Auflage 2004, S. 1977 ff.

*ment(aktien)gesellschaft daran hindern, im Interesse ihrer Anleger zu handeln, noch darf er verhindern, dass der OGAW im Interesse der Anleger verwaltet wird;*[370]

c) *wenn die Übertragung die Anlageverwaltung betrifft, so darf der Auftrag nur Unternehmen erteilt werden, die für die Zwecke der Vermögensverwaltung zugelassen oder eingetragen sind und einer Aufsicht unterliegen; die Übertragung muss mit den von der Investment(aktien)gesellschaft regelmäßig festgelegten Vorgaben für die Verteilung der Anlagen in Einklang stehen;*[371]

d) *wenn der Auftrag die Anlageverwaltung betrifft und einem Drittlandsunternehmen erteilt wird, so muss die Zusammenarbeit zwischen den betroffenen Aufsichtsbehörden sichergestellt sein;*[372]

e) *der Verwahrstelle oder anderen Unternehmen, deren Interessen mit denen der Investment(aktien)gesellschaft oder der Anteilinhaber kollidieren können, darf kein Auftrag für die Hauptdienstleistung der Anlageverwaltung erteilt werden;*[373]

f) *es sind Maßnahmen zu ergreifen, die die Personen, die die Geschäfte der Investment(aktien)gesellschaft führen, in die Lage versetzen, die Tätigkeit des Unternehmens, dem der Auftrag erteilt wurde, jederzeit wirksam zu überwachen;*[374]

g) *der Auftrag hindert die Person, die die Geschäfte der Investment(aktien)gesellschaft führt, nicht daran, dem Unternehmen, dem die Aufgaben übertragen wurden, jederzeit*

---

[370] § 16 Abs. 1 InvG i.V.m. § 25a Abs. 2 Satz 1 KWG. Wenngleich die Richtlinie vom „Interesse der Anleger der Investment(aktien)gesellschaft" spricht, ist das Verhältnis von Aktionär und Investmentaktiengesellschaft nicht als Treuhänderschaft zu verstehen. Denn gemäß Art. 13b Abs. 2 OGAW-RiLi darf eine Investmentaktiengesellschaft nur eigenes Vermögen verwalten.

[371] § 16 Abs. 2 Satz 1 und 2 InvG.

[372] § 16 Abs. 2 Satz 1 InvG. Vorliegend besteht keine spezifische Regelung für die Auslagerung einer Tätigkeit auf einen Dienstleister mit Sitz in einem Drittstaat. Allerdings räumt die Richtlinie den Mitgliedstaaten wohl einen Umsetzungsspielraum für die Frage ein, ob eine Auslagerung auch auf ein Drittstaatunternehmen erfolgen kann. Jedenfalls genügt die abstrakt generelle Formulierung „einer wirksamen öffentlichen Aufsicht unterliegt" im Ergebnis den Anforderungen der Richtlinie.

[373] § 16 Abs. 2 Satz 3 InvG.

[374] § 25a Abs. 2 Satz 1 KWG.

*weitere Anweisungen zu erteilen oder den Auftrag mit sofortiger Wirkung zu entziehen, wenn dies im Interesse der Anleger ist;[375]*

h) *unter Berücksichtung der Art der zu übertragenden Aufgaben muss das Unternehmen, dem diese Aufgaben übertragen werden, über die entsprechende Qualifikation verfügen und in der Lage sein, die betreffenden Aufgaben wahrzunehmen; und[376]*

i) *in den OGAW-Prospekten sind die Aufgaben aufzulisten, für deren Übertragung die Investment(aktien)gesellschaft eine Genehmigung erhalten hat.[377]*

Die Anforderungen des Art. 5g Abs. 1 OGAW-RiLi werden durch Art. 5g Abs. 2 OGAW-RiLi ergänzt. Die Regelung des Art. 5g Abs. 2 OGAW-RiLi ist für eine Investmentaktiengesellschaft mit veränderlichem Kapital wie folgt zu lesen:

*Auf keinen Fall wird die Haftung der Investment(aktien)gesellschaft und der Verwahrstelle durch die Tatsache berührt, dass die Investment(aktien)gesellschaft eigene Aufgaben auf Dritte übertragen hat;[378] ferner darf die Investment(aktien)gesellschaft ihre Aufgaben nicht in einem Umfang übertragen, der sie zu einer Briefkastenfirma werden lässt.[379]*

Die beiden Absätze des Art. 5g OGAW-RiLi spiegeln das durch das Outsourcing entstehende Spannungsverhältnis besonders deutlich wider. So ist eine Investmentaktiengesellschaft einerseits gemäß Art. 5g Abs. 1 OGAW-RiLi im Interesse des Anlegers auf effektive Auslagerungslösungen angewiesen, um die Gesamtkosten der Struktur so gering wie möglich zu halten. Andererseits darf

---

[375] § 25a Abs. 2 Satz 2 KWG. Dazu ausführlich im 7. Kapitel.

[376] Für Art. 5g Abs. 1 lit. h) OGAW-RiLi findet sich im Kapitalanlagerecht keine ausdrückliche Regelung. Allerdings gehört die Auswahl eines entsprechend qualifizierten Dienstleisters mit den erforderlichen professionellen Fähigkeiten zu den allgemeinen Grundsätzen einer ordnungsgemäßen Geschäftsführung und ergänzen und konkretisieren die Anforderungen an eine ordnungsgemäße Organisation, die der Gesetzgeber im Kern in § 25a Abs. 1 KWG normiert hat. *Braun*, in Boos/Fischer/Schulte-Mattler (Hrsg.), Kreditwesengesetz, 2. Auflage 2004, § 25a KWG, Rn. 615 f.; Auslagerungsrundschreiben 11/2001 der BaFin, Rn. 2.

[377] § 16 Abs. 4 InvG.

[378] § 16 Abs. 3 InvG.

[379] Das Briefkastenverbot wird gemäß § 25a Abs. 2 Satz 1 KWG durch den Verbleib der Steuerungs- und Kontrollmöglichkeiten beim Vorstands der Investmentaktiengesellschaft gewährleistet. Ausführlich hierzu im 7. Kapitel.

eine Investmentaktiengesellschaft nach Art. 5g Abs. 2 OGAW-RiLi nicht zu einer Briefkastengesellschaft werden.

**B.    Der rechtliche Rahmen einer Auslagerung**

Die Vorgaben der OGAW-Richtlinie an eine richtlinienkonforme Auslagerung sind im Rahmen des Investmentmodernisierungsgesetzes in § 16 InvG i.V.m. § 25a KWG[380] umgesetzt worden.[381] Gemäß § 99 Abs. 3 InvG findet § 16 InvG auch auf Investmentaktiengesellschaften entsprechende Anwendung. Da das Investmentgesetz für die Frage der Auslagerung nicht zwischen richtlinienkonformen und nicht-richtlinienkonformen Investmentaktiengesellschaften unterscheidet, gelten für beide Varianten die gleichen Anforderungen an eine zulässige Auslagerung.

Somit darf eine Investmentaktiengesellschaft nach § 16 Abs. 1 InvG unter den Voraussetzungen des § 25a KWG eigene Tätigkeiten auslagern, wenn diese Auslagerung die Investmentaktiengesellschaft nicht daran hindert, im Interesse ihrer Aktionäre zu handeln.[382] Aufgrund der entsprechenden Anwendung des

---

[380]   Ausweislich des erklärten Willens des Gesetzgebers des Investmentänderungsgesetzes qualifizieren Kapitalanlagegesellschaften und Investmentaktiengesellschaften künftig als Gesellschaften *sui generis*. Als Folge finden die Regelungen des Kreditwesengesetzes und damit auch § 25a KWG in Zukunft keine Anwendung auf Auslagerungssachverhalte einer Investmentaktiengesellschaft. Auslagerungssachverhalte sind in Zukunft grundsätzlich in § 16 InvG abschließend geregelt. Aufgrund der Übergangsregelungen in § 146 InvG n.F. kann das alte Investmentrecht jedoch noch bis zum 1. Juli 2010 auf bestehende Investmentaktiengesellschaften Anwendung finden. Die Regelung des § 25a KWG wurde im Zuge des sechsten Gesetzes zur Änderung des Gesetzes über das Kreditwesengesetz (6. KWG-Novelle) gemäß Bekanntmachung vom 28. Oktober 1997 (BGBl. I S. 2518) in das Kreditwesengesetz aufgenommen. Allerdings erfolgte lediglich die Aufnahme des § 25a Abs. 1 KWG in Umsetzung der Wertpapierdienstleistungsrichtlinie. Die Regelungen des § 25a Abs. 2 KWG hatten ursprünglich keinen europarechtlichen Hintergrund. *Braun*, in Boos/Fischer/Schulte-Mattler (Hrsg.), Kreditwesengesetz, 2. Auflage 2004, § 25a KWG, Rn. 6; *Zerwas*, WM 1998, 1111.

[381]   In Umsetzung von Art. 5g der OGAW-RiLi stellt § 16 Abs. 1 InvG klar, dass Kapitalanlagegesellschaften (und über § 99 Abs. 3 InvG auch Investmentaktiengesellschaften) Tätigkeiten auslagern dürfen. BT-Drucks. 15/1553 S. 82.

[382]   Bei näherer Betrachtung erweist sich der Wortlaut des § 25a KWG mit Blick auf eine Investmentaktiengesellschaft als ungenau. Denn von der gesetzlichen Idee her besteht zwischen dem „Interesse der Aktionäre" und dem „Interesse der Investmentaktiengesellschaft" völliger Gleichlauf. Gemäß § 96 Abs. 2 Satz 2 InvG ist es das Ziel der Gesellschaft Gewinne für die Aktionäre zu erzielen. Dies ist auch das Ziel eines klassischen Aktionärs einer Investmentaktiengesellschaft, da er an den anderen Teilhaberrechten, insbe-

§ 25a KWG ist davon auszugehen, dass eine Investmentaktiengesellschaft im Falle einer Auslagerung weiterhin zur Wahrnehmung der Interessen ihrer Aktionäre in der Lage ist, wenn weder die Ordnungsmäßigkeit der erbrachten Finanzdienstleistungen (§ 25a Abs. 2 Satz 1 KWG), noch die Steuerungs- und Kontrollmöglichkeiten der Geschäftsleitung (§ 25a Abs. 2 Satz 1 KWG), noch die Prüfungsrechte und Kontrollmöglichkeiten der BaFin beeinträchtigt werden (§ 25a Abs. 2 Satz 1 KWG), die Investmentaktiengesellschaft sich insbesondere die erforderlichen Weisungsbefugnisse im Auslagerungsvertrag zusichern lässt (§ 25a Abs. 2 Satz 2 1. Halbsatz KWG) und die ausgelagerten Bereiche in das interne Kontrollverfahren der Investmentaktiengesellschaft einbezogen werden (§ 25a Abs. 2 Satz 2 2. Halbsatz KWG).

## C. Das Auslagerungsrundschreiben

Um den Kredit- und Finanzdienstleistungsinstituten die Umsetzung der Anforderungen des § 25a Abs. 2 KWG zu erleichtern, wurde vom Bundesaufsichtsamt für das Kreditwesen[383] das Rundschreiben 11/2001 betreffend Auslagerung von Bereichen auf ein anderes Unternehmen veröffentlicht.[384] Auch für eine Investmentaktiengesellschaft sind die wesentlichen Anforderungen an eine gesetzeskonforme Auslagerung in § 25a Abs. 2 KWG geregelt. Damit findet das Rundschreiben grundsätzlich auch auf Auslagerungssachverhalte einer Investmentaktiengesellschaft Anwendung.

Nach dem Rundschreiben liegt, mit Blick auf eine Investmentaktiengesellschaft, eine Auslagerung von Geschäftsbereichen i. S. v. § 25a Abs. 2 KWG vor, wenn diese ein anderes Unternehmen[385] („Auslagerungsunternehmen") damit beauf-

---

sondere an der Ausübung von Leitungsmacht, grundsätzlich kein Interesse hat. Auch die Richtlinie spricht in Art. 13b Abs. 1 OGAW-RiLi i.V.m. Art. 5g Abs. 1 lit. b) OGAW-RiLi vom Interesse der Anleger.

[383] Heute: Bundesanstalt für Finanzdienstleistungsaufsicht.

[384] Das Auslagerungsrundschreiben 11/2001 ist im Internet unter http://www.bafin.de/rundschreiben/93_2001/rs11_01.htm veröffentlicht. Allgemeine Ausführung zur aufsichtsrechtlichen Zulässigkeit einer Auslagerung finden sich bei *Braun*, in Boos/Fischer/Schulte-Mattler (Hrsg.), Kommentar zum Kreditwesengesetz, 2. Auflage 2004, § 25a KWG, Rn. 550 ff.

[385] Auslagerungsrundschreiben 11/2001, Tz. 9. Als anderes Unternehmen (Auslagerungsunternehmen) ist jede andere Stelle, Einheit oder Person anzusehen, die in Bezug auf die ausgelagerte Funktion oder Tätigkeit nicht dem auslagernden Institut zuzurechnen und

tragt, auf Dauer oder zumindest auf längere Zeit eine für die Geschäftstätigkeit der Investmentaktiengesellschaft wesentliche Tätigkeit oder Funktion wahrzunehmen.[386] Ein wesentlicher Bereich im Sinne des § 25a Abs. 2 KWG umfasst Funktionen und Tätigkeiten, die unmittelbar für die Durchführung und Abwicklung der von der Investmentaktiengesellschaft erbrachten Finanzdienstleistungen[387] notwendig sind und gleichzeitig bankaufsichtsrechtlich relevante Risiken, insbesondere Markt-, Kredit-, Ausfall-, Abwicklungs-, Liquiditäts- und Reputationsrisiken sowie operationelle und rechtliche Risiken für die Investmentaktiengesellschaft begründen oder sie nachhaltig beeinflussen können. Wesentlich sind auch die Bereiche, die der Erfassung, der Analyse, der Begrenzung, der Überwachung, der Steuerung und der Kontrolle der Risiken von Finanzdienstleistungen im Sinn von § 25a Abs. 1 Nr. 1 KWG dienen. Hierzu zählen auch diejenigen Bereiche, die eine Investmentaktiengesellschaft haben muss, um den organisatorischen Mindestanforderungen nach § 25a Abs. 1 Nr. 2 KWG zu genügen und gemäß § 25a Abs. 1 Nr. 3 KWG eine lückenlose Aufsicht durch die Bundesanstalt zu gewährleisten.[388]

Nach der Verwaltungspraxis der Aufsichtsbehörde kann eine Investmentaktiengesellschaft grundsätzlich jede Tätigkeit auf einen externen Dienstleister übertragen, sofern durch die Auslagerung weder die Ordnungsmäßigkeit der erbrachten Finanzdienstleistungen, noch die Steuerungs- und Kontrollmöglichkeiten der

---

organisatorisch von ihm abgegrenzt ist, ohne dass es auf die Kaufmannseigenschaft, Rechtsfähigkeit oder Rechtsform ankommt.

[386] Auslagerungsrundschreiben 11/2001, Tz. 8. Eine auch räumliche Trennung des ausgelagerten Bereichs von den organisatorisch im Institut verbleibenden Funktionseinheiten erfordert der Tatbestand der Auslagerung nicht. Unerheblich ist auch, ob die Tätigkeit oder Funktion bisher von dem Institut selbst erbracht wurde oder ob das Institut sie erst zukünftig von dem Auslagerungsunternehmen beziehen will.

[387] Da eine Investmentaktiengesellschaft gemäß § 96 Abs. 2 Satz 2 InvG lediglich ihre eigenen Mittel verwaltet, kommt als Finanzdienstleistung nur die Anlagevermittlung nach § 1 Abs. 1a Satz 2 Nr. 1 KWG in Betracht.

[388] Auslagerungsrundschreiben 11/2001, Tz. 10 f. Als unwesentlich im Sinne des § 25a Abs. 2 KWG sind demgegenüber alle die Bereiche einzustufen, die keine bankaufsichtsrechtlich relevanten Risiken begründen und die bei einer Auslagerung nicht dazu führen können, dass die Ordnungsmäßigkeit der Geschäfte, die Steuerungs- und Kontrollmöglichkeiten der Geschäftsleitung sowie die Prüfungs- und Kontrollrechte des Bundesaufsichtsamtes beeinträchtigt werden, mögen auch einzelne Tätigkeiten einen sachlichen Bezug zu Bankgeschäften oder Finanzdienstleistungen aufweisen und/oder für die Funktionsfähigkeit einer Investmentaktiengesellschaft insgesamt wichtig sein.

Geschäftsleitung, noch die Prüfungsrechte und Kontrollmöglichkeiten der BaFin beeinträchtigt werden.[389]

Gemäß dem Rundschreiben liegt eine entsprechende Beeinträchtigung bei jenen Auslagerungslösungen vor, die dazu führen, dass die von einer Investmentaktiengesellschaft nach § 99 Abs. 2 InvG i.V.m. § 25a Abs. 1 KWG zwingend verlangten Mindestanforderungen an eine ordnungsgemäße Geschäftsorganisation als auch das in § 99 Abs. 2 InvG i.V.m. § 32 Abs. 1 Satz 1 KWG vorausgesetzte Bestehen eines in kaufmännischer Weise eingerichteten Geschäftsbetriebs nicht mehr bejaht werden können. Gemäß dem Rundschreiben ist insbesondere die Auslagerung zentraler Leitungsfunktionen mit der Pflicht zur eigenverantwortlichen Unternehmensleitung unvereinbar.[390] Mit Blick auf § 99 Abs. 1 InvG i.V.m. § 76 Abs. 1 AktG und den hier für (Investment-)Aktiengesellschaften konkret verankerten Grundsatz der eigenverantwortlichen Geschäftsleitung durch den Vorstand wäre eine solche Auslagerung bereits nach allgemeinen aktienrechtlichen Grundsätzen unzulässig.[391] Nicht auslagerbar sind deshalb alle Maßnahmen der Unternehmensplanung, -organisation, -steuerung und -kontrolle als originäre Leitungsaufgaben des Vorstands einer Investmentaktiengesellschaft.[392]

Ferner führt die Bundesanstalt unter Textziffer 17 des Auslagerungsrundschreibens aus:

*Unter dem Gesichtspunkt des Erfordernisses einer ordnungsgemäßen Geschäftsorganisation i. S. v. § 25a Abs. 1 Nr. 2 KWG unzulässig sind ferner Auslagerungslösungen, bei denen die Gesamtheit der in der Einzelbetrachtung zulässigerweise ausgelagerten Bereiche die im Institut [in der Investmentaktiengesellschaft] verbleibenden Bereiche an Umfang und Bedeutung deutlich übertreffen. Ob ein solches Missverhältnis besteht, ist unter Berücksichtigung der dem Institut [der Investmentaktiengesellschaft] erteilten Erlaubnis, gegebenenfalls zu beachtender spezialgesetzlicher Anforderungen und dem Umfang und den Eigenarten der betriebenen Bankgeschäfte und erbrachten Finanz-*

---

[389] Auslagerungsrundschreiben 11/2001, Tz. 12.
[390] Auslagerungsrundschreiben 11/2001, Tz..13.
[391] Hierzu ausführlich, *Raiser/Veil*, Recht der Kapitalgesellschaften, 4. Auflage 2006, S. 139 ff.; *Hefermehl/Spindler* in Münchener Kommentar zum Aktiengesetz, 2. Auflage 2004, § 76 AktG, Rn. 18f.
[392] Auslagerungsrundschreiben 11/2001, Tz. 13. Allgemein zur Aktiengesellschaft, *Hefermehl/Spindler* in Münchener Kommentar zum Aktiengesetz, 2. Auflage 2004, § 76 AktG, Rn. 18f.

*dienstleistungen zu beurteilen. Es wird in der Regel zu bejahen sein, wenn das Institut [die Investmentaktiengesellschaft] über keine nennenswerten eigenen sachlich und personell hinreichend ausgestatteten Unternehmenseinheiten (mehr) verfügt oder sämtliche die Erlaubnispflicht begründende Aktivitäten durch Dritte durchführen und abwickeln lässt bzw. abwickeln lassen möchte. Das Bundesaufsichtsamt [die BaFin] wird in Bezug auf die Auslagerung einzelner Geschäftsbereiche Erleichterungen insbesondere bei kleineren Instituten unter Berücksichtigung der individuellen Geschäftsausrichtung prüfen.*[393]

Die Textziffer 17 des Rundschreibens wirft die Frage auf, ob eine Investmentaktiengesellschaft dogmatisch in den Anwendungsbereich des § 25a Abs. 2 KWG passt. Im Rahmen einer entsprechenden Anwendung auf eine Investmentaktiengesellschaft ist § 25a Abs. 2 KWG wie folgt zu lesen:

*Die Auslagerung von Bereichen auf ein anderes Unternehmen, die für die Durchführung der (Bankgeschäfte oder) Finanzdienstleistungen wesentlich sind, darf weder die Ordnungsmäßigkeit dieser Geschäfte oder Dienstleistungen, noch die Steuerungs- und Kontrollmöglichkeiten der Geschäftsleitung, noch die Prüfungsrechte und Kontrollmöglichkeiten der Bundesanstalt beeinträchtigen. Die Investmentaktiengesellschaft hat sich insbesondere die erforderlichen Weisungsbefugnisse vertraglich zu sichern und die ausgelagerten Bereiche in seine internen Kontrollverfahren einzubeziehen. Die Investmentaktiengesellschaft hat die Absicht der Auslagerung sowie ihren Vollzug der Bundesanstalt und der Deutschen Bundesbank unverzüglich anzuzeigen.*

In der abstrakten Norm des § 25a Abs. 2 KWG findet sich die Umsetzung der Vorgaben des Art. 5g Abs. 1 lit. a), lit. b), lit. f) und lit. g) OGAW-RiLi. Eine separate Regelung im Investmentgesetz oder etwa in einer Erweiterung des § 16 InvG war nicht erforderlich. Der deutsche Gesetzgeber konnte folglich auf § 25a Abs. 2 KWG zurückgreifen.

Trotz des Gleichlaufs der Regelungen des § 25a Abs. 2 KWG und der Anforderungen der OGAW-Richtlinie ist vorliegend zu berücksichtigen, dass das Auslagerungsrundschreiben zu einer Zeit erging, als der Investmentaktiengesellschaft die Auslagerung von Tätigkeiten durch eine Investmentaktiengesellschaft noch nicht ausdrücklich im Gesetz geregelt war und sich das Auslagerungsrundschreiben damit ausschließlich an klassische Kredit- und Finanzdienstleistungs-

---

[393] Auslagerungsrundschreiben 11/2001, Tz. 17; [Einfügungen durch den Verfasser].

institute richtete.[394] Die aufgeworfene Frage ist somit dahingehend zu präzisieren, ob die Investmentaktiengesellschaft *dogmatisch* in den Anwendungsbereich des zu § 25a Abs. 2 KWG ergangenen Auslagerungsrundschreibens passt.

Insbesondere das in Textziffer 17 aufgenommene Erfordernis, dass die Gesamtheit der ausgelagerten Bereiche die in der Investmentaktiengesellschaft verbleibenden Bereiche an Umfang und Bedeutung nicht deutlich übertreffen darf, steht im Widerspruch zum grundsätzlichen Bedürfnis einer Investmentaktiengesellschaft nach effektiven Auslagerungsmöglichkeiten.

Im Wesentlichen spaltet sich die Tätigkeit einer Investmentaktiengesellschaft in die folgenden Bereich auf:

- **Portfolioverwaltung**

- **Vertrieb**

- **Allgemeine Verwaltungsleistungen** (Buchhaltung, Controlling, Personal, Compliance, Interne Revision, Geldwäsche, Finanzen, Jahresabschlusserstellung, Marketing, laufende Deklarationsberatung, Abstimmungen mit dem Abschlussprüfer im Rahmen der Jahresabschlussprüfung, Erstellung des Zwischenberichts gemäß § 111 Abs. 1 InvG, Investorenbetreuung, Begleitung von Außenprüfungen, Rechtsbehelfsverfahren, Bearbeitung steuerrechtlicher, bilanzrechtlicher und betriebswirtschaftlicher Fragestellungen, Bearbeitung ein- und ausgehender Post sowie der Vorbereitung von Vorstands- und Aufsichtsratssitzungen)

In Abhängigkeit von der konkreten Ausgestaltung kommt den Bereichen Portfolioverwaltung, Vertrieb und allgemeine Verwaltungsleistungen eine unterschiedliche Gewichtung zu. Handelt es sich beispielsweise um eine Investmentaktiengesellschaft, die eine komplizierte Anlagestrategie verfolgt und sich an eine Vielzahl von Anlegern wendet, die zusätzlich von Vertriebsmitarbeitern eingeworben werden sollen, so können Vermögensverwaltung und Vertrieb aufgrund der von diesen Unternehmensbereichen verursachten Kosten und sonstigem

---

[394] Auslagerungsrundschreiben 11/2001, Tz. 1. Die Auslagerung von Tätigkeiten war deshalb jedoch nicht unzulässig. Aufgrund des Begriffs der Unternehmen mit bankbezogenen Hilfsdiensten in § 1 Abs. 3c KWG wurde bereits vor der Einführung des § 25a KWG im Rahmen der Sechsten KWG-Novelle auf die Zulässigkeit von gewissen Auslagerungslösungen geschlossen. *Braun* in Boos/Fischer/Schulte-Mattler, Kreditwesengesetz, 2. Auflage 2004, § 25a KWG, Rn. 551.

Verwaltungsaufwand gemeinsam ein deutliches Übergewicht im Verhältnis zu den allgemeinen Verwaltungsleistungen bilden. Da eine Investmentaktiengesellschaft in der Regel jedoch bereits aus Kostengründen nicht ein Heer an Vertriebsmitarbeitern beschäftigen wird und die Portfolioverwaltung deshalb eventuell nicht selbst vornehmen kann und zusätzlich nicht vornehmen will, weil dies mit Blick auf § 96 Abs. 2 Satz 2 InvG zu hohe Kosten verursacht, kann sie bereits auf die Auslagerung der Bereiche Vermögensverwaltung und Vertrieb angewiesen sein, um ihren gesetzlichen Unternehmensgegenstand erfolgreich im Interesse der Anleger betreiben zu können.

Geht man einen Schritt weiter, so sind Szenarien denkbar, die die Auslagerung weiterer Aufgaben aus dem Bereich der allgemeinen Verwaltungsleistungen mit Blick auf Effizienz und Kostenstruktur erforderlich machen; wenn beispielsweise zusätzlich das gesamte *Back-Office* wesentlich kostengünstiger von einem spezialisierten Dienstleister geführt werden kann.

Das Wesen einer Investmentaktiengesellschaft als Investmentvermögen in Satzungsform und das damit einhergehende Erfordernis einer schlanken Struktur sind folglich mit den Anforderungen der Teilziffer 17 des Auslagerungsrundschreibens nicht vereinbar. Die jüngste Verwaltungspraxis hat jedoch gezeigt, dass auch die Bundesanstalt im Rahmen des gemäß § 97 Abs. 1 Satz 1 durchzuführenden aufsichtsrechtlichen Genehmigungsverfahrens nicht an der Teilziffer 17 festhält. Auch die BaFin vertritt damit in praxi die Auffassung, dass die Investmentaktiengesellschaft als Investmentvermögen auf effektive Auslagerungslösungen angewiesen ist, um ihren gesetzlichen Unternehmensgegenstand im Interesse der Kapitalanleger zu erfüllen. So wurde Investmentaktiengesellschaften eine Erlaubnis zum Geschäftsbetrieb nach § 97 Abs. 1 Satz 1 InvG erteilt, die Vermögensverwaltung, Vertrieb und einen wesentlichen Teil der allgemeinen Verwaltungsleistungen auf externe Dienstleister auslagern.

## I.   Briefkastenverbot

Eine weitgehende Auslagerung ist mit Blick auf das Briefkastenverbot jedoch nur möglich, wenn die Investmentaktiengesellschaft die Vorgaben des § 25a Abs. 2 KWG in den Auslagerungsverträgen entsprechend umsetzt. Dies ist gemäß § 25a Abs. 2 Satz 1 und 2 KWG dann der Fall, wenn weder die Ordnungsmäßigkeit der erbrachten Finanzdienstleistungen, noch die Steuerungs- und

Kontrollmöglichkeiten der Geschäftsleitung der Investmentaktiengesellschaft, noch die Prüfungsrechte und Kontrollmöglichkeiten der Bundesanstalt beeinträchtigt werden, die Investmentaktiengesellschaft sich die erforderlichen Weisungsbefugnisse hat vertraglich zusichern lassen und sie die ausgelagerten Bereiche in ihr internes Kontrollverfahren einbezogen hat.[395] Diese Anforderungen kann eine Investmentaktiengesellschaft trotz einer effektiven und weitgehenden Auslagerung bei einer entsprechenden Vertragsgestaltung erfüllen. Für die Einzelheiten kann auf die Textziffern 22 bis 46 des Auslagerungsrundschreibens 11/2001 verwiesen werden.

## II.  Zwischenergebnis

Das Auslagerungsrundschreiben kann grundsätzlich auch auf Auslagerungssachverhalte einer Investmentaktiengesellschaft angewendet werden. Es ist jedoch im Lichte der Besonderheiten einer Investmentaktiengesellschaft als Investmentvermögen in Satzungsform dem hieraus resultierendem Bedürfnis nach einer schlanken Struktur und mit Blick auf die Vorgaben und Motive des Art. 5g OGAW-RiLi sowie dem Unternehmensgegenstand des § 96 Abs. 2 Satz 2 InvG auszulegen und zu konkretisieren.

Die obigen Ausführungen zeigen, dass eine Investmentaktiengesellschaft ihre Tätigkeiten weitgehend auslagern kann, ohne gegen das Briefkastenverbot zu verstoßen, wenn das zugrunde liegende Vertragswerk die Vorgaben des § 25a Abs. 2 KWG umsetzt.

## D.    Anforderungen an die Auslagerung der Portfolioverwaltung

Neben den allgemeinen KWG-rechtlichen Anforderungen an eine zulässige Auslagerung finden sich spezifische Anforderungen an das Outsourcing der Portfolioverwaltung in § 16 Abs. 2 InvG. So dürfen gemäß § 16 Abs. 2 Satz 1

---

[395] Auch die interne Revision kann von der Investmentaktiengesellschaft auf einen externen Dienstleister ausgelagert werden. Auch hier sind die Besonderheiten der Investmentaktiengesellschaft zu berücksichtigen. Dies ist insbesondere bei der Anwendung des Auslagerungsrundschreibens, dort Tz. 19 und 20, zu beachten. Die Investmentaktiengesellschaft sollte einem kleinen Institut nach Maßgabe des Rundschreibens 1/2000 gleichgestellt werden. Allgemein zur Auslagerung der Internen Revision, *Braun*, in Boos/Fischer/ Schulte-Mattler (Hrsg.), Kreditwesengesetz, 2. Auflage 2004, Rn. 633f.

InvG im Falle einer Auslagerung mit der Verwaltung des Gesellschaftsvermögens nur Unternehmen betraut werden, die für die Vermögensverwaltung über
eine entsprechende aufsichtsrechtliche Erlaubnis verfügen und einer wirksamen
öffentlichen Aufsicht unterliegen. Das Konzernprivileg des § 2 Abs. 6 Satz 1 Nr.
5 KWG wurde ausdrücklich für nicht anwendbar erklärt. Diese Regelung läuft in
der Praxis für eine Investmentaktiengesellschaft ins Leere, da sie grundsätzlich
keine Mutter und aufgrund des gesetzlich geregelten Unternehmensgegenstandes auch keine Töchter haben wird. Ferner verwaltet eine Investmentaktiengesellschaft ausschließlich ihrer eigenen Mittel[396], sie wird damit gleichermaßen
im eigenen Interesse wie im Interesse ihrer Aktionäre tätig. Im Falle einer Kapitalanlagegesellschaft findet die Ausnahmeregelung des § 2 Abs. 6 Satz 1 Nr. 5
KWG hingegen deshalb keine Anwendung, weil das Portfoliomanagement im
Interesse der Anleger und damit stets im Drittinteresse erfolgt.[397] Die Ausgangs-
situationen von Kapitalanlagegesellschaft und Investmentaktiengesellschaft sind
folglich verschieden. Auch aus diesem Grund läuft die Regelung ins Leere.

Gemäß § 16 Abs. 2 Satz 2 InvG muss die Übertragung der Portfolioverwaltung
mit den von der Investmentaktiengesellschaft regelmäßig festgelegten Vorgaben
für die Verteilung der Anlagen im Einklang stehen. Nach dem Willen des Gesetzgebers muss deshalb, um dem Kern des Investmentgedankens Rechnung zu
tragen, bei der Übertragung der Vermögensverwaltung die grundsätzliche Anlageentscheidung bei der auslagernden Investmentaktiengesellschaft verbleiben.[398]

Nach § 16 Abs. 2 Satz 3 InvG dürfen die Depotbank oder andere Unternehmen,
deren Interessen mit denen der Investmentaktiengesellschaft (und damit denen
ihrer Aktionäre) kollidieren können, nicht mit der Portfolioverwaltung betraut
werden. Auch hier gilt das oben Dargestellte:[399] Da die Investmentaktiengesellschaft gemäß § 96 Abs. 2 Satz 2 InvG ihre eigenen Mittel anlegt und verwaltet,
können die Interessen der Aktionäre nur mittelbar betroffen sein. Grundsätzlich
besteht jedoch zwischen den Interessen der Investmentaktiengesellschaft und
denen der Aktionäre Gleichlauf.

---

[396] Für eine richtlinienkonforme Investmentaktiengesellschaft ist dies ausdrücklich in Art.
13b Abs. 2 OGAW-RiLi vorausgesetzt. Diese Vorgabe wurde in § 96 Abs. 2 Satz 2 InvG
umgesetzt: Eine Investmentaktiengesellschaft verwaltet „ihre" Mittel.

[397] BT-Drucks 15/1553 S. 82.

[398] BT-Drucks 15/1553 S. 82.

[399] Dazu, 2. Kapitel B.I.2.

## E.    Zwischenergebnis

Im Ergebnis kann damit die Portfolioverwaltung an einen beaufsichtigten Vermögensverwalter übertragen werden, wenn der Investmentaktiengesellschaft
entsprechende Kontroll- und Entscheidungsbefugnisse verbleiben und sie dem
Portfolioverwalter einen gewissen Rahmen für die Art der Vermögensanlage
vorgibt.

## F.    Außerordentliches Kündigungsrecht im Interesse der „Anleger"

Eine wichtige Vorgabe für die konkrete Ausgestaltung eines Auslagerungsver-
trags findet sich in Art. 5g Abs. 1 lit. g) i.V.m. Art. 13b Abs. 1 OGAW-RiLi.
Nach dieser Vorschrift darf der Auslagerungsvertrag die auslagernde Investmentaktiengesellschaft nicht daran hindern, den Auslagerungsvertrag mit sofortiger Wirkung zu beenden, wenn dies im Interesse der Aktionäre ist.[400] Weitere
Vorgaben nennt die Richtlinie nicht. Insbesondere schweigt sie zur Frage, wann
die Interessen der Anleger eine sofortige Beendigung des Auslagerungsvertrages
erforderlich machen. Folglich verfügen die Mitgliedstaaten bei der Umsetzung
über einen sehr weiten Spielraum.[401]

Weder das Investmentgesetz noch das Kreditwesengesetz normieren unmittelbar
ein Recht zur außerordentlichen Kündigung im Interesse der Anleger. Insoweit
kann die Umsetzung des Art. 5g Abs. 1 lit. g) OGAW-RiLi in das deutsche
Recht als „nebulös" bezeichnet werden.[402] Vorliegend findet sich lediglich in
§ 25a Abs. 2 Satz 2 KWG die Pflicht der Investmentaktiengesellschaft, sich ein-
seitige Weisungsrechte einräumen zu lassen. Hierzu können – zumindest bei
richtlinienkonformer Auslegung der Norm[403] – auch entsprechende Kündigungs-

---

[400] Bei diesem Erfordernis handelt es sich um keine Besonderheit der Investmentaktiengesellschaft. Die Regelung des Art. 5g OGAW-RiLi ist vielmehr eine Vorschrift für ein
klassisches Sondervermögen, die auf eine Investmentaktiengesellschaft lediglich entsprechende Anwendung findet. Damit muss auch der Auslagerungsvertrag einer deutschen
Kapitalanlagegesellschaft über eine entsprechende Klausel verfügen.

[401] Vgl. *Dietrich*, Outsourcing bei Kapitalanlagegesellschaften, S. 181 ff.

[402] Mit Blick auf die besondere Bedeutung dieses speziellen investmentrechtlichen außerordentlichen Kündigungsrechts für Auslagerungssachverhalte wäre eine konkrete Regelung
zu begrüßen.

[403] *Schmidt*, in von der Groeben/Schwarze (Hrsg.), Vertrag über die Europäische Union und
Vertrag zur Gründung der Europäischen Gemeinschaft, Kommentar, 7. Auflage 2006,

rechte zu Gunsten der auslagernden Investmentaktiengesellschaft gezählt werden.[404] Allerdings ist seit dem Schuldrechtsmodernisierungsgesetz in § 314 BGB
ein allgemeines, nicht abdingbares außerordentliches Kündigungsrecht für das
gesamte Zivilrecht kodifiziert, das somit auch auf privatrechtliche Auslage-
rungsverträge Anwendung findet.[405] Insoweit ist die Richtlinie in diesem Punkt
ausreichend umgesetzt.

Auch das Auslagerungsrundschreiben enthält zu diesem Punkt nur sehr allgemeine Anforderungen. Nach dem Rundschreiben 11/2001 müssen der Investmentaktiengesellschaft „hinreichend flexible Kündigungsrechte" eingeräumt
werden.[406] Beispiele für Kündigungsgründe werden auch hier nicht genannt.
Echte Rückschlüsse können hieraus schon deshalb nicht gezogen werden, weil
das Rundschreiben zeitlich vor Umsetzung des Art. 5g OGAW-RiLi ergangen
ist. Das Rundschreiben kann lediglich als Anhaltspunkt gewertet werden. Im-
merhin geht die Aufsichtsbehörde gemäß Textziffer 31 des Rundschreibens in
Übereinstimmung mit Art. 5g Abs. 1 lit. g) OGAW-RiLi davon aus, dass § 25a
Abs. 2 Satz 2 KWG zusätzliche vertragliche Kündigungsrechte zu Gunsten der
auslagernden Gesellschaft erfordert.

Zum besseren Verständnis des Bedürfnisses für ein zusätzliches vertragliches
Kündigungsrecht der Investmentaktiengesellschaft zur Wahrung der Anlegerinteressen entsprechend der Vorgabe der OGAW-Richtlinie werden nachfolgend
einige Beispiele dargestellt.

*1. Beispiel:*
*Die ABCD Investmentaktiengesellschaft m.v.K. („ABCD Investmentaktiengesell-*
*schaft") lagert auf die XYZ Back Office GmbH („XYZ") einige allgemeine Verwal-*
*tungstätigkeiten aus. Unter anderem die Aktionärsbetreuung und die Buchhaltung.*
*XYZ hat damit Zugang zu den vollständigen Kontaktdaten aller Aktionäre der ABCD*

---

Art. 249 EG, Rn.42 ff., *Ruffert*, in Ruffert/Calliess (Hrsg.), Kommentar zum EU-Vertrag
und EG-Vertrag, 2. Auflage 2002, Art. 249 EG, Rn. 69 ff.

[404] Von einem entsprechenden Erfordernis ist das BaKred (heute: BaFin) bereits in seinem
Auslagerungsrundschreiben ausgegangen. Auslagerungsrundschreiben 11/2001, Tz. 31.

[405] Im Rahmen des Schuldrechtsmodernisierungsgesetzes wurde in § 314 BGB das von
Rechtsprechung und Lehre für Dauerschuldverhältnisse entwickelte Kündigungsrecht aus
wichtigem Grund aufgenommen. Das außerordentliche Kündigungsrecht des § 313 BGB
wird im Übrigen durch die Regelungen über den Wegfall der Geschäftsgrundlage in § 313
BGB ergänzt. *Grüneberg*, in Palandt (Hrsg.), Bürgerliches Gesetzbuch, 66. Auflage 2007,
§ 314 BGB, Rn. 1.

[406] Auslagerungsrundschreiben 11/2001, Tz. 31.

*Investmentaktiengesellschaft. Obwohl sich XYZ im Auslagerungsvertrag zur Geheimhaltung der persönlichen Daten der Aktionäre verpflichtet hat, veräußert der Geschäftsführer der XYZ diese Daten an die 123 Kapitalanlagegesellschaft.*

Aufgrund dieses schwerwiegenden Vertrags- und Treuebruchsverstoßes hat die Investmentaktiengesellschaft gemäß § 314 Abs. 1 Satz 1 BGB das Recht, den Auslagerungsvertrag ohne Einhaltung einer Kündigungsfrist mit sofortiger Wirkung zu kündigen.[407] Durch die Pflichtverletzung wurde das Vertrauensverhältnis zwischen den Vertragsparteien irreparabel gestört. Die Fortsetzung des Vertragsverhältnisses ist der ABCD Investmentaktiengesellschaft folglich unzumutbar.[408]

Das Beispiel zeigt, dass grundsätzlich alle schweren Verstöße, sei es im Leistungs- oder im Vertrauensbereich, den Tatbestand des allgemeinen außerordentlichen Kündigungsrechts in § 314 BGB auslösen. Eine investmentrechtliche Spezialregelung ist insoweit nicht erforderlich.

Die größte Gefahr für eine mögliche Beeinträchtigung der Aktionärsinteressen droht im Falle der Auslagerung der Portfolioverwaltung. Denn nur der Portfolioverwalter hat neben der ohnehin externen Depotbank unmittelbaren Zugriff auf das Vermögen der auslagernden Investmentaktiengesellschaft und kann damit unmittelbar negativen Einfluss auf das Gesellschaftsvermögen nehmen.

*2. Beispiel:*
*Die ABCD Investmentaktiengesellschaft hat die XXX Vermögensverwaltungsgesellschaft mbH („XXX"), welche eine aufsichtsrechtliche Erlaubnis zur Vermögensverwaltung für Dritte besitzt, mit der Portfolioverwaltung beauftragt.*
*Entgegen einer ausdrücklichen Vereinbarung in der Auslagerungsvereinbarung, legt XXX das gesamte Vermögen der ABCD Investmentaktiengesellschaft in Finanzinstrumente an, die nicht den Anlagegrundsätzen der ABCD Investmentaktiengesellschaft entsprechen.*

---

[407] Zur Kündigung eines Dauerschuldverhältnisses aus wichtigem Grund, *Gaier*, in Münchener Kommentar zum Bürgerlichen Gesetzbuch, 4. Auflage 2003, § 314 BGB, Rn. 10 ff.; *Grüneberg*, in Palandt (Hrsg.), Bürgerliches Gesetzbuch, 66. Auflage 2007, § 314 BGB, Rn. 7 ff.

[408] Aufgrund der irreparablen Störung des Vertrauensbereichs ist eine Abmahnung i.S.v. § 314 Abs. 2 BGB entbehrlich. *Gaier*, in Münchener Kommentar zum Bürgerlichen Gesetzbuch, 4. Auflage 2003, § 314 BGB, Rn. 15.

Auch hier rechtfertigt die schwere Vertragsverletzung und die damit einhergehende Störung des Vertrauensverhältnisses grundsätzlich die sofortige Beendigung des Auslagerungsvertrages aus wichtigem Grund gemäß § 314 Abs. 1 Satz
1 BGB. Da es sich hierbei um die Verletzung einer Pflicht aus dem Auslagerungsvertrag handelt, ist gemäß § 314 Abs. 2 Satz 1 BGB grundsätzlich der erfolglose Ablauf einer bestimmten Frist zur Abhilfe oder eine erfolglose Abmahnung erforderlich. Nach den Umständen des Einzelfalles kann beides jedoch
nach §§ 314 Abs. 2 Satz 2, 323 Abs. 2 Nr. 3 BGB entbehrlich sein. Letzteres ist
etwa der Fall, wenn XXX die Anlagegrundsätze nicht nur gerade so überschrei-
tet, sondern beispielsweise statt Bundesschatzbriefen hochspekulative Options-
scheine erwirbt.

*3. Beispiel: (Abwandlung)*
*XXX legt das Kapital der ABCD Investmentaktiengesellschaft gemäß den Vorgaben*
*des Auslagerungsvertrages in Finanzinstrumente an, die den satzungsmäßigen Anla-*
*gegrundsätzen der Investmentaktiengesellschaft entsprechen. Die Anlagegrundsätze*
*ermöglichen der XXX einen gewissen Entscheidungsspielraum. Die von der XXX aus-*
*gewählten Finanzinstrumente haben innerhalb aller aufgrund der Vorgaben der Anla-*
*gegrundsätze möglichen Finanzinstrumente die mit Abstand schlechteste Performance.*

Der Vermögensverwaltungsvertrag ist ein echter Dienstvertrag gemäß § 611
BGB. Der Portfolioverwalter schuldet folglich keinen Erfolg, sondern lediglich
die Erbringung der Verwaltungsleistung.[409] Die schlechte Wertentwicklung der
den Anlagegrundsätzen entsprechend ausgewählten Finanzinstrumente kann
damit grundsätzlich kein Recht zur Kündigung begründen. Im Übrigen liegt
auch keine Pflichtverletzung vor, denn der Portfolioverwalter hat die Anlagegrundsätze ausreichend berücksichtigt.

Deshalb sollte sich eine Investmentaktiengesellschaft für den Fall eines weit un-
terdurchschnittlichen Vermögensverwaltungserfolges ein außerordentliches vertragliches Kündigungsrecht einräumen lassen, um die Interessen der Aktionäre
ausreichend wahrnehmen zu können. Eine solche Klausel könnte wie folgt lauten:

---

[409] *Sprau* in Palandt (Hrsg.), Bürgerliches Gesetzbuch, 66. Auflage 2007, Einführung vor
§ 631 BGB, Rn. 1 und 8; *Busche* in Münchener Kommentar zum Bürgerlichem Gesetzbuch, 4. Auflage 2005, § 631 BGB, Rn. 8 ff.

*§ x: Außerordentliche Kündigung*
*Liegt die Entwicklung des vom Vermögensverwalter innerhalb des Rahmens der Anla-*
*gegrundsätze gewählten Portfolio nach Abschluss des Geschäftsjahres um mehr als 30*
*% hinter dem Marktdurchschnitt aller im Rahmen der Anlagegrundsätze zulässigen*
*Finanzinstrumente zurück, so hat die Investmentaktiengesellschaft das Recht, den*
*Vermögensverwaltungsvertrag ohne Einhaltung einer Frist sofort zu beendigen.*

Als Prämisse für die Wertentwicklung könnten alternativ auch ein den Anlagegrundsätzen vergleichbarer Index gewählt werden. Es ist jedoch empfehlens-
wert, im vertraglichen außerordentlichen Kündigungsrecht eine schlechte
Marktgesamtlage – etwa einen Börsencrash – ausreichend zu berücksichtigen,
um populistische Kurzschlussentscheidungen zu verhindern, die sich mit einer
gewissen Vorhersehbarkeit langfristig als wirtschaftlich fehlerhaft erweisen.
Deshalb wurde in der Beispielklausel der Marktdurchschnitt der Anlagegegenstände als Basis gewählt. Nur wenn diese Basis um 30 % und damit erheblich
unterschritten wird, liegt ein außerordentlicher Kündigungsgrund vor.

## G.  Zusammenfassung

Die Auslagerung von Unternehmensbereichen auf externe Dienstleister ist
grundsätzlich eines der Wesensmerkmale einer Investmentaktiengesellschaft.
Sie ist als Investmentvermögen auf eine schlanke Struktur angewiesen. Das
Auslagerungsrundschreiben 11/2001 ist grundsätzlich auch auf eine Investmentaktiengesellschaft anwendbar. Bei seiner Anwendung müssen jedoch die Besonderheiten einer Investmentaktiengesellschaft, etwa das Bedürfnis nach einer effektiven Auslagerung und sein Wesen als Investmentvermögen in Satzungsform,
ausreichend berücksichtigt werden. Wenngleich die Regelungen der § 25a Abs.
2 Satz 2 KWG und § 314 BGB ein außerordentliches Kündigungsrecht im Interesse der Aktionäre i.S.v. Art. 5g Abs. 1 lit. g) OGAW-RiLi gewährleisten, sollte sich die Investmentaktiengesellschaft im Auslagerungsvertrag ein außerordentliches Kündigungsrecht vertraglich sichern. Sollte eine Investmentaktiengesellschaft gegen die Anforderungen an eine gesetzmäßige Auslagerung verstoßen, so hat die Bundesanstalt gemäß § 35 Abs. 1 Satz 2 Nr. 6 KWG die Möglichkeit, ihr die Erlaubnis zum Geschäftsbetrieb zu entziehen.

## 8. Kapitel: Die feindliche Übernahme

Der Initiator einer Investmentaktiengesellschaft gründet eine Investmentaktiengesellschaft nicht, um deren Aktien dauerhaft selbst zu halten.[410] Er hat nicht das althergebrachte Gesellschafterinteresse an der Teilhabe am Gesellschaftsvermögen. Der Initiator ist vielmehr daran interessiert, möglichst alle Aktien der Investmentaktiengesellschaft schnellstmöglich am Markt zu veräußern. Gemäß § 101 Abs. 1 InvG ist er sogar weitgehend zur Veräußerung – zumindest zum öffentlichen Angebot – verpflichtet. Ziel des Initiators ist es, über die Verwaltung des Gesellschaftsvermögens Einnahmen zu erzielen. Hierfür stehen ihm grundsätzlich zwei Wege offen. Zum einen kann er als natürliche Person die Investmentaktiengesellschaft als Vorstand selbst leiten und so über seine Vorstandsbezüge Einnahmen generieren. Im Regelfall wird jedoch ein Finanzintermediär als Initiator einer Investmentaktiengesellschaft auftreten. Dieser wird im Rahmen der Gründung der Gesellschaft insbesondere die Portfolioverwaltung auf sich selbst oder eine Tochter auslagern, um auf diese Weise über die Verwaltung des Vermögens der Investmentaktiengesellschaft Einnahmen zu erzielen.

## A. Das Problem – „feindliche Übernahme"

Es sind unterschiedliche Szenarien denkbar, bei denen ein Aktionär oder auch einige wenige Aktionäre über einen entsprechenden Beschluss der Hauptversammlung den Aufsichtsrat neu bestellen und als Folge dessen den Vorstand neu besetzen. Da hierbei die Übernahme der Investmentaktiengesellschaft gegen oder ohne die Zustimmung der Unternehmensleitung erfolgt, wird ein solches

---

[410] Auch der Gesetzgeber des Investmentänderungsgesetz hat die – wenngleich wohl nur theoretische – Gefahr einer feindlichen Übernahme als eine der Ursachen für die zunächst verhaltene Akzeptanz der Investmentaktiengesellschaft identifiziert. Er sucht die Lösung durch die Einführung von Unternehmens- und Anlageaktien in § 96 InvG n.F. Während die Unternehmensaktien grundsätzlich dem Initiator der Investmentaktiengesellschaft vorbehalten sind, zur Teilnahme an der Hauptversammlung berechtigen und dort Stimmrechte gewähren, sind die Anlageaktien, die in der Regel nicht zur Teilnahme an der Hauptversammlung berechtigen und keine Stimmrechte gewähren, für die Anleger bestimmt. In diesem Fall besteht die Gefahr einer feindlichen Übernahme nicht. Allerdings kann eine Investmentaktiengesellschaft bei entsprechender Ausgestaltung der Satzung an die Anleger auch Aktien mit Stimmrechten begeben. Hier taucht erneut das Problem der Gefahr einer feindlichen Übernahme auf.

Vorgehen als feindliche Übernahme bezeichnet.[411] Als Konsequenz ist der Initiator entweder aus seiner Position als Vorstand verdrängt oder aber der neue Vorstand könnte den Vermögensverwaltungsvertrag mit dem Initiator bzw. seiner Tochter beenden. Da die Erfahrungen in anderen Rechtskreisen – insbesondere in Luxemburg – zeigen, dass die Hauptversammlungen einer Investmentaktiengesellschaft grundsätzlich nur sehr schlecht bis überhaupt nicht besucht werden, – die Aktionäre sehen ihre Beteiligung als reine Kapitalanlage und haben an der Ausübung von Leitungsmacht kein Interesse – ist für die „Übernahme" einer Investmentaktiengesellschaft grundsätzlich nur ein sehr geringer Anteil der ausgegebenen Aktien erforderlich.[412] Es stellt sich somit die Frage, wie ein Initiator eine feindliche Übernahme der Investmentaktiengesellschaft durch einen Mehrheitsaktionär – etwa einen Konkurrenten – abwehren kann.

**B.    Die sinnvolle „feindliche" Übernahme**

Eine feindliche Übernahme gereicht einer Investmentaktiengesellschaft und ihren Aktionären nicht ausschließlich zum Nachteil. Die Übernahme der Gesellschaft und die Neubesetzung von Vorstand und Aufsichtsrat können durchaus auch im Interesse der übrigen Aktionäre erfolgen. Beispielsweise könnten sich sowohl der Vorstand als auch der externe Portfolioverwalter als mäßig erfolgreich erweisen. Ist der externe Portfolioverwalter mit dem Initiator gesellschaftsrechtlich verbunden oder besteht gar Personenidentität, so wird der vom Initiator ursprünglich eingesetzte Vorstand am unvermögenden Portfolioverwalter eventuell länger festhalten, als dies ein Dritter in einer vergleichbaren Situation tun würde. Insoweit kann es den Interessen aller Aktionäre förderlich sein, wenn sie sich in der Hauptversammlung zusammenschließen und der neue Aufsichtsrat Vorstand und zumindest mittelbar den Portfolioverwalter neu besetzt. Nimmt letzterer im Anschluss seine Tätigkeit besonders erfolgreich wahr, so ist dies im Interesse aller Aktionäre. In diesem Fall ist von einer sinnvollen feindlichen Übernahme zu sprechen.

---

[411]  *Steck*, Regulierung von US-amerikanischen Investmentgesellschaften (Investment Companies) S. 169.

[412]  Nur die tatsächlich ausgegebenen Aktien verfügen über ein Stimmrecht. Die Aktien entstehen erst mit ihrer Ausgabe und nicht bereits aufgrund eines Vorratsbeschlusses. Insoweit kann ein Vorratsbeschluss für sich alleine eine feindliche Übernahme nicht abwehren.

## C.   Das regulierende Eingreifen der BaFin

Ein Kontrollmechanismus zur Verhinderung einer feindlichen Übernahme mit Blick auf potentielle negative Auswirkungen auf die Interessen der übrigen Aktionäre findet sich in § 99 Abs. 2 Satz 2 Nr. 1 InvG. Nach § 99 Abs. 2 Satz 2 Nr. 1 InvG i.V.m. § 2b KWG ist der beabsichtigte Erwerb einer Beteiligung der Aufsichtsbehörde anzuzeigen, wenn die Schwelle von 50 Prozent der Stimmrechte oder des Kapitals der Investmentaktiengesellschaft erreicht oder überschritten wird oder die Investmentaktiengesellschaft unter die Kontrolle des Erwerbers der Beteiligung gerät.[413] Gemäß §§ 99 Abs. 2 Satz 2 InvG i.V.m. § 2b Abs. 1a KWG kann die BaFin in einem solchen Fall unter bestimmten Voraussetzungen den Erwerb der betroffenen Aktien untersagen. Diese Vorschrift wurde vom Gesetzgeber in das Investmentgesetz aufgenommen, um einer feindlichen Übernahme der Investmentaktiengesellschaft zu begegnen.

Dennoch ist fraglich, ob diese Norm in der Praxis von Relevanz sein wird. Zum einen ist eine feindliche Übernahme grundsätzlich ein theoretisches Szenario. Sollte es jedoch zu einem entsprechenden Beschluss in der Hauptversammlung kommen, so wird dieser aller Wahrscheinlichkeit nach nicht 50 Prozent aller Stimmrechte bedürfen. Da an der Hauptversammlung voraussichtlich nur einige wenige Aktionäre teilnehmen werden, kann die für die Neubesetzung des Aufsichtsrates gemäß §§ 101 Abs. 1 Satz 1, 119 Abs. 1 Nr.1, 133 Abs. 1 AktG i.V.m. § 99 Abs. 1 InvG erforderliche Mehrheit *de facto* mit einem viel geringeren Stimmenanteil erreicht werden. Insoweit ist der Schwellenwert einer 50%-igen Beteiligung in § 99 Abs. 2 Satz 2 Nr. 1 InvG als zu hoch anzusehen.[414]

## D.   Gesellschaftsrechtliche Lösungsansätze

Aber auch aus einem anderen Grund bietet der § 99 Abs. 2 Satz 2 Nr. 1 InvG i.V.m. § 2b KWG den Initiatoren einer Investmentaktiengesellschaft keinen aus-

---

[413]  Nach dem Investmentänderungsgesetz finden die Regelungen des Kreditwesengesetzes auf eine Investmentaktiengesellschaft als Gesellschaft *sui generis* keine Anwendung mehr.

[414]  Es ist nicht verständlich, warum der Gesetzgeber in Abweichung von §§ 2b Abs. 1 Satz 1, 1 Abs. 9 KWG den Schwellenwert für das Bestehen einer bedeutenden Beteiligung von 10% auf 50% angehoben hat. Der Königsweg dürfte sich in der Mitte befinden. So wäre es ausreichend wenn eine Beteiligung von mehr als 30% der Anzeigepflicht unterliegt.

reichenden Schutz vor einer feindlichen Übernahme. Die Bundesanstalt wird eine feindliche Übernahme gemäß § 2b Abs. 1a KWG nämlich nur dann untersagen, wenn sie eine Beeinträchtigung des öffentlichen Interesses befürchtet. Nach dem Katalog des § 2b Abs. 1a KWG ist dies etwa der Fall, wenn der Erwerber bzw. ein Gesellschafter oder ein Geschäftsleiter der erwerbenden Gesellschaft nicht zuverlässig sind bzw. aus anderen Gründen nicht dem Interesse einer soliden und umsichtigen Führung der Investmentaktiengesellschaft zu stellenden Ansprüchen genügt (§ 2b Abs. 1a Nr. 1 KWG) oder die Investmentaktiengesellschaft durch die Begründung der bedeutenden Beteiligung in einen Unternehmensverbund eingebunden würde, der durch die Struktur des Beteiligungsgeflechts oder mangelhafte wirtschaftliche Transparenz eine wirksame Aufsicht der Investmentaktiengesellschaft beeinträchtigen würde (§ 2b Abs. 1a Nr. 2). Somit werden über § 2b KWG vornehmlich die Interessen der Aktionäre und die der Allgemeinheit geschützt. Ergeben sich aus den zu prüfenden Umständen keine aufsichtsrechtlichen Bedenken, so wird die BaFin die feindliche Übernahme zulassen. Die BaFin mischt sich folglich nicht in den allgemeinen marktwirtschaftlichen Verdrängungswettbewerb ein, soweit hierbei die aufsichtrechtlichen Anforderungen gewahrt bleiben. Im Ergebnis bleiben damit insbesondere die Interessen der Initiatoren bei der Beurteilung des Übernahmesachverhalts durch die BaFin außen vor.

Aus diesem Grunde werden im Folgenden verschiedene gesellschaftsrechtliche Gestaltungsmöglichkeiten aufgezeigt, die insbesondere auch die Interessen des Initiators im Falle einer feindlichen Übernahme ausreichend berücksichtigen.

## I.   Sicherung der Mehrheit im Aufsichtsrat

Die Bestellung der Mitglieder des Aufsichtsrates einer Investmentaktiengesellschaft erfolgt nach den allgemeinen aktienrechtlichen Bestimmungen. In Ermangelung investmentrechtlicher Spezialvorschriften finden über § 99 Abs. 1 InvG die §§ 95 ff. AktG Anwendung. Gemäß § 101 Abs. 1 Satz 1 AktG werden die Mitglieder des Aufsichtsrates grundsätzlich von der Hauptversammlung gewählt. Das Aktienrecht sieht jedoch auch die Möglichkeit der Entsendung von Mitgliedern in den Aufsichtsrat vor. Nach § 101 Abs. 2 Satz 1 AktG kann durch die Satzung für bestimmte Aktionäre oder für die jeweiligen Inhaber bestimmter

Aktien das Recht begründet werden, Mitglieder in den Aufsichtsrat zu entsenden.[415] Inhabern bestimmter Aktien kann das Entsendungsrecht jedoch nur eingeräumt werden, wenn die Aktien auf den Namen lauten und ihre Übertragung an die Zustimmung der Gesellschaft gebunden ist.[416] Unabhängig von der Frage, ob die Investmentaktiengesellschaft Namens- oder Inhaberaktien begibt, kann gemäß § 101 Abs. 2 Satz 1, 1. Alternative AktG in der Satzung der Sendungsberechtigte – der Initiator – als solcher bezeichnet werden. Bei diesem Entsendungsrecht handelt es sich um ein Sonderrecht i.S.v. § 35 BGB; es kann dem Berechtigten nur durch Satzungsänderung und mit seiner Zustimmung entzogen werden.[417] Im Übrigen erlischt das Entsendungsrecht nur, wenn der entsendungsberechtigte Aktionär seine letzte Aktie an der Gesellschaft veräußert.[418] Allerdings ist in § 101 Abs. 2 Satz 4 AktG das Entsendungsrecht auf insgesamt höchstens ein Drittel der sich aus Gesetz oder Satzung ergebenden Zahl der Aufsichtsratsmitglieder beschränkt. Das Entsendungsrecht des § 101 Abs. 2 Satz 1 AktG schützt die Initiatoren somit nur teilweise vor einer feindlichen Übernahme.

## II.  Unkündbarkeit des Vertrags über die Portfolioverwaltung

Sollte die Investmentaktiengesellschaft die Portfolioverwaltung gemäß §§ 99 Abs. 3, 16 Abs. 1 und Abs. 2 InvG i.V.m. § 25a Abs. 2 KWG auf den Initiator bzw. ein mit dem Initiator verbundenes Unternehmen auslagern, so könnte der Vertrag über die Portfolioverwaltung als unbefristet und unkündbar ausgestaltet werden.[419] In diesem Fall würde der Initiator auch nach einer feindlichen Über-

---

[415]  Ausführlich hierzu *Semler*, in Münchener Kommentar zum Aktiengesetz, 2. Auflage 2004, § 101 AktG, Rn. 62 ff.

[416]  § 101 Abs. 2 Satz 2 AktG.

[417]  *Hüffer*, Aktiengesetz, 7. Auflage 2006, § 101 AktG, Rn. 8.

[418]  *Semler*, in Münchener Kommentar zum Aktiengesetz, 2. Auflage 2004, § 101 AktG, Rn. 79 ff.

[419]  Damit entsteht ein Spannungsverhältnis zwischen dem Interesse an einem grundsätzlich unkündbaren Auslagerungsvertrag zur Abwehr einer feindlichen Übernahme und der Vorgabe des Art. 5 Abs. 1 lit. g) OGAW-RiLi für ein Kündigungsrecht der Investmentaktiengesellschaft, um die Interessen der Anleger wahrnehmen zu können. Allerdings liegt auch die Abwehr einer feindlichen Übernahme grundsätzlich im Interesse. Es kommt insoweit auf die konkrete Ausgestaltung des Auslagerungsvertrages an. Mit Blick auf die OGAW-Richtlinie ist ein Kündigungsrecht zur Wahrung der Anlegerinteressen in den Auslagerungsvertrag aufzunehmen.

nahme mit der Portfolioverwaltung betraut sein; er könnte auch in Zukunft aus dieser Tätigkeit die mit der Gründung der Investmentaktiengesellschaft bezweckten Einnahmen erzielen. Es ist jedoch fraglich, ob ein Vermögensverwaltungsvertrag als unkündbar ausgestaltet werden kann.

## 1. Kündigung aus wichtigem Grund

Gemäß § 314 Abs. 1 Satz 1 BGB kann ein Dauerschuldverhältnis von jedem Vertragsteil aus wichtigem Grund ohne Einhaltung einer Kündigungsfrist gekündigt werden. Ein wichtiger Grund liegt nach § 314 Abs. 1 Satz 2 BGB vor, wenn dem kündigenden Teil unter Berücksichtigung aller Umstände des Einzelfalls und unter Abwägung der beiderseitigen Interessen die Fortsetzung des Vertragsverhältnisses bis zur vereinbarten Beendigung oder bis zum Ablauf der Kündigungsfrist nicht zugemutet werden kann.

Auch der Vertrag über die Verwaltung des Vermögens einer Investmentaktiengesellschaft ist ein klassisches Dauerschuldverhältnis. Auch hier wird eine sich regelmäßig wiederholende Leistung geschuldet, die ständig neue Leistungs-, Neben- und Schutzpflichten begründet. Folglich findet § 314 BGB auch auf den Vermögensverwaltungsvertrag Anwendung. Der Gesetzgeber geht davon aus, dass die Möglichkeit zur Kündigung eines Dauerschuldverhältnisses aus wichtigem Grund im Kern zwingendes Recht ist.[420] Obwohl in § 314 BGB anders als etwa in § 569 Abs. 5 BGB oder § 723 Abs. 3 BGB eine ausdrückliche Regelung fehlt, kann auch durch individualvertragliche Vereinbarungen auf das außerordentliche Kündigungsrecht nicht schlechthin verzichtet werden; möglich ist allenfalls, eine Kündigung aus wichtigem Grund unter besonderen Umständen für eine begrenzte Zeit und aus einem bestimmten Grunde auszuschließen.[421] Damit ist es rechtlich unzulässig das Kündigungsrecht für den Vermögensverwaltungsvertrag völlig auszuschließen. Es ist lediglich eine Beschränkung möglich.[422]

---

[420] BT-Drucks. 14/6040, S. 176; *Gaier*, in Münchener Kommentar, Bürgerliches Gesetzbuch, 4. Auflage 2003, § 314 BGB, Rn. 4; *Grüneberg*, in Palandt (Hrsg.), Bürgerliches Gesetzbuch, 66. Auflage 2007, § 314 BGB, Rn. 3.

[421] Auch durch AGB kann das Kündigungsrecht auch wichtigem Grund nicht abbedungen werden. *BGH*, BB 1973, 819; *Gaier* in Münchener Kommentar, Bürgerliches Gesetzbuch, 4. Auflage 2003, § 314 BGB, Rn. 4; *Grüneberg*, in Palandt (Hrsg.), Bürgerliches Gesetzbuch, 66. Auflage 2007, § 314 BGB, Rn. 3.

[422] Beispielsweise könnte in den Vertrag über die Auslagerung der Portfolioverwaltung eine Klausel aufgenommen werden, die klarstellt, dass ein „change of control" (feindliche

## 2. Vertragliche Mindestlaufzeit

Wenngleich der Investmentaktiengesellschaft somit das Recht zur Beendigung des Vermögensverwaltungsvertrages nicht völlig verwehrt werden kann, so besteht doch die Möglichkeit, sie durch eine besonders lange Laufzeit dieses Vertrages an den Initiator zu binden.

Folglich sind die Parteien des Vermögensverwaltungsvertrages bei einem Ausschluss des ordentlichen Kündigungsrechtes gemäß § 620 Abs. 1 BGB solange an diesen gebunden, bis die Zeit, für die er eingegangen ist, abgelaufen ist.

### a) Die BGH-Rechtsprechung zur vertraglich zulässigen Bindungsdauer

Für die Frage der zulässigerweise längsten Bindungsdauer kann auf die Rechtsprechung des Bundesgerichtshofs zu verschiedenen Dauerschuldverhältnissen zurückgegriffen werden. So hat der BGH beispielsweise für Bierbezugsverträge entschieden, dass eine Ausschließlichkeitsbindung von 15 Jahren zu billigen und in Sonderfällen sogar eine Bindungsfrist von höchstens 20 Jahren gerade noch hinzunehmen ist.[423] Eine längere Vertragsdauer ist i.S.v. § 138 BGB nicht mit den guten Sitten vereinbar, da dies den zur Abnahme Verpflichteten in seiner wirtschaftlichen und persönlichen Freiheit übermäßig beeinträchtigt.[424] Ferner verstößt nach der höchstrichterlichen Rechtsprechung ein Rechtsanwaltsberatungsvertrag mit einer Laufzeit von fünf Jahren nicht gegen die guten Sitten.[425] Schließlich hielt auch ein Haarteil-Service-Vertrag mit einer siebenjährigen Laufzeit problemlos einer Überprüfung durch den BGH Stand.[426]

---

Übernahme) für sich alleine betrachtet die Investmentaktiengesellschaft nicht zur außerordentlichen Beendigung des Portfolioverwaltungsvertrages berechtigt.

[423] BGHZ 74, 293, 298.

[424] Insbesondere in der vor allem zu langfristigen Bierbezugs- und Automatenaufstellungsverträgen ergangenen höchstrichterlichen Rechtsprechung ist anerkannt, dass die Dauer der Bindung für sich alleine noch nicht entscheidend ist, dass vielmehr die gesamten Umstände des Einzelfalls, insbesondere der Grad der Einschränkung der wirtschaftlichen Beweglichkeit und die Größe der zum Ausgleich gewährten Gegenleistung zu berücksichtigen sind. *BGH*, NJW-RR 1986, 982, 983; *BGH*, NJW 1985, 2693, 2695.

[425] *BGH*, NJW 1995, 1425, 1430.

[426] *BGH*, NJW-RR 1986, 982, 983.

## b) Die Übertragung der BGH-Rechtsprechung auf die Investmentaktiengesellschaft

Ein Initiator gründet eine Investmentaktiengesellschaft grundsätzlich mit dem Ziel Einnahmen aus der Verwaltung des Gesellschaftsvermögens zu generieren. Ferner entstehen dem Initiator im Rahmen der Gründung der Investmentaktiengesellschaft nicht unerhebliche Kosten. Er hat somit neben seiner Gewinnerzielungsabsicht auch das Interesse, diese Kosten durch die Vermögensverwaltung wieder zu erwirtschaften. Vor diesem Hintergrund und im Lichte der Rechtsprechung des BGH dürfte eine Laufzeitbindung von zehn Jahren für den Vertrag über die Portfolioverwaltung mit § 138 BGB vereinbar sein. Der Investor erbringt mit der Übernahme der Gründungskosten eine Leistung, für die er zunächst keine Gegenleistung erhält. Insoweit ist er mehr einer Brauerei vergleichbar, die die Bierlieferung an ein zinsgünstiges Darlehen knüpft, als einem beratenden Rechtsanwalt, der Leistung Zug um Zug erbringt. Denn auch der Initiator erbringt mit den Gründungskosten eine Leistung, für die er zunächst keine Gegenleistung erhält.

## c) Zwischenergebnis

Der Initiator hat mit Blick auf die höchstrichterliche Rechtsprechung und den bestehenden gesetzlichen Rahmen die Möglichkeit, die Investmentaktiengesellschaft über den Vermögensverwaltungsvertrag für die Dauer von zehn Jahren an sich zu binden. Dieser Zeitraum ist ausreichend, um ihm die Erwirtschaftung seiner ursprünglichen Investitionen und zusätzlich für das von ihm übernommene wirtschaftliche Risiko einen Gewinn zu ermöglichen.[427]

## d) Die Rechtsfolge einer zu langen Bindungsdauer

Rechtsfolge des § 138 BGB ist grundsätzlich die Nichtigkeit des zu beurteilenden Vertrags. Allerdings macht der BGH von der Nichtigkeitsfolge eine Aus-

---

[427] Das hier gefundene Ergebnis steht nicht im Widerspruch zu dem von Art. 5g Abs. 1 lit. g) OGAW-RiLi vorausgesetzten außerordentlichen Kündigungsrecht im Interesse der Aktionäre. Denn wie im Text ausgeführt, kann auch die Abwehr einer feindlichen Übernahme im Interesse der Anleger sein. Die Bindungsdauer von 10 Jahren steht der europarechtlichen Vorgabe nicht entgegen, da die Anlegerinteressen als außerordentlicher Kündigungsgrund für den Auslagerungsvertrag bestehen bzw. zumindest aufgrund der Vorgaben der Aufsichtsbehörde in diesen aufzunehmen sind.

nahme, wenn das Dauerschuldverhältnis lediglich aufgrund der übermäßig langen Laufzeit gegen die guten Sitten verstößt. In diesem Fall soll aufgrund einer entsprechenden Anwendung des § 139 BGB das Dauerschuldverhältnis mit einer dem tatsächlichen oder vermuteten Parteiwillen geringeren Laufzeit aufrechterhalten bleiben.[428] Im Ergebnis gereicht es einem Initiator damit nicht zum Nachteil, wenn der die Investmentaktiengesellschaft vertraglich zu lange an sich binden sollte. Vielmehr wird der BGH im Falle einer Übertragung und Fortführung seiner Rechtsprechung die vertragliche Laufzeit als vereinbart ansehen, die er mit § 138 BGB noch als vereinbar erachtet.[429] Damit wird zu Gunsten des Initiators der rechtlich zulässige Rahmen voll ausgeschöpft.[430]

## 3. Der Verlust des Markenrechts

Für das Interesse eines Dritten an der feindlichen Übernahme einer Investmentaktiengesellschaft gibt es grundsätzlich nur wenige Gründe. Zum einen werden die Aktionäre Aufsichtsrat und Vorstand neu besetzen, wenn sie mit der Art der Wahrnehmung ihrer Interessen unzufrieden sind. Zum anderen könnte sich ein Finanzintermediär zur feindlichen Übernahme einer Investmentaktiengesellschaft entschließen, um auf diesem Wege ohne größeren Zeitaufwand eine funktionsfähige Plattform für offene Kapitalanlagen zu erlagen. Im Übrigen dürfte diese Form des Erwerbs weit weniger Kosten verursachen als der Aufbau einer eigenen Gesellschaft. Im Fall einer feindlichen Übernahme entfallen die mit einer Gesellschaftsgründung einhergehenden Kosten. Ferner entspricht der für die einzelne Aktie gezahlte Ausgabe- bzw. Kaufpreis gemäß § 103 Abs. 2 Satz 1

---

[428] *BGH*, NJW-RR 1986, 982, 983; *BGH*, WM 1985, 608, 611. *Sack*, in Staudingers (Hrsg.), Kommentar zum Bürgerlichen Gesetzbuch, 13. Auflage 1996, 138 BGB, Rn. 110; *Mayer-Maly/Armbrüster*, in Münchener Kommentar zum Bürgerlichen Gesetzbuch, 4. Auflage 2001, § 138 BGB, Rn. 75.

[429] *BGH*, NJW-RR 1986, 982, 983; *BGH*, WM 1985, 608, 611. *Sack*, in Staudingers (Hrsg.), Kommentar zum Bürgerlichen Gesetzbuch, 13. Auflage 1996, 138 BGB, Rn. 110; *Mayer-Maly/Armbrüster*, in Münchener Kommentar zum Bürgerlichen Gesetzbuch, 4. Auflage 2001, § 138 BGB, Rn. 75.

[430] Dieses Ergebnis ist keinesfalls unbillig. Dem Initiator einer Investmentaktiengesellschaft entstehen aufgrund der Gründung erhebliche Kosten. Er will die Gesellschaft deshalb möglichst lange an sich binden, um die Kosten zu amortisieren und zusätzlich als Gegenleistung für das übernommene unternehmerische Risiko einen Gewinn erwirtschaften.

InvG dem anteiligen Nettoinventarwert.[431] Insoweit kann das Risiko einer feindlichen Übernahme grundsätzlich als niedrig eingestuft werden.

Schließlich ist die Erlangung der Firmen- und Markenrechte ein weiterer Grund
für die feindliche Übernahme einer Investmentaktiengesellschaft.[432]

*Beispiel:*
*Eine namhafte Kapitalanlagegesellschaft – die ABCD Kapitalanlagegesellschaft mbH
– entschließt sich eine Investmentaktiengesellschaft mit veränderlichem Kapital als
Publikumsgesellschaft zu gründen. Um die Nachfrage am Markt nach Anteilen dieser
Investmentaktiengesellschaft zu erhöhen, erlaubt sie der Investmentaktiengesellschaft
auf der Basis eines Lizenzvertrages in der Firma einen Bestandteil der eigenen Firma
zu verwenden. Als Folge dessen darf die Investmentaktiengesellschaft unter „ABCD
Investmentaktiengesellschaft m.v.K." firmieren. Auch die von der Investmentaktiengesellschaft aufgelegten Teilfonds dürfen in ihrer Bezeichnung die eingetragene Marke
„ABCD" führen. Die Aktien dieser Investmentaktiengesellschaft entwickeln sich aufgrund eines guten Portfolioverwalters und des hervorragenden Rufes des Zeichens
ABCD zu einem wahren Verkaufsschlager. Aus diesem Grunde könnte sich ein Mitbe-
werber um die feindliche Übernahme der ABCD Investmentaktiengesellschaft m.v.K.
bemühen, um so nicht nur auf die vorhandenen Strukturen zugreifen zu können, sondern insbesondere auch, um sich den guten Ruf des Zeichens ABCD zu Eigen zu machen.*

Es ist offensichtlich, dass der Initiator an der Benutzung seiner Firma oder einer
seiner Marken und Geschäftszeichen durch einen Dritten kein Interesse hat.
Dem kann entgegengetreten werden, indem im Lizenzvertrag über die Einräumung der Nutzungsrechte durch den Initiator an die Investmentaktiengesellschaft eine Regelung aufgenommen wird, die sicherstellt, dass die Investmentaktiengesellschaft das Recht zur Nutzung des Zeichens in der Firma und für ihre
„Produkte" verliert, sobald der Initiator aus der Gesellschaft hinausgedrängt
worden ist.

Sollte beispielsweise die Vermögensverwaltung für die Investmentaktiengesellschaft auf den Initiator oder ein mit diesem verbundenes Unternehmen ausgelagert werden, so könnte sich im Vermögensverwaltungsvertrag folgende Regelung befinden:

---

[431]  Insoweit stehen lediglich die Transaktionskosten, sollten sie anfallen, negativ zu Buche.
[432]  Die Firma ist als Unternehmenskennzeichen eine geschäftliche Bezeichnung und damit
gemäß § 5 Abs. 1 und Abs. 2 Satz 1 Markengesetz („MarkenG") schutzfähig. Ausführlich
hierzu *Ingerl/Rohnke*, Markengesetz, 2. Auflage 2003, § 5 MarkenG, Rn. 20 ff.

*§ A Vertragslaufzeit*

*(1) Der Vertrag über die Vermögensverwaltung hat eine Laufzeit von 10 Jahren. Der Vertrag ist während der Vertragslaufzeit nicht kündbar. Das Recht zur Kündigung aus wichtigem Grund bleibt hiervon unberührt.*

*(2) Nach Ablauf des unter (1) bezeichneten Zeitraums verlängert sich die Vertragslaufzeit jeweils um weitere 24 Monate, wenn das Vertragsverhältnis nicht zuvor von einer Partei 12 Monate vor Ablauf dieses Zeitraums schriftlich gekündigt worden ist.*

Im Lizenzvertrag könnten sich folgende ergänzende Regelungen finden:

*§ X Vertragslaufzeit*

*(1) Der Vertrag über die Vermögensverwaltung hat eine Laufzeit von 10 Jahren. Der Vertrag ist während der Vertragslaufzeit nicht kündbar. Das Recht zur Kündigung aus wichtigem Grund bleibt hiervon unberührt.*

*(2) Nach Ablauf des unter (1) bezeichneten Zeitraums verlängert sich die Vertragslaufzeit jeweils um weitere 24 Monate, wenn das Vertragsverhältnis nicht zuvor von einer Partei 9 Monate vor Ablauf dieses Zeitraums schriftlich gekündigt worden ist.*

*§ Y Kündigung aus wichtigem Grund*

*(1) Beendet die Investmentaktiengesellschaft den Vermögensverwaltungsvertrag mit der ABCD Kapitalanlagegesellschaft aus wichtigem oder einem sonstigen Grund, so wird dieses Ereignis als wichtiger Grund für eine außerordentliche Kündigung des Lizenzvertrags für beide Parteien angesehen.*

*(2) Kommt es in der Investmentaktiengesellschaft zu einem Wechsel der Unternehmensleitung, so begründet dieses Ereignis ein Recht zur Kündigung aus wichtigem Grund für die ABCD Kapitalanlagegesellschaft. Ein Wechsel in der Unternehmensleitung liegt insbesondere dann vor, wenn der Vorstand der Investmentaktiengesellschaft aus Personen besteht, die jeweils nicht die Zustimmung der von der ABCD Kapitalanlagegesellschaft bestellten Aufsichtsräte erhalten haben.*

*(3) Sollte sich eine Partei zur außerordentlichen Kündigung des Lizenzvertrags entscheiden, so hat sie die Kündigung des Lizenzvertrags der anderen Partei innerhalb von zwei Wochen nach Zugang der außerordentlichen Kündigung des Vermögensverwaltungsvertrags schriftlich zu erklären.*

Über diese Klauseln im Lizenz- und im Vermögensverwaltungsvertrag wird im Ergebnis sichergestellt, dass der Initiator stets Herr über seine Geschäftsbezeichnung und seine Marken bleibt. Da die ordentliche Kündigungsfrist für den Lizenzvertrag kürzer ist als die des Vermögensverwaltungsvertrags, kann der Initiator den Lizenzvertrag stets im Gleichlauf zum Vermögensverwaltungsvertrag beenden. Gleiches gilt für den Fall einer außerordentlichen Kündigung des Vermögensverwaltungsvertrags.

Eine aus dem Gesellschaftsrecht bekannte Regelung findet sich in § Y Abs. 2 Satz 3. In § Y Abs. 2 Satz 3 wird der ABCD Kapitalanlagegesellschaft nach dem Vorbild einer *change of control*-Klausel ein außerordentliches Kündigungsrecht für den Fall der feindlichen Übernahme eingeräumt.[433] Da die ABCD Kapitalanlagegesellschaft selbst nur sehr wenige Aktien der Investmentaktiengesellschaft halten wird, kann ein *change of control* vorliegend nicht durch den Verlust der Mehrheitsbeteiligung oder an einem vergleichbaren Maßstab festgemacht werden. Es muss somit ein anderes Kriterium gefunden werden, das einer objektiven Nachprüfung Stand hält. Vorliegend ist es aufgrund einer entsprechenden Gestaltung der Satzung der Investmentaktiengesellschaft ein Privileg der Initiatoren – der ABCD Kapitalanlagegesellschaft – ein Drittel der Aufsichtsratsmitglieder der Aktionäre zu entsenden.[434] Dieses Recht kann dem Initiator ohne ihre Zustimmung nicht entzogen werden.[435] Insoweit ist die Zustimmung der von dem Initiator in den Aufsichtsrat entsandten Mitglieder zum Beschluss über die Bestellung des Vorstandes ein taugliches Abgrenzungskriterium für die Bestimmung eines *change of control*. Tritt ein solches Ereignis ein, begründet dies für die ABCD Kapitalanlagegesellschaft ein Recht zur Kündigung des Lizenzvertrages aus wichtigem Grund.

Auf diese Weise kann insbesondere auch eine Verwässerung des guten Rufes der geschützten Zeichen des Initiators durch eine Benutzung der Zeichen durch einen Dritten unterbunden werden. Im Ergebnis wird eine solche Regelung zumindest die potentiellen Übernahmeinteressenten von einer feindlichen Übernahme abhalten, denen vornehmlich an der Erlangung des Zeichens liegt, um hieraus Vorteile für sich im Wettbewerb zu erzielen. Es kann davon ausgegangen werden, dass eine solche Regelung im Lizenzvertrag entsprechende Übernahmekandidaten abschrecken wird, da der Verlust der Firma und der Zeichen-

---

[433] Zur *change-of-control*-Klausel: *Schlitt*, in Münchener Kommentar zum Aktienrecht, 2. Auflage 2004, § 33 WpÜG, Rn. 115.

[434] Dazu, 8. Kapitel D.I.. In diesem Zusammenhang stellt sich grundsätzlich auch die Frage, ob eine *change-of-control*-Klausel auch dann möglich ist, wenn der Initiator keine Aktien der Investmentaktiengesellschaft mehr hält. Vorliegend muss der Initiator jedoch mindestens eine Aktie halten, um die 1/3 der Mitglieder des Aufsichtsrates bestimmen zu können. Es ist damit bereits aus diesem Grund erforderlich, dass der Initiator dauerhaft eine Aktie hält.

[435] Hierzu ausführlich, 8. Kapitel D.I.

rechte die Gefahr birgt, dass Aktionäre zum Verkauf ihrer Anteile bewegt und weitere potentielle Anleger vom Kauf der Aktien abgehalten werden. Im Übrigen werden durch den Verlust der Zeichenrechte die Interessen der Aktionäre nicht beeinträchtigt. Die von der Investmentaktiengesellschaft gehaltenen Finanzinstrumente bestehen unverändert fort. Vertraut der Aktionär der neuen Unternehmensleitung nicht, so kann er jederzeit von seinem Andienungsrecht aus § 105 Abs. 3 Satz 1 InvG Gebrauch machen.

## 4. Der Erwerb junger Aktien

Schließlich könnte der Initiator eine feindliche Übernahme der Investmentaktiengesellschaft durch den Erwerb junger Aktien verhindern. Gemäß §§ 104 Satz 1, 105 Abs. 1 Satz 1 InvG kann ein Vorstand in den Grenzen des statutarisch genehmigten Kapitals jederzeit neue Aktien ausgeben. Sollte sich im Vorfeld einer Hauptversammlung eine feindliche Übernahme abzeichnen, so könnte der Initiator eine entsprechende Anzahl von Aktien der Investmentaktiengesellschaft erwerben und so einen entsprechenden Hauptversammlungsbeschluss verhindern. Ein solches Vorgehen ist grundsätzlich am effektivsten, um eine feindliche Übernahme zu verhindern. Allerdings kann dies bei einem entsprechend großen Gesellschaftsvermögen der Investmentaktiengesellschaft für den Initiator mit einem immensen Kapitalaufwand – wenngleich nur von kurzfristiger Dauer – verbunden sein. Die hierbei anfallenden Kosten könnten eventuell der Verhinderung einer feindlichen Übernahme entgegenstehen.

Ferner stellt sich für den Initiator die Frage, anhand welcher Kriterien er eine drohende feindliche Übernahme der von ihm initiierten Investmentaktiengesellschaft erkennen kann. Wie jede Aktiengesellschaft kann auch eine Investmentaktiengesellschaft gemäß § 99 Abs. 1 InvG i.V.m. §§ 10 Abs. 1, 23 Abs. 2 Nr. 5 AktG Inhaberaktien oder Namensaktien begeben. Die Satzung kann auch eine Regelung vorsehen, nach der die Aktien teilweise auf Namen und teilweise auf Inhaber lauten.[436] Ferner braucht die Zahl der Aktien jeder Art in der Satzung nicht bestimmt werden.[437] Auch dies kommt dem veränderlichen Grundkapital der Investmentaktiengesellschaft und der ständig variierenden Zahl der ausgegebenen Aktien entgegen. Für das Problem der Überwachung einer drohenden

---

[436] *Heider,* in Münchener Kommentar zum Aktienrecht, 2. Auflage 2000, § 10 AktG, Rn. 14.
[437] *Heider,* in Münchener Kommentar zum Aktienrecht, 2. Auflage 2000, § 10 AktG, Rn. 14.

feindlichen Übernahme bietet die Namensaktie eine besonders interessante Lösung. Nach § 67 Abs. 1 InvG sind Namensaktien unter Angabe des Namens,
Geburtsdatums und der Adresse des Inhabers sowie der Stückzahl oder der Ak-
tiennummer und bei Nennbetragsaktien des Betrags in das Aktienregister der
Gesellschaft einzutragen. Nur wer als Aktionär im Aktienregister eingetragen
ist, gilt gemäß § 99 Abs. 1 InvG i.V.m. § 67 Abs. 2 AktG im Verhältnis zur Investmentaktiengesellschaft als solcher.[438] Eine Eintragung in das Aktienregister
ist nur für das Innenverhältnis von Aktionär und Investmentaktiengesellschaft
von Bedeutung. Nur der in das Register eingetragene Aktionär ist zur Ausübung
seiner mitgliedschaftlichen Vermögens-, Herrschaft- und Kontrollrechte befugt.
Insbesondere hat nur der eingetragene Aktionär das Recht an der Hauptversammlung der Gesellschaft teilzunehmen und dort sein Stimmrecht auszu-
üben.[439] Folglich bieten Namensaktien und die Pflicht zur Eintragung in das Aktienregister aus § 67 Abs. 1 AktG der Investmentaktiengesellschaft Gewähr für
die Kenntnis aller Aktionäre und deren Stimmenmacht in der Hauptversammlung.

Sollte die Investmentaktiengesellschaft die Kosten eines Aktienregisters scheu-
en, so stellt § 123 Abs. 2 AktG eine kostenlose und ähnlich effektive Kontroll-
möglichkeit zur Verfügung. Gemäß § 127 Abs. 2 AktG kann die Satzung die
Teilnahme an der Hauptversammlung oder die Ausübung des Stimmrechts davon abhängig machen, dass die Aktien bis zu einem bestimmten Zeitpunkt vor
der Versammlung hinterlegt werden, ferner davon, dass sich die Aktionäre vor
der Versammlung anmelden. Nach § 127 Abs. 3 und 4 AktG ist es jedoch ausreichend wenn Anmeldung bzw. Hinterlegung bis zum siebten Tage vor der
Hauptversammlung erfolgen. Im Falle des § 123 AktG erhält die Investmentaktiengesellschaft damit erst kurz vor dem Termin der Hauptversammlung ausreichende Kenntnis von der Gefahr einer drohenden Übernahme.

Die größte Sicherheit gewährt eine Kombination der beiden Vorschriften. Begibt
die Investmentaktiengesellschaft Namensaktien und wird die Teilnahme an der
Hauptversammlung in der Satzung von einer Anmeldung oder der Hinterlegung
der Aktien abhängig gemacht, so kann sich der Initiator am besten auf eine
feindliche Übernahme vorbereiten, insbesondere als letzten Ausweg junge Akti-

---

[438] *Hüffer*, AktG, 7. Auflage 2006, § 67 AktG, Rn. 4f.
[439] *Bayer*, in Münchener Kommentar zum Aktienrecht, 2. Auflage 2003, § 67 AktG, Rn. 43.

en der Investmentaktiengesellschaft erwerben und somit einen Mehrheitsbe-
schluss in der Hauptversammlung abwehren.

## 5. Die Ausgabe stimmrechtsloser Aktien nach liechtensteinischem Modell

Nach dem liechtensteinischen Investmentrecht kann eine Investmentaktiengesellschaft (dort als Anlagegesellschaft bezeichnet) an die Anleger ausschließlich
stimmrechtslose Aktien begeben. Lediglich die Gründeraktien, die das gesetzlich vorgeschriebene Mindestanfangskapital verkörpern und auf Dauer vom Initiator gehalten werden, sind in diesem Fall mit Stimmrechten ausgestattet.[440] Die
soeben diskutierte Gefahr einer feindlichen Übernahme stellt sich damit grundsätzlich nicht. Die Regelung des Art. 35 Abs. 4 IUG lautet wie folgt:

> *„Die Anlagegesellschaft kann die Eigenmittel als Gründeraktien mit Nennwert und in
> der Regel auf den Inhaber lautende Anlegeranteile ohne Nennwert ausgeben. Die An-
> legeranteile können ohne Stimmrecht, die Gründeraktien als Namensaktien ausgestal-
> tet sein."*

Damit besteht zwischen dem liechtensteinischen und dem deutschen Investmentgesetz ein zentraler Unterschied. Das liechtensteinische Recht sieht des
Weiteren in Art. 35 Abs. 3 IUG ausdrücklich vor, dass das Mindestanfangskapital einer liechtensteinischen Investmentaktiengesellschaft in Höhe von 500.000
Schweizer Franken als Eigenmittel der Gesellschaft neben dem über den Verkauf von Aktien eingesammelten Kapital bestehen bleibt. Die Eigenmittel sind
gesondert auszuweisen und vom verwalteten Vermögen klar zu trennen.[441]

Eine solche Separierung ist aufgrund der Regelung des § 96 Abs. 1 Satz 2 InvG
nach deutschem Investmentrecht gerade nicht möglich. Gemäß § 96 Abs. 1 Satz
2 InvG ist die Ausgabe von Aktien ohne Stimmrecht gerade ausdrücklich nicht
möglich. Ausweislich der Gesetzesbegründung ersetzt § 96 Abs. 1 InvG den
ehemaligen § 51 Abs. 2 KAGG.[442] Unter der Geltung des ehemaligen Gesetzes

---

[440] Dies entspricht dem Grundfall von Unternehmens- und Anlageaktien wie er künftig in
§ 96 Abs. 1 InvG n.F. vorzufinden ist.

[441] Art. 35 Abs. 3 Satz 2 IUG. Dieser Unterschied bleibt auch nach dem in Kraft treten des
Investmentänderungsgesetzes bestehen. Auch das künftige Recht sieht keine entsprechende Bindung für das durch die Unternehmensaktien verkörperte Vermögen der Investmentaktiengesellschaft vor.

[442] BT-Drucks. 15/1553 S. 104.

über Kapitalanlagegesellschaften war lediglich eine Investmentaktiengesellschaft mit fixem Kapital rechtlich zulässig. Das Ausgabeverbot von stimmrechtslosen Aktien sollte allen Aktionären die gleiche Möglichkeit zur Mitwirkung und effektiven Kontrolle gewährleisten und war nach Ansicht des Gesetzgebers notwendiges Äquivalent zum Ausschluss des Rücknahmeanspruchs im Vergleich zum herkömmlichen Sondervermögen.[443]

Mit Blick auf eine Investmentaktiengesellschaft mit veränderlichem Kapital ist dieses Argument allerdings so nicht mehr haltbar. In § 105 Abs. 3 Satz 1 InvG wird dem Aktionär ein Anspruch auf Rücknahme seiner Aktien gegen die Gesellschaft eingeräumt. Ferner hat der Aktionär einer Investmentaktiengesellschaft – wie bereits mehrfach betont – an der Ausübung von Leitungsmacht gerade kein Interesse. Ihm kommt es auf die Ausübung seines Stimmrechts nicht an. Seine ausschließlich monetären Interessen kann er über dieses Andienungsrecht im Übrigen viel besser wahrnehmen. Sollte der Aktionär einer Investmentaktiengesellschaft mit der Performance oder dem Management unzufrieden sein, so macht er seinen Unmut nicht in der Hauptversammlung kund, sondern er „stimmt mit den Füssen ab" und gibt seine Aktien an die Gesellschaft zurück."[444]

Im Rahmen einer Reformierung des Investmentgesetzes sollte auch der deutsche Gesetzgeber einer Investmentaktiengesellschaft das Recht zur Ausgabe von stimmrechtslosen Aktien einräumen. Damit würde der deutsche Investmentstandort einerseits mit Liechtenstein gleichziehen, andererseits würde aber auch ein echter Standortvorteil gegenüber Luxemburg geschaffen; ein weiteres Abwandern ins benachbarte Ausland könnte verhindert werden. Die Einführung von stimmrechtslosen Anlegeraktien ist damit nicht nur mit Blick auf eine drohende feindliche Übernahme sinnvoll.

## E.    Zusammenfassung

Die vorstehenden Ausführungen haben gezeigt, dass die Gefahr einer feindlichen Übernahme durch verschiedene Mechanismen auf ein theoretisches Risiko minimiert werden kann. Zunächst empfiehlt es sich den Initiatoren in der Sat-

---

[443] BT-Drucks. 13/8933, S. 126. *Schmitt*, in *Brinkhaus/Scherer* (Hrsg.), § 51 KAGG, Rn. 3.
[444] Vgl. *Steck*, Regulierung von US-amerikanischen Investmentgesellschaften (Investment Companies), S. 122.

zung das Recht einzuräumen, ein Drittel der Aufsichtsratsmitglieder bestellen zu dürfen. Sollte die Investmentaktiengesellschaft die Vermögensverwaltung – als die zentrale Einnahmequelle – auf den Initiator oder ein verbundenes Unternehmen auslagern, so sollte der Vertrag für eine Laufzeit von zehn Jahren eingegangen werden. Schließlich sollte durch eine *change of control* Klausel sichergestellt werden, dass die Investmentaktiengesellschaft im Falle einer feindlichen Übernahme die Nutzungsrechte an den Marken und Geschäftszeichen des Initiators verliert. *De lege ferenda* könnte das Problem der feindlichen Übernahme durch die Zulässigkeit von stimmrechtslosen Anlegeraktien ausgeschlossen werden.

## 9. Kapitel: Der EU-Pass für die Investmentaktiengesellschaft

Aufgrund des immer weiter verschmelzenden europäischen Kapitalanlagemarktes ist der grenzüberschreitende Vertrieb ihrer Produkte auch für deutsche Fondsanbieter eine Grundvoraussetzung, um im stetig steigenden europäischen Wettbewerb langfristig bestehen zu können. Gemäß Art. 46 Abs. 1 Satz 2 OGAW-RiLi bedürfen OGAW-Anteile – also Anteile an einem Sondervermögen oder einer Investment(aktien)gesellschaft – für den grenzüberschreitenden Vertrieb einer Bescheinigung der zuständigen nationalen Aufsichtsbehörde über ihre Richtlinienkonformität.[445] Diese Bescheinigung wird als europäischer bzw. EU-Pass bezeichnet.

Erst die Aufnahme der Investmentaktiengesellschaft mit veränderlichem Kapital in das Investmentgesetz warf die Frage nach der EU-Passfähigkeit deutscher Investmentaktiengesellschaften auf. Denn wie im 1. Kapitel unter B.I. gezeigt, fallen Investmentaktiengesellschaft mit fixem Kapital nicht in den Anwendungsbereich der OGAW-Richtlinie. Nur eine Investmentaktiengesellschaft mit veränderlichem Kapital kann in den Genuss eines EU-Passes gelangen, falls sie richtlinienkonform ausgestaltet ist.

### A. Der EU-Pass als Erfordernis für einen vereinfachten grenzüberschreitenden Vertrieb

Während die Europäische Gemeinschaft bis vor wenigen Jahren die Verwirklichung des gemeinsamen Marktes über die Vereinheitlichung aller relevanten nationalen Vorschriften suchte, beschränkt sie sich inzwischen hierbei auf die gegenseitige Anerkennung mitgliedstaatlicher Maßnahmen, eine gemeinschaftsweite Mindestharmonisierung und die Umsetzung des Herkunftslandprinzips.[446] Nach dem Herkunftslandprinzip werden Unternehmen grundsätzlich nur

---

[445] Nach dem Investmentänderungsgesetz findet sich in § 96 Abs. 3 InvG nun ausdrücklich eine Regelung über die EU-Passfähigkeit einer richtlinienkonformen Investmentaktiengesellschaft.

[446] Vgl. *Europäische Kommission*, Weißbuch über die Vollendung des Binnenmarktes, KOM 85(319), Rn. 61 ff.; Mitteilung der Kommission, ABl. der EG 1980 C 256/2; *von Borries/Petschke*, DVBl. 1996, 1343; *EuGH*, Rs. C-184/96, Slg. 1998, I-6197, Rn. 13 und 22 ff.; *Schroeder*, in Streinz (Hrsg.), Kommentar zum EUV / EGV, 2003, Art. 28 EG, Rn. 74.

durch die Behörden des Heimatlandes kontrolliert und überwacht.[447] Das Herkunftslandprinzip ist auch in der OGAW-Richtlinie verankert. So findet nach Art. 4 Abs. 1 OGAW-RiLi die Zulassung und nach Art. 49 Abs. 3 OGAW-RiLi die Aufsicht nur durch die Behörden des Sitzstaates statt.[448] Im Falle eines grenzüberschreitenden Vertriebs ist dieser den betreffenden mitgliedstaatlichen Behörden nach Art. 46 Abs. 1 OGAW-RiLi anzuzeigen und insbesondere der EU-Pass als Zeugnis der aufsichtsrechtlichen Zulässigkeit vorzulegen. Der EU-Pass dokumentiert den Aufsichtsbehörden der anderen Mitgliedstaaten zum einen die aufsichtrechtliche Zulässigkeit und zum anderen die Richtlinienkonformität des betreffenden Investmentvermögens. Der EU-Pass erlangt damit nur für grenzüberschreitende Sachverhalte Bedeutung. Die Vertriebsstaaten und ihre Aufsichtsbehörden können die Zulässigkeit eines Investmentvermögens nicht von einer weiteren eigenen Erlaubnis abhängig machen. Die betroffenen Investmentanteile dürfen aufgrund des EU-Passes in allen anderen Mitgliedstaaten ohne zusätzliches aufsichtsrechtliches Genehmigungsverfahren vertrieben werden.[449] Das Erfordernis einer weiteren Erlaubnis würde den innergemeinschaftlichen Verkehr behindern und wäre damit mit den Grundfreiheiten des EG-Vertrages nicht vereinbar.[450] An dieser Stelle kann offen gelassen werden, ob vorliegend die Kapitalverkehrsfreiheit oder die Dienstleistungsverkehrsfreiheit einschlägig ist, da jedenfalls die Dienstleistungsfreiheit gemäß Art. 50 EG subsidiär Anwendung findet.[451] Insoweit können die Aktien einer deutschen Investmentaktiengesellschaft grundsätzlich ohne weitere Beschränkungen in den anderen Mitgliedstaaten vertrieben werden, wenn die Investmentaktiengesellschaft im Besitz eines EU-Passes ist.

---

[447] *Förster/Hertrampf*, Das Recht der Investmentfonds, 3. Auflage 2000, Rn. 170.

[448] Ausführlich hierzu: *Förster/Hertrampf*, Das Recht der Investmentfonds, 3. Auflage 2000, Rn. 1235. Lediglich für Vertriebs- (Art. 49 Abs. 3 Satz 2 OGAW-RiLi) und Werberegelungen (Art. 52 Abs. 2 OGAW-RiLi) gilt noch das Vertriebslandprinzip.

[449] Wenngleich im Falle des grenzüberschreitenden Vertrieb von OGAW in den anderen Mitgliedstaaten kein Genehmigungsverfahren durchgeführt werden muss, so sind doch gewisse Unterlagen bei den Regulierungsbehörden vorzulegen; dazu ausführlich sogleich im Text unter Ziffer III. *Leistikow/Ellerkmann*, BB 2003, 2693.

[450] Vgl. *Europäische Kommission*, Weißbuch über die Vollendung des Binnenmarktes, KOM 85(319), Rn. 61 ff.; Mitteilung der Kommission, ABl. der EG 1980 C 256/2; *von Borries/Petschke*, DVBl. 1996, 1343; *EuGH*, Rs. C-184/96, Slg. 1998, I-6197, Rn. 13 und 22 ff.

[451] Hierzu ausführlich: *Ohler*, ZEuS 2002, 321 ff.

## B.     Die Anforderungen der OGAW-Richtlinie

In Art. 46 OGAW-RiLi hat der Europäische Gesetzgeber abschließende Regelungen für den grenzüberschreitenden Vertrieb von OGAW-Anteilen getroffen. Gemäß Art. 46 Abs. 1 Satz 1 OGAW-RiLi muss ein OGAW, der beabsichtigt seine Anteile in einem anderen Mitgliedstaat als dem, in dem er ansässig ist, zu vertreiben, dies zuvor den zuständigen Aufsichtsbehörden des anderen Mitgliedstaats anzeigen. Aufgrund Art. 46 Abs. 1 Satz 2 OGAW-RiLi hat der OGAW bei seiner Anzeige verschiedene Unterlagen vorzulegen, wie Vertragsbedingungen bzw. Satzung, einen vollständigen und einen vereinfachten Prospekt, Angaben über die vorgesehenen Modalitäten für den Vertrieb der Anteile in diesem anderen Mitgliedstaat, gegebenenfalls den letzten Jahresbericht und den anschließenden Halbjahresbericht sowie eine Bescheinigung der in seinem Sitzstaat zuständigen Aufsichtbehörde, dass er die Vorschriften der OGAW-Richtlinie erfüllt. Diese Bescheinigung wird im allgemeinen Sprachgebrauch als „EU-Pass" bezeichnet. Damit hat die Europäische Gemeinschaft in Art. 46 Abs. 1 Satz 2 1. Spiegelstrich OGAW-RiLi die Voraussetzungen für die EU-Pass-Erteilung zur Verwirklichung eines gemeinsamen Kapitalanlagemarkts abschließend geregelt. Erfüllt ein OGAW die Voraussetzungen der OGAW-Richtlinie, so ist ihm der EU-Pass zwingend zu erteilen. Die Mitgliedstaaten – bei der Umsetzung der Richtlinie – und ihren Aufsichtsbehörden – bei der Entscheidung über die Bescheinigungserteilung – verfügen insoweit über keinen Ermessensspielraum.

## C.     Die Investmentaktiengesellschaft als richtlinienkonformer Organismus

Im 1. Kapitel wurde dargestellt, dass eine deutsche Investmentaktiengesellschaft mit veränderlichem Kapital vom Initiator als OGAW-richtlinienkonformer Organismus ausgestaltet werden kann. Hierbei ist unter anderem zunächst der Unternehmensgegenstand auf die Anlage und die Verwaltung ihrer Mittel nach dem Grundsatz der Risikomischung in Vermögensgegenstände nach Maßgabe des § 2 Abs. 4 Nr. 1 bis 4 InvG zu beschränken. Des Weiteren sind die Anforderungen der §§ 46 bis 65 InvG an ein richtlinienkonformes Investmentvermögen zu beachten. Werden alle Vorgaben der Richtlinie erfüllt, so ist eine Investmentaktiengesellschaft mit veränderlichem Kapital EU-passfähig im Sinne der OGAW-Richtlinie.

Allerdings entfaltet eine europäische Richtlinie gemäß Art. 249 Abs. 3 EG grundsätzlich keine unmittelbare Wirkung in den Mitgliedstaaten. Vielmehr verpflichtet die Richtlinie die Mitgliedstaaten, innerhalb der Umsetzungsfrist die Rahmenvorgaben in das nationale Recht aufzunehmen.

**D.  Der EU-Pass nach dem Investmentgesetz**

Die Sondervorschriften für den Vertrieb von OGAW in anderen Mitgliedstaaten der Europäischen Union oder anderen Vertragsstaaten des Abkommens über den Europäischen Wirtschaftsraum finden sich in den §§ 128 f. InvG. Gemäß § 128 Abs. 1 Satz 1 InvG hat eine Kapitalanlagegesellschaft, die beabsichtigt Anteile an einem Sondervermögen nach Maßgabe der §§ 46 bis 65 InvG in einem anderen Mitgliedstaat der Europäischen Union oder in einem anderen Vertragsstaat des Abkommens über den Europäischen Wirtschaftsraum im Publikum zu vertreiben, dies der BaFin und der Deutschen Bundesbank sowie den zuständigen Stellen des anderen Staates anzuzeigen. Zur Vorlage bei den zuständigen Stellen dieses Staates stellt die BaFin auf Antrag der Kapitalanlagegesellschaft bei Nachweis der Voraussetzungen den EU-Pass aus, der die Erfüllung der Anforderungen der OGAW-Richtlinie dokumentiert. Nach dem Wortlaut des § 128 Abs. 1 InvG können *de lege lata* grundsätzlich nur Kapitalanlagegesellschaften im Sinne von § 2 Abs. 6 InvG einen EU-Pass beantragen und damit erhalten. Die Investmentaktiengesellschaft wird in § 128 Abs. 1 InvG nicht als tauglicher Antragsteller genannt. Auch § 99 Abs. 3 ebnet der Investmentaktiengesellschaft mit veränderlichem Kapital nicht den Weg zum EU-Pass. Zwar finden gemäß § 99 Abs. 3 InvG die dort aufgezählten Vorschriften des Investmentgesetzes auf die Investmentaktiengesellschaft entsprechende Anwendung; die §§ 128 f. InvG werden aber nicht genannt.

Damit wird der Investmentaktiengesellschaft mit veränderlichem Kapital vom Gesetz der EU-Pass und als Konsequenz dessen der vereinfachte grenzüberschreitende Vertrieb ihrer Aktien verwehrt. Gründe hierfür bestehen nicht. Zwar war die Rechtsform der Investmentaktiengesellschaft ursprünglich nur für Hedgefonds vorgesehen, letztendlich ist sie aufgrund ihrer Ausgestaltung allen Anlageformen – insbesondere auch den OGAW im Sinne der Richtlinie – zugänglich. Die hier vorgefundene Diskriminierung behindert ausschließlich inländische Investmentaktiengesellschaften bei dem europaweiten Vertrieb ihrer Aktien. Dies, obwohl die Vorschriften über die Investmentaktiengesellschaft überarbeitet wurden, um die Leistungsfähigkeit des Investmentstandortes Deutschland im europäischen Wettbewerb zu steigern.[452] Die unterbliebene Einbeziehung der Investmentaktiengesellschaft in die Vorschriften über den Vertrieb in anderen Mitgliedstaaten muss insoweit als redaktionelles Versehen gewertet werden.[453]

## E.  Die richtlinienkonforme Auslegung des § 128 InvG

Die Ausführungen im 1. Kapitel haben gezeigt, dass der deutsche Gesetzgeber aufgrund der Regelungen in der OGAW-Richtlinie seine originäre Gesetzgebungskompetenz für richtlinienkonforme Investmentvermögen an den europäischen Normengeber verloren hat. Gemäß Art. 249 Abs. 3 EG ist den Mitgliedstaaten im Rahmen von Richtlinien nur die Kompetenz verblieben, diese in nationales Recht zu transformieren. Bei der Umsetzung besteht insoweit ein gewisser Handlungsspielraum für die Mitgliedstaaten. Die Vorgaben der Richtlinie sind hierbei jedoch zwingend zu beachten.[454] Vorliegend ist somit zu differenzieren:

Wenngleich die OGAW-Richtlinie bereits seit ihrem Erlass am 20. Dezember 1985 Regelungen über Investment(aktien)gesellschaften enthält, begründet dies keine Pflicht für den deutschen Gesetzgeber, auch dem deutschen Kapitalanlagemarkt eine Investment(aktien)gesellschaft als Vehikel für Kapitalanlageprodukte zur Verfügung zu stellen.[455] Denn nach dem eindeutigen Wortlaut des Art. 1 Abs. 1 OGAW-RiLi unterwerfen die Mitgliedstaaten (nur) die auf ihrem Gebiet ansässigen OGAW den Anforderungen der Richtlinie. Damit überlässt der Europäische Gesetzgeber den Mitgliedstaaten die Kompetenz zu entscheiden, welche der OGAW-Alternativen sie dem jeweiligen nationalen Kapitalan-

---

[452] BT-Drucks. 15/1553, S. 65.

[453] In den Vorschriften des 5. Kapitels wurde die inländische Investmentaktiengesellschaft aufgrund eines redaktionellen Versehens nicht berücksichtigt.

[454] *Schmidt*, in von der Groeben/Schwarze (Hrsg.), Kommentar zu EU-Vertrag und EG-Vertrag, 7. Auflage 2006, Art. 249 EG, Rn. 39ff.; *Ruffert*, in Calliess/Ruffert (Hrsg.), Kommentar zu EU-Vertrag und EG-Vertrag, 2. Auflage 2002, Art. 249 EG, Rn. 46ff.

[455] ABl. EU L 375, S. 3.

lagemarkt zur Verfügung stellen und damit die Entscheidung über das „ob" der Implementierung von Investment(aktien)gesellschaften. Entscheidet sich ein Mitgliedstaat für die Einführung einer weiteren OGAW-Form, wie es der deutsche Gesetzgeber im Rahmen des Investmentmodernisierungsgesetzes mit der Investmentaktiengesellschaft mit veränderlichem Kapital getan hat, so ist er hinsichtlich der rechtlichen Ausgestaltung, also betreffend des „wie", an die Vorgaben der Richtlinie gebunden, wenn diese vom Initiator als OGAW ausgestaltet werden kann. Erfüllt eine deutsche Investmentaktiengesellschaft damit die Voraussetzungen der OGAW-Richtlinie für die Erteilung eines EU-Passes, so müssen die mitgliedstaatlichen Gesetze Regelungen vorsehen, die es der Investmentaktiengesellschaft ermöglichen, einen EU-Pass zu erhalten.

Auch wenn das Investmentgesetz *de lege lata* der Investmentaktiengesellschaft den EU-Pass zu verwehren scheint, besteht aufgrund der gemeinschaftsrechtlich gebotenen Pflicht zur richtlinienkonformen Auslegung nationaler Vorschriften grundsätzlich ein Anspruch der Investmentaktiengesellschaft auf Erteilung eines EU-Passes. Der deutsche Gesetzgeber hat im Zuge des Investmentmodernisierungsgesetzes der Investmentaktiengesellschaft mit veränderlichem Kapital den Weg zur Richtlinienkonformität eröffnet. Wenngleich die OGAW-Richtlinie die Mitgliedstaaten nicht zur Aufnahme von Investment(aktien)gesellschaften in das nationale Kapitalanlagerecht verpflichtet, so sind die Mitgliedstaaten jedoch im Fall der Umsetzung zur richtlinienkonformen Ausgestaltung angehalten. Im Fall einer unzureichenden Umsetzung einer Richtlinie sind die nationalen Behörden und Gerichte verpflichtet, auf der Ebene der Rechtsanwendung die Verwirklichung der Vorgaben einer Richtlinie sicherzustellen.[456] Bei Auslegungsfragen ist das nationale Recht so weit wie möglich am Wortlaut und Zweck der einschlägigen Richtlinie auszulegen, um das mit der Richtlinie verfolgte Ziel zu erreichen.[457] Diese Pflicht wird vom Europäischen Gerichtshof („EuGH") mit Art. 10

---

[456] *Kahl*, in Calliess/Ruffert (Hrsg.), Kommentar zum EU-Vertrag und EG-Vertrag, 2. Auflage 2002, Art. 10 EG, Rn. 40; *Streinz*, Europarecht, 6. Auflage 2003, Rn. 405; *Jarass*, EuR 1991, S. 211; *EuGH*, Rs. C-365/97, Slg. 1999, I-7773, Rn. 85.

[457] *Luttermann*, EuZW 1998, 264, 265; *Lutter*, JZ 1992, 593, 604f.; *Jarass*, EuR 1991, 211; *Kehl*, in Calliess/Ruffert (Hrsg.), Kommentar zum EU-Vertrag und EG-Vertrag, 2. Auflage 2002, Art. 10, Rn. 4.

EG, dem *effet utile* und dem Vorrang des Gemeinschaftsrechts begründet.[458] Nur über die europarechts- bzw. richtlinienkonforme Auslegung des mitgliedstaatlichen Rechts kann dieser Vorrang und zugleich eine europaweite einheitliche Rechtsanwendung der europäischen Vorschriften sichergestellt werden.[459] Die Grenze der richtlinienkonformen Auslegung – die Begründung einer Pflicht zu Lasten des Einzelnen im nationalen Recht durch eine solche Auslegung sowie die Allgemeinen Rechtsgrundsätze des Gemeinschaftsrechts – wird hierbei vorliegend nicht überschritten.[460] Die in § 128 Abs. 1 Satz 2 InvG aufgenommene Verpflichtung zur Erteilung des EU-Passes trifft lediglich die Aufsichtsbehörde und damit den Mitgliedstaat selbst.[461] Die Regelung des § 128 Abs. 1 Satz 2 InvG ist folglich einer entsprechenden Interpretation innerhalb der Grenzen einer richtlinienkonformen Auslegung zugänglich. Damit besteht auch für eine OGAW-richtlinienkonforme deutsche Investmentaktiengesellschaft ein Anspruch auf Erteilung eines EU-Passes.[462]

## F.    Zusammenfassung

Der Erhalt des EU-Passes für eine Investmentaktiengesellschaft ist somit durch die konkrete Ausgestaltung im Einzelfall bedingt. Gestaltet der Initiator eine Investmentaktiengesellschaft als richtlinienkonformes Investmentvermögen aus, so hat diese einen Anspruch auf Erteilung eines EU-Passes.[463] Das bestehende

---

[458] *Kehl*, in Calliess/Ruffert (Hrsg.), Kommentar zum EU-Vertrag und EG-Vertrag, 2. Auflage 2002, Art. 10, Rn. 4; *Jarass/Beljin*, NVwZ, 2004, 1; *EuGH*, Rs. C-365/97, Slg. 1999, I-7773, Rn. 85.

[459] *Jarass/Beljin*, NVwZ, 2004, 1; *Kehl*, in Calliess/Ruffert (Hrsg.), Kommentar zum EU-Vertrag und EG-Vertrag, 2. Auflage 2002, Art. 10, Rn. 4; *EuGH*, Rs. C-365/97, Slg. 1999, I-7773, Rn. 85.

[460] EuGH – Arcaro, Rs. C-168/95, Slg. 1996, I-4705; *Ruffert* in Calliess / Ruffert (Hrsg.), Kommentar zum EU-Vertrag und EG-Vertrag, 2. Auflage 2002, Art. 249 EG Rn. 106.

[461] Nach der Rechtsprechung des EuGH wäre jedoch eine andere Beurteilung erforderlich, falls die richtlinienkonforme Auslegung im Ergebnis eine Verpflichtung für den einzelnen Gemeinschaftsbürger begründen würde. EuGH – Arcaro, Rs.-C 168/95, . Slg. 1996, I-4705, Rn. 42.

[462] Zur Frage des Rechtsschutzes auf nationaler und internationaler Ebene: Ausführlich bei *Fischer*, Die Investmentaktiengesellschaft mit veränderlichem Kapital – ein Organismus im Sinne der OGAW-Richtlinie, (unveröffentlichte Magisterarbeit) 2006, Kapitel E.

[463] Die EU-Passfähigkeit der Investmentaktiengesellschaft mit veränderlichem Kapital wird auch in den folgenden Veröffentlichungen angenommen bzw. vorausgesetzt: *Fromm*, IStR 2005, S. 227 ff., WuB X. Art. 4 der RL 77/388/EWG.

Defizit des Investmentgesetzes ist von den nationalen Behörden und Gerichten im Wege einer richtlinienkonformen Anwendung des § 128 InvG zu beheben, bis der EU-Pass für die Investmentaktiengesellschaft mit veränderlichem Kapital ausdrücklich in das Investmentgesetz aufgenommen wird.[464] In Zweifelsfällen steht den betroffenen Gesellschaften der Rechtsweg offen.[465]

---

[464] Sollte sich ein deutsches Gericht oder eine Behörde gegen eine richtlinienkonforme Auslegung des § 128 Abs. 1 InvG entscheiden, so hat die betreffende Investmentaktiengesellschaft unmittelbar aus der OGAW-Richtlinie einen Anspruch auf Erteilung des EU-Passes. Da die Anforderungen der OGAW-Richtlinie an die Erteilung des europäischen Passes so genau formuliert sind, dass der Initiator einer Investmentaktiengesellschaft mit veränderlichem Kapital aus ihr unmittelbar – also ohne Umsetzungsspielraum für den deutschen Gesetzgeber – Rechte ableiten kann und die Umsetzungsfrist am 1. Oktober 1989 (Art. 57 OGAW-RiLi) abgelaufen ist, haben die deutschen Behörden und Gerichte sie als höherrangiges Gemeinschaftsrecht von Amts wegen zu beachten und ihr zur unmittelbaren Wirkung zu verhelfen. *Schmidt*, in von der Groeben/Schwarze (Hrsg.), Vertrag über die Europäische Union und Vertrag zur Gründung der Europäischen Gemeinschaft, Kommentar, 7. Auflage 2006, Art. 249 EG, Rn.42 ff., *Ruffert*, in Ruffert/Calliess (Hrsg.), Kommentar zum EU-Vertrag und EG-Vertrag, 2. Auflage 2002, Art. 249 EG, Rn. 69 ff., *Fischer*, Die Investmentaktiengesellschaft mit veränderlichem Kapital – ein Organismus im Sinne der OGAW-Richtlinie, (unveröffentlichte Magisterarbeit) 2006, Kapitel D.V.

[465] Ausführlich hierzu, *Fischer*, Die Investmentaktiengesellschaft mit veränderlichem Kapital – ein Organismus im Sinne der OGAW-Richtlinie, (unveröffentlichte Magisterarbeit) 2006, Kapitel E.

## 10. Kapitel: Die Insolvenz der Investmentaktiengesellschaft

Auch für die Investmentaktiengesellschaft stellt sich die Frage nach den Konsequenzen einer Zahlungsunfähigkeit. Das Investmentgesetz selbst sieht keine spezifischen Regelungen für den Fall der Insolvenz einer Investmentaktiengesellschaft vor. Insoweit ist auf die allgemeinen insolvenzrechtlichen Bestimmungen für herkömmliche Aktiengesellschaften zurückzugreifen.

### A. Die Anwendung des allgemeinen Insolvenzrechts

Nach § 11 Abs. 1 Satz 1 InsO sind juristische Person neben natürlichen Personen insolvenzfähig. Investmentaktiengesellschaften sind nach § 99 Abs. 1 InvG i.V.m. § 1 Abs. 1 Satz 1 AktG juristische Personen und somit insolvenzfähig. Gemäß § 92 Abs. 2 Satz 1 AktG i.V.m. §§ 13 Abs. 1, 17 Abs. 1 InsO i.V.m. § 99 Abs. 1 InvG hat der Vorstand der Investmentaktiengesellschaft bei Eintritt der Zahlungsunfähigkeit der Gesellschaft ohne schuldhaftes Zögern die Eröffnung des Insolvenzverfahrens zu beantragen.[466] Nach der gesetzlichen Vermutung des § 17 Abs. 2 Satz 2 InsO liegt Zahlungsunfähigkeit vor, wenn der Schuldner seine Zahlungen eingestellt hat.[467] Gemäß § 18 InsO kann auch die drohende Zahlungsunfähigkeit Insolvenz begründen. Diese so genannte „Zeitraum-Illiquidität" ist zwar zulässiger Eröffnungsgrund für ein Insolvenzverfahren, verpflichtet den Vorstand einer Investmentaktiengesellschaft jedoch nicht zur Antragsstellung nach § 92 Abs. 2 Satz 1 AktG[468]. Die Überschuldung steht gemäß § 19 Abs. 1 InsO ausschließlich juristischen Personen als zulässiger Eröffnungsgrund zur Verfügung. Nach der Legaldefinition des § 19 Abs. 2 Satz 1 InsO liegt Überschuldung vor, wenn das Vermögen der Investmentaktiengesellschaft die bestehenden Verbindlichkeiten nicht mehr deckt.[469]

---

[466] *Hüffer* in MüKo zum AktG, 2. Auflage 2001, § 262 AktG, Rn. 49 ff.

[467] *Schmerbach*, in Wimmer (Hrsg.), Frankfurter Kommentar zur InsO, 3. Auflage 2001, § 17 InsO, Rn. 1; *Pape*, in Kübler/Prütting (Hrsg.), Kommentar zur InsO, Stand Oktober 2005, § 17 InsO, Rn. 1 ff.

[468] *Hüffer* in MüKo zum AktG, 2. Auflage 2001, § 262 AktG, Rn. 49.

[469] Im Fall der Überschuldung ist ausschließlich auf die rechnerische Überschuldung – Überschuldungsbilanz – abzustellen. Der in der Konkursordnung vorherrschende zweistufige Überschuldungsbegriff, nach dem die Überschuldung auch eine negative Fortführungsprognose voraussetzte, entspricht § 19 Abs. 2 Satz 2 InsO nicht mehr, da die Prognose

Die Eröffnung des Insolvenzverfahrens nach § 92 Abs. 2 Satz 1 AktG bewirkt gemäß § 262 Abs. 1 Nr. 3 AktG die Auflösung der Investmentaktiengesellschaft.[470] Aufgrund § 264 Abs. 1 AktG findet jedoch keine Abwicklung der Gesellschaft statt, sondern es wird gewöhnlich im Rahmen des § 26 InsO ein Insolvenzverfahren über das Vermögen der Investmentaktiengesellschaft eröffnet.

## I. Die Haftungsmasse in der Insolvenz

In § 35 InsO ist der Begriff der Insolvenzmasse legal definiert. Hiernach erfasst das Insolvenzverfahren das gesamte Vermögen, das der Investmentaktiengesellschaft im Zeitpunkt der Eröffnung des Insolvenzverfahrens gehört und das sie während des Verfahrens erlangt.[471] Zum Vermögen zählen sowohl bewegliche als auch unbewegliche Vermögensgegenstände. Das bewegliche Vermögen umfasst körperliche Gegenstände, Forderungen und andere Vermögensrechte.[472]

Im Unterschied zur klassischen Kapitalanlagegesellschaft findet sich unter dem Dach einer Investmentaktiengesellschaft kein vom eingelegten Kapital der Aktionäre separiertes eigenes Vermögen der Gesellschaft, an dem die Aktionäre keine Rechte haben. Eine Kapitalanlagegesellschaft bedarf nach § 12 Abs. 1 Nr. 1 InvG eines Mindestanfangskapitals von EUR 730.000. Diese Vermögensmasse besteht in der Kapitalanlagegesellschaft neben den Sondervermögen im Vermögen der Kapitalanlagegesellschaft als weitere Vermögensmasse und ist gemäß § 30 Abs. 1 Satz 2 InvG als eigenes Vermögen der Kapitalanlagegesellschaft getrennt von den Sondervermögen zu halten.[473] Es findet also keine Vermischung zwischen Anlegergeldern und Gesellschaftsmitteln statt.

---

hiernach nur noch in der Bewertung eine unselbständige Bedeutung hat. *Hüffer*, in Münchener Kommentar zum AktG, 2. Auflage 2001, § 262 AktG, Rn. 49; *Habersack*, im Großkommentar zum AktG, § 92 AktG, Rn. 44 f.; BT-Drucks 12/7302, S. 157; *Schmerbach*, in Wimmer (Hrsg.), Frankfurter Kommentar zur InsO, 3. Auflage 2001, § 19 InsO, Rn. 1; *Pape*, in Kübler/Prütting (Hrsg.), Kommentar zur InsO, Stand Oktober 2005, § 19 InsO, Rn. 1 ff.

[470] Die Auflösung der Investmentaktiengesellschaft ist nach § 99 Abs. 1 InvG i.V.m. § 263 Satz 3 AktG von Amts wegen vom Registergericht in das Handelsregister einzutragen.

[471] Als relevanter Zeitpunkt ist der im Eröffnungsbeschluss angegebenen Zeitpunkt (§ 27 Abs. 2 Nr. 2, Abs. 3 InsO) heranzuziehen.

[472] *Schumacher*, in Wimmer (Hrsg.), Frankfurter Kommentar zur InsO, 3. Auflage 2001, § 35 InsO, Rn. 5.

[473] Die Anforderungen an das Mindestnennkapital berücksichtigen neben dem Schutz der Anleger auch den Schutz der Gläubiger. Da die Sondervermögen gemäß § 31 Abs. 2 Satz

Eine Investmentaktiengesellschaft benötigt für die Aufnahme ihres Geschäftsbetriebes gemäß § 97 Abs. 1 Satz 2 Nr. 1 InvG ein Anfangskapital von mindestens EUR 300.000. Das gesamte Anfangskapital wird bereits bei der Gründung durch die Aktien der Investmentaktiengesellschaft verkörpert. Das bei der Veräußerung der Aktien eingenommene Kapital wird in Finanzinstrumente investiert. Diese bilden das Vermögen und damit die Haftungsmasse einer Investmentaktiengesellschaft.[474]

## II. Kein Aussonderungsrecht der Aktionäre

Für den Fall der Insolvenz stellt sich die Frage, ob die Aktionäre der Investmentaktiengesellschaft über ein Aussonderungsrecht für ihr anteilig noch vorhandenes, eingelegtes Kapital verfügen. Dies ist nach § 47 Satz 1 InsO dann der Fall, wenn sie aufgrund eines persönlichen oder dinglichen Rechts geltend machen könnten, dass ihr Kapital nicht zur Insolvenzmasse der Investmentaktiengesellschaft gehört.

In Ermangelung einer spezialgesetzlichen Regelung im Investmentgesetz im Sinn von § 47 Satz 2 InsO, besteht ein solches Aussonderungsrecht nur, wenn die Investmentaktiengesellschaft die eingelegten Gelder als fremdnützige Treuhänderin hält.[475] Die Investmentaktiengesellschaft verwaltet die eingelegten Gelder nicht treuhänderisch für ihre Aktionäre, sondern gemäß § 96 Abs. 2 Satz 2 InvG als eigene Mittel. Hier zeigt sich noch deutlich, dass eine Investmentaktiengesellschaft immer nur über ein Gesellschaftsvermögen verfügt. Es erfolgt

---

1 InvG nicht für die Verbindlichkeiten der Kapitalanlagegesellschaften haften, liegt das Anfangskapital einer Kapitalanlagegesellschaft deutlich über dem einer Investmentaktiengesellschaft. *Baur,* Investmentgesetze, 2. Auflage 1997, § 2 KAGG, Rn. 10. *Zeller,* in Brinkhaus/Scherer (Hrsg.), Kommentar zum KAGG und AuslInvestmG, 2003, § 6 KAGG, Rn. 8.

[474] Sollten sich im Eigentum einer Investmentaktiengesellschaft neben den Finanzinstrumenten andere Wirtschaftgüter, beispielsweise eine Computeranlage oder sonstige Büroausstattungen, befinden, so bilden auch diese Gegenstände kein „sonstiges" Vermögen der Investmentaktiengesellschaft. Auch diese Gegenstände werden den einzelnen Teilfonds wertmäßig anteilig zugerechnet. Unabhängig vom Wert der einzelnen Teilfondsaktien entfällt auf jede Aktie der gleiche Anteil. Dies folgt bereits aus dem aktienrechtlichen Gleichbehandlungsgrundssatz des § 53a AktG. Hierzu allgemein, *Zätsch/Maul,* Beck'sches Handbuch der AG, 2003, § 4 Rn. 267 ff.

[475] *Bassange,* in Palandt (Hrsg.), Bürgerliches Gesetzbuch, 66. Auflage 2007, § 903 BGB, Rn. 42.

keine Trennung zwischen dem Investmentvermögen und dem sonstigen Vermögen der Investmentaktiengesellschaft.[476] Der Anleger einer Investmentaktiengesellschaft ist eben gerade kein Treugeber sondern vollwertiger Aktionär; er trägt insoweit auch das unternehmerische Risiko der Gesellschaft mit. Im Übrigen kann nur diese Betrachtungsweise die Wahrung der aktienrechtlichen Kapitalerhaltungsvorschriften gewährleisten. Da eine Investmentaktiengesellschaft im Idealfall ihr gesamtes Vermögen in Finanzinstrumenten anlegt, würde den Gläubigern im Fall der Annahme einer Treuhänderschaft keine Haftungsmasse zur Verfügung stehen. Dies ist mit den Grundsätzen der Haftungsverfassung einer Aktiengesellschaft nicht vereinbar. Der Gläubiger einer Aktiengesellschaft kann grundsätzlich darauf vertrauen, dass diese zumindest über das Grundkapital als Mindesthaftmasse verfügt.

Für das von den Aktionären eingelegte Kapital wird keine Treuhänderschaft begründet, es bestehen folglich keine Aussonderungsrechte der Aktionäre nach § 47 InsO.

### III. Investmentänderungsgesetz

Auch die im Rahmen des Investmentänderungsgesetz in § 96 InvG n.F. eingeführte Unterscheidung zwischen Unternehmens- und Anlageaktien führt an dieser Stelle zu keiner anderen rechtlichen Einordnung. Zum einen sieht auch das künftige Investmentgesetz keine Separierung des durch die Unternehmensaktien verkörperten Teils des Gesellschaftsvermögens vor. Zum anderen kann eine Investmentaktiengesellschaft im Falle der Ausgestaltung ihrer Anlagegrundsätze entsprechend den Regelungen über Spezialfonds nach §§ 91 bis 95 InvG ausschließlich Unternehmensaktien begeben. In diesem Fall entspricht der Sachverhalt dem vorstehend beschriebenen.

### B.    Die Insolvenz der Investmentaktiengesellschaft mit Teilfonds

Das Investmentvermögen der Satzungsform ist nicht nur Substitut für ein herkömmliches Sondervermögen. Aufgrund des Verweises in § 99 Abs. 3 InvG steht auch der Investmentaktiengesellschaft die in § 34 Abs. 2 Satz 1 InvG gere-

---

[476] *Baur*, Investmentgesetze, 2. Auflage 1997, § 6 KAGG, Rn. 17.

gelte Umbrella-Konstruktion offen. Somit stellt sich auch hier die Frage nach der Insolvenzmasse i.S.v. § 35 InsO – inwieweit für die Investmentaktiengesellschaft zwischen der Insolvenz der Gesellschaft und der Insolvenz eines einzelnen Teilfonds unterschieden werden kann, eventuell sogar unterschieden werden muss.

## I. Haftungs- und Insolvenzrechtliche Trennung der Teilfonds

Zunächst ist zu untersuchen, ob die haftungsrechtliche Trennung der Teilfonds auch im Fall der Insolvenz aufrechterhalten bleibt. Gemäß § 34 Abs. 2 Satz 2 InvG haftet für die auf den einzelnen Teilfonds entfallenden Verbindlichkeiten (unter Maßgabe des § 31 Abs. 2 InvG) nur der betreffende Teilfonds.[477] Ein Teilfonds haftet damit nur für die auf ihn entfallenden Verbindlichkeiten, jedoch nicht für die Teilfondsverbindlichkeiten eines anderen Teilfonds.

Diese haftungsrechtliche Trennung für die auf die einzelnen Teilfonds entfallenden Verbindlichkeiten setzt sich in der Insolvenz der Investmentaktiengesellschaft fort. Auch hier steht ein Teilfondsvermögen nur für die auf diesen Teilfonds entfallenden Verbindlichkeiten ein. Eine Aufhebung der Haftungsseparierung wäre mit den hinter dem § 34 Abs. 2 Satz 2 InvG stehenden Grundsätzen nicht zu vereinen. Aufgabe des § 34 Abs. 2 Satz 2 InvG ist es, die Anleger eines Teilfonds vor einer Verwässerung durch die schlechte Performance eines anderen Teilfonds zu schützen. Es wäre folglich widersinnig, die Haftungstrennung für den schlimmsten Fall der Verwässerung – die Insolvenz – aufzuheben. Eine solche Aufhebung wäre, wenn überhaupt, nur mit Blick auf die Interessen der Gläubiger der Gesellschaft zu rechtfertigen. Allerdings ist den Gläubigern einer auf einen Teilfonds lautenden Verbindlichkeit die Haftungsseparierung bekannt. Diese Gläubiger dürfen nicht einmal auf das Grundkapital als Mindesthaftmasse des Teilfonds vertrauen.[478] Folglich ist es nur konsequent, die Aktionäre der an-

---

[477] Bei diesen auf den einzelnen Teilfonds entfallenden Verbindlichkeiten handelt es sich im Wesentlichen um die an die Depotbank oder an Dritte – etwa einem externen Portfolioverwalter – zu zahlenden Verwaltungsvergütungen. Wie im 7. Kapitel dargestellt, ist es auch einer Investmentaktiengesellschaft gemäß § 99 Abs. 3, 16 InvG erlaubt, Tätigkeiten wie etwa die Portfolioverwaltung auf Dritte auszulagern.

[478] Das Grundkapital ist nicht auf die einzelnen Teilfonds verteilt, es ist lediglich eine Bilanzziffer. *Hüffer*, AktG, 7. Auflage 2006, § 8 AktG, Rn. 20 und § 1 AktG, Rn. 10.

deren Teilfonds vor einer drohenden Verwässerung zu schützen und die haftungsrechtliche Trennung auch im Fall der Insolvenz aufrecht zu erhalten.

## II. Die Haftung der Teilfonds für Gemeinschaftsverbindlichkeiten in der Insolvenz

Neben den Teilfondsverbindlichkeiten bestehen als zweiter Posten die Gemeinschaftsverbindlichkeiten. Hierbei handelt es sich zum einen um Verbindlichkeiten, die von der Gesellschaft für die gemeinschaftliche Rechnung aller Aktionäre eingegangen worden sind, und zum anderen um alle gesetzlichen Ansprüche gegen die Investmentaktiengesellschaft, soweit diese sich nicht konkret einem einzelnen Teilfonds zurechnen lassen.

Eine Lösung der in Rede stehenden Frage würde eine entsprechende Anwendung des § 38 Abs. 3 Satz 2 InvG bieten. In § 38 Abs. 3 Satz 2 InvG ist explizit die Trennung der Sondervermögen von der Insolvenzmasse einer Kapitalanlagegesellschaft angeordnet.[479] Im Falle einer entsprechenden Anwendung dieser Vorschrift auf eine Umbrella-Konstruktion unter dem Dach einer Investmentgesellschaft würden die Teilgesellschaftsvermögen der einzelnen Teilfonds nicht zur Insolvenzmasse einer Investmentaktiengesellschaft gehören. Allerdings wird § 38 Abs. 3 Satz 2 InvG im Katalog des § 99 Abs. 3 InvG nicht aufgezählt. Die fehlende Nennung ist jedoch logische Konsequenz: Die Regelung des § 38 Abs. 3 Satz 2 InvG setzt die Haftungsbefreiung des § 31 Abs. 2 Satz 1 InvG fort. Wie im 6. Kapitel unter C.III. dargestellt, findet § 31 Abs. 2 Satz 1 InvG auf eine Investmentaktiengesellschaft keine Anwendung, da dies im Ergebnis einer Aushebelung der Kapitalerhaltungsgrundsätze gleich kommen würde. Da eine Investmentaktiengesellschaft neben der Summe der Teilgesellschaftsvermögen über kein weiteres Vermögen verfügt, müssen die Teilfonds voll für die Gemein-

---

[479] Wird das Insolvenzverfahren über eine Kapitalanlagegesellschaft eröffnet, so erlischt gemäß § 38 Abs. 2 Satz 1 InvG das Verwaltungsrecht der Kapitalanlagegesellschaft. Dies ist logische Konsequenz, da die Eröffnung des Insolvenzverfahrens über das Vermögen der Kapitalanlagegesellschaft gemäß § 262 Abs. 1 Nr. 3 AktG bzw. nach § 60 Abs. 1 Nr. 4 GmbHG zur Auflösung der Kapitalanlagegesellschaft führt. Die Abwicklung der von der Kapitalanlagegesellschaft verwalteten Sondervermögen erfolgt nach §§ 38 Abs. 4, 39 InvG. Die Regelungen der §§ 38, 39 InvG entsprechen im Wesentlichen §§ 13, 14 KAGG. *Schödermeier/Baltzer,* in Brinkhaus/Scherer (Hrsg.), Kommentar zum KAGG und AuslInvestmG, 2003, § 13 KAGG, Rn. 7 ff.; § 14 KAGG, Rn. 1 ff.

schaftsverbindlichkeiten haften. Die volle Haftung für Gemeinschaftsverbindlichkeiten setzt sich in der Insolvenz fort.

## III.  Zwischenergebnis

Die allgemeinen Grundsätze der Haftungsverfassung einer Investmentaktiengesellschaft setzen sich auch im Fall der Insolvenz fort. Die Teilfonds haften auch
im Fall der Insolvenz nur für die auf sie lautenden Verbindlichkeiten. Für die
Gemeinschaftsverbindlichkeiten stehen die Teilfonds hingegen voll ein.

## IV.  Die Zahlungsunfähigkeit eines Teilfonds

Im täglichen Geschäft einer Investmentaktiengesellschaft wird der weitaus größte Teil der Verbindlichkeiten – etwa aus Portfolioverwaltung, Vertrieb oder Depotbanktätigkeit – aufgrund einer entsprechenden Vertragsgestaltung den einzelnen Teilfonds konkret zurechenbar sein. Es stellt sich damit die Frage, ob eine Investmentaktiengesellschaft bereits dann als zahlungsunfähig im Sinne der
Insolvenzordnung anzusehen ist, wenn das auf einen Teilfonds entfallende Vermögen so klein ist, dass dieses Vermögen die auf den Teilfonds entfallenden
Verbindlichkeiten nicht mehr decken kann.

*Beispiel:*
*Die XXX Investmentaktiengesellschaft m.v.K. begibt Aktien des Teilfonds A und des*
*Teilfonds B. Teilfonds A ist einem Index nachgebildet, für diesen fallen folglich keine*
*Kosten für Portfolioverwaltung an. Die Aktie des Teilfonds A entwickelt sich sehr gut*
*und erfährt deshalb eine hohe Nachfrage am Markt. Der auf den Teilfonds A entfal-*
*lende Teil des Gesellschaftsvermögens beträgt Euro 50 Millionen.*
*Teilfonds B wird aufgrund eines Vermögensverwaltungsvertrags von dem externen*
*Portfoliomanager M entsprechend den Anlagegrundsätzen der XXX Investmentaktien-*
*gesellschaft m.v.K. verwaltet. Allerdings übt M seine Tätigkeit mit sehr geringem Er-*
*folg aus. Innerhalb des Rahmens der Anlegegrundsätze entscheidet er sich zielsicher*
*für die Finanzinstrumente, die kurz nach Erwerb den größten Wertverlust erfahren.*
*Als Folge sinkt das Teilgesellschaftsvermögen um 40% auf Euro 2 Millionen und die*
*Aktionäre dienen immer häufiger der XXX Investmentaktiengesellschaft m.v.K. ihre*
*Aktien an. Deshalb begibt sich der Vorstand V der XXX Investmentaktiengesellschaft*
*m.v.K. in das Büro des Portfolioverwalters M, um mit M über die zukünftige Anlage-*
*strategie für den Teilfonds B zu sprechen. Um die angespannte Situation zu lösen, bie-*
*tet M dem V erst einmal als Friedenspfeife eine „dicke Havanna" an. Mit dieser Ha-*

*vanna zündet V in der Hitze des folgenden Gesprächs fahrlässig den roten Samtvorhang des M an. Noch bevor die beiden eingreifen können, greift das Feuer auf den unmittelbar neben dem Vorhang hängenden „Picasso" über, der hierbei vollständig zerstört wird. M verlangt nun von der XXX Investmentaktiengesellschaft m.v.K. Euro 5 Millionen für den zerstörten Picasso. Aufgrund einer Klausel in der Satzung der XXX Investmentaktiengesellschaft m.v.K. entfallen auf einen Teilfonds alle Verbindlichkeiten, die der Gesellschaft in Wahrnehmung der Interessen des einzelnen Teilfonds entstehen. Eine entsprechende Regelung findet sich auch im Vertrag über die Portfolioverwaltung. Da V vorliegend mit M ausschließlich die Angelegenheiten des Teilfonds B besprechen wollte, handelt es sich bei dem Schadensersatzanspruch um eine Verbindlichkeit im Sinne von § 34 Abs. 2 Satz 2 InvG.*

Im Beispiel übersteigt der auf den Teilfonds B entfallende Schadensersatzanspruch in Höhe von Euro 5 Millionen das Teilgesellschaftsvermögen von Euro 2 Millionen erheblich. Die Investmentaktiengesellschaft als eigentliche Schuldnerin kann folglich aufgrund der Haftungsseparierung die Forderung des M nicht begleichen.

Es stellt sich somit die Frage, ob diese Form der „Zahlungsunfähigkeit" bereits die Insolvenz der Gesellschaft auslöst, es eine Insolvenz eines Teilfonds gibt oder ob dies aufgrund der Regelung des § 34 Abs. 2 Satz 2 InvG ohne Konsequenz bleibt.

## 1. Zahlungsunfähigkeit ohne Konsequenz (1. Alternative)

Da dem Portfolioverwalter aufgrund der gesetzlichen Regelung des § 34 Abs. 2 Satz 2 InvG und der ergänzenden Regelung in der Vermögensverwaltungsvereinbarung die Haftungsseparierung und damit die Haftungsbeschränkung für die Teilfondsverbindlichkeiten bekannt war, ist er insoweit nicht schutzbedürftig. Aufgrund seiner Kenntnis, könnte es als ausreichend angesehen werden, ihn lediglich mit dem Teilfondsvermögen B zu entschädigen. Für die Restforderung in Höhe von Euro 3 Millionen würde er keinen Ersatz erhalten.

Eine solche Lösung ist jedoch dann problematisch, wenn neben der die „Zahlungsunfähigkeit" begründenden Forderungen weitere Teilfondsverbindlichkeiten, etwa Ansprüche der Depotbank und der Vertriebsgesellschaft, bestehen. Es stellt sich dann die Frage, wie diese verschiedenen, konkret auf den Teilfonds B entfallenden Verbindlichkeiten im Verhältnis zu einander zu behandeln sind. Beispielsweise könnten die einzelnen Forderungen im Verhältnis ihrer betragsmäßigen Höhe anteilig aus dem bestehenden Teilfondsvermögen befriedigt werden. Die gemeinschaftliche Befriedigung der Schuldner ist jedoch gemäß § 1 Satz 1 InsO grundsätzlich dem Insolvenzverfahren vorbehalten. Im Übrigen könnten einige Aktionäre in Kenntnis des Schadensersatzanspruchs der Investmentaktiengesellschaft ihre Aktien andienen und somit die Haftungsmasse weiter verkleinern. Auch für dieses Problem würde die Insolvenzordnung mit den Anfechtungsvorschriften der §§ 129 ff. InsO Lösungen bieten.

## 2. Die Insolvenz der Investmentaktiengesellschaft (2. Alternative)

Wenngleich die Forderung des M aufgrund der Haftungsseparierung gemäß § 34 Abs. 2 Satz 2 InvG ausschließlich aus dem Teilgesellschaftsvermögen B befriedigt werden kann und muss, ist die Investmentaktiengesellschaft aufgrund der fehlenden Rechtsfähigkeit eines Teilfonds – dieser ist lediglich ein Segment – Schuldnerin der Verbindlichkeit. Obwohl die Investmentaktiengesellschaft insgesamt über ein weitaus größeres Vermögen verfügt, als die Höhe des Schadensersatzanspruchs beträgt, ist sie aufgrund der Haftungsbeschränkung nicht in der Lage, den Anspruch zu befriedigen. Sie ist insoweit zahlungsunfähig im Sinne von § 17 Abs. 2 Satz 1 InsO, da sie ihre Zahlungspflichten gegenüber dem Portfoliomanager M nicht erfüllen kann.[480] Es ist jedoch fraglich, ob für das in Rede stehende Szenario eine solche formaljuristische Betrachtungsweise allen Interessen gerecht wird.

Die Zahlungsunfähigkeit des § 17 Abs. 2 Satz 1 InvG meint Zahlungsunfähigkeit der Gesellschaft mit Blick auf alle Forderungen. Vorliegend betrifft die Zahlungsunfähigkeit jedoch nur einen Teil der Gesellschaftsverbindlichkeiten. Beispielsweise könnten die übrigen Teilfondsvermögen in der Summe mehrere Milliarden betragen. Es würden für die übrigen Teilfonds insgesamt Verbindlichkeiten in Millionenhöhe bestehen, die alle ohne Probleme beglichen werden könnten. In der Literatur finden sich jedoch Stimmen, nach denen ein Schuldner

---

[480] Unter der Geltung der Konkursordnung wurde Zahlungsunfähigkeit als das auf dem Mangel an Zahlungsmitteln beruhende, voraussichtlich dauernde Unvermögen, die fälligen und ernsthaft eingeforderten Geldschulden wenigstens zu einem wesentlichen Teil zu erfüllen. Im Rahmen des Gesetzgebungsverfahrens zur Insolvenzordnung wurde im Interesse der Rechtsklarheit der Begriff der Zahlungsunfähigkeit in § 17 Abs. 2 Satz 1 InsO umschrieben. Auf das Element der Dauer und das Erfordernis eines wesentlichen Teils wurde hierbei verzichtet. BT-Drucks. 12/2443, S. 114; *Schmerbach*, in Wimmer (Hrsg.), Frankfurter Kommentar zur Insolvenzordnung, 3. Auflage 2001, § 17 InsO, Rn. 4 f.; *BGH*, ZIP 1991, 39, 40.

bereits dann zahlungsunfähig im insolvenzrechtlichen Sinn ist, wenn er nur einen kleinen Teil seiner fälligen Verbindlichkeiten nicht begleichen kann.[481] Eine solch enge Betrachtungsweise würde allerdings die Interessen der Aktionäre der „gesunden" Teilfonds völlig unberücksichtigt lassen. Die Haftungsseparierung dient ausschließlich der Wahrung der Interessen der Anleger, insbesondere dem Schutz vor einer Verwässerung und einer Schmälerung ihrer Kapitalanlage. Es wäre widersprüchlich, wenn diese Schutznorm zur Eröffnung des Insolvenzverfahrens über die gesamte Investmentaktiengesellschaft führen würde. Denn dies würde auch zur Auflösung der anderen Teilfonds führen. Es ist sehr wahrscheinlich, dass dies die verbliebenen Teilfonds negativ beeinträchtigen würde, da mit Blick auf die Auflösung die Vermögensverwaltung eingestellt werden würde.

### 3. Die Insolvenz des Teilfonds (3. Alternative)

Im Folgenden ist deshalb der Frage nachzugehen, ob die Zahlungsunfähigkeit eines Teilfonds rechtlich als Insolvenz des Teilfonds eingeordnet werden kann. In diesem Fall würde das Insolvenzverfahren lediglich über das betroffene Teilfondsvermögen eröffnet werden. Die Investmentaktiengesellschaft selbst sowie die übrigen Teilfonds würden unverändert weiter bestehen.

Gemäß § 11 Abs. 1 InsO kann ein Insolvenzverfahren über das Vermögen jeder natürlichen und jeder juristischen Person sowie einem nicht rechtsfähigen Verein eröffnet werden. Nach § 11 Abs. 2 InsO ist ein Insolvenzverfahren unter anderem über das Vermögen einer Gesellschaft ohne Rechtspersönlichkeit (§ 11 Abs. 2 Nr. 1 InsO, beispielsweise einer offenen Handelsgesellschaft oder einer Kommanditgesellschaft), über ein Nachlassvermögen oder über das Gesamtgut einer Gütergemeinschaft (§ 11 Abs. 2 Nr. 2 InsO) zulässig. In § 11 Abs. 2 Nr. 2 InsO ist folglich der Spezialfall der Sonder- oder Partikularinsolvenz geregelt.[482] Hier ist lediglich das Sondervermögen Haftungsmasse, jedoch nicht der Insolvenzschuldner. Schuldner eines Insolvenzverfahrens können nur Rechtsträger

---

[481] *Pape*, in Kübler/Prütting (Hrsg.), Kommentar zur Insolvenzordnung, Stand: März 2006, § 17 InsO, Rn. 13; *Burger/Schellberg*, BB 1995, 261, 262.

[482] *Schmerbach*, in Wimmer (Hrsg.), Frankfurter Kommentar zur Insolvenzordnung, 3. Auflage 2001, § 11 InsO, Rn. 2.

sein, Sondervermögen hingegen nicht.[483] Wenn also § 11 Abs. 2 Nr. 2 InsO Regelungen über Sondervermögen in der Insolvenz trifft, handelt es sich streng genommen um eine Regelung über den Gegenstand des Insolvenzverfahrens und nicht über den Insolvenzschuldner.[484] Da der Teilfonds einer Investmentaktiengesellschaft im Katalog des § 11 InsO nicht ausdrücklich genannt ist, stellt sich die Frage, inwieweit über das Vermögen eines Teilfonds aufgrund einer analogen Anwendung der Norm ein Insolvenzverfahren eröffnet werden kann. Insolvenzschuldner bliebe die Investmentaktiengesellschaft.

## a) Die analoge Anwendung des § 11 Abs. 2 Nr. 2 InsO

Der Positivkatalog des § 11 InsO enthält grundsätzlich keine abschließende Regelung. So wurde bereits für eine grundvermögenhaltende Bruchteilsgemeinschaft die Insolvenzfähigkeit in analoger Anwendung des § 11 Abs. 2 Nr. 1 InsO bejaht.[485] Es sind insofern keine Gründe ersichtlich, § 11 Abs. 2 Nr. 2 InsO nicht auch als grundsätzlich analogiefähig anzusehen.

Nach ständiger Rechtsprechung des BGH und herrschender Lehre ist eine Analogie jedoch nur dann zulässig, wenn das Gesetz eine planwidrige Regelungslücke enthält und der zu beurteilende Sachverhalt in rechtlicher Hinsicht so weit mit dem geregelten Tatbestand vergleichbar ist, dass angenommen werden kann, der Gesetzgeber wäre bei einer Interessenabwägung, bei der er sich von den gleichen Grundsätzen hätte leiten lassen, wie bei dem Erlass der herangezogenen Vorschrift, zu dem gleichen Abwägungsergebnis gekommen.[486] In den Fällen, in denen der Gesetzgeber bewusst vom Erlass der „betreffenden" Norm abgesehen hat, weil er die Rechtslage genau so als abgeschlossen ansah, wie sie

---

[483] *Prütting*, in Kübler/Prütting (Hrsg.), Kommentar zur Insolvenzordnung, Stand: Oktober 2005, § 11 InsO, Rn. 6.

[484] *Prütting*, in Kübler/Prütting (Hrsg.), Kommentar zur Insolvenzordnung, Stand: Oktober 2005, § 11 InsO, Rn. 6.

[485] *AG Göttingen*, ZIP 2001, 580 f.; *Schmerbach*, in Wimmer (Hrsg.), Frankfurter Kommentar zur Insolvenzordnung, 3. Auflage 2001, § 11 InsO, Rn. 14a.

[486] *BGH*, NJW 2003, 1933; BGHZ 149, 175; *Heinrichs*, in Palandt (Hrsg.), Bürgerliches Gesetzbuch, 66. Auflage 2007, Einleitung, Rn. 48; *Larenz/Canaris*, Methodenlehre der Rechtswissenschaft, 3. Auflage 1995, S. 194 ff.; *Canaris*, in: Festschrift für Bydlinski, 2002, S. 82 ff.

sich ohne diese Norm darstellt, ist eine Analogie zur Schließung der vermeintlichen Regelungslücke hingegen unzulässig.[487]

## aa) Planwidrige Regelungslücke

Vorliegend findet sich weder im Investmentgesetz noch in der Insolvenzordnung eine Regelung über die Eröffnung eines Insolvenzverfahrens über das Vermögen eines Teilfonds einer Investmentaktiengesellschaft. Ob es sich bei dieser Lücke um eine planwidrige Regelungslücke handelt, ist vom Standpunkt des anzuwendenden Gesetzes (§ 11 Abs. 2 Satz 2 InvG) und der ihm zu Grunde liegenden Regelungsabsicht zu beurteilen.[488] Auf den Seiten 13 bis 15 des Referentenentwurfs zum Gesetz zur Reform des Insolvenzrechts des Bundesministeriums der Justiz finden sich lediglich Hinweise, dass die in der Konkursordnung verstreuten Vorschriften betreffend der „Konkursfähigkeit" in der in Rede stehenden Norm zusammengefasst werden sollten. Der Gesetzgeber strebte mit dieser Zusammenführung keine Neuregelung an, sondern lediglich eine Vereinfachung der bestehenden Regelungen im neuen Kleid der Insolvenzordnung. Somit ist für die Frage der Planwidrigkeit auf die ehemaligen Vorschriften der Konkursordnung zu blicken. Aufgrund der in der Konkursordnung etwa in §§ 214 – 235 KO (Nachlasskonkurs) und §§ 236 KO (Konkurs über das Gesamtgut einer fortgesetzten Gütergemeinschaft) konkret geregelten Fälle war die grundsätzliche Statthaftigkeit des Konkurses eines Sondervermögens anerkannt.[489] Ferner wurde davon ausgegangen, dass die geregelten Fälle keineswegs abschließend seien, da es dem Gesetzgeber nicht möglich war, alle Fälle zu erfassen, in denen einerseits die Gestaltung der Haftungsverhältnisse den Konkurs eines Sondervermögens möglich macht, andererseits das Bedürfnis nach einem solchen Verfahren besteht.[490] „In den §§ 214, 236 KO wird, wie der Wortlaut ergibt, die Möglichkeit eines Sonderkonkurses[491] über den Nachlass und über das Gesamtgut der fortgesetzten Gütergemeinschaft nicht erst anerkannt, sondern vorausgesetzt.

---

[487] *Lohschelders/Roth*, Juristische Methodik im Prozess der Rechtsanwendung, 1996, S. 280 ff.; *Bydlinski*, Juristische Methodenlehre und Rechtsbegriff, 1982, S. 475.

[488] BGHZ 149, 174; *Larenz*, Methodenlehre der Rechtswissenschaft, 6. Auflage 1991, S. 373 f.

[489] *Lent*, in Jäger (Hrsg.), Konkursordnung, 8. Auflage 1958, § 1 KO, Rn. 66.

[490] *Lent*, in Jäger (Hrsg.), Konkursordnung, 8. Auflage 1958, § 1 KO, Rn. 66.

[491] Konkursmasse des Sonderkonkurses ist nur das Sondervermögen. *Lent*, in Jäger (Hrsg.), Konkursordnung, 8. Auflage 1958, § 1 KO, Rn. 70.

Sonach ist es Aufgabe der Wissenschaft und der Rechtsprechung, die Zulässigkeit eines Sonderkonkurses im Einzelfalle festzustellen."[492] Im Übrigen vertritt *Lent* die Auffassung, dass die gesetzliche Gestaltung der Haftung den Ausschlag für die Zulässigkeit des Konkurses über ein Sondervermögen gibt – die gesondert haftende Vermögensmasse ist dem Sonderkonkurs zugänglich.[493]

Überträgt man diese Grundsätze auf § 11 Abs. 2 Nr. 2 InsO, so ist vom Vorliegen einer offenen Regelungslücke und einer insofern analogiefähigen Vorschrift auszugehen. Eine offene Regelungslücke liegt dann vor, wenn das Gesetz für eine bestimmte Fallgruppe keine Regel enthält, die auf sie anwendbar wäre, obgleich es nach seiner eigenen Teleologie eine solche Regelung enthalten sollte.[494] Da die Regelungen der Konkursordnung lediglich in der Insolvenzordnung in einer Norm zusammengeführt worden sind, besteht die offene Regelungslücke fort.[495]

Die Ausfüllung offener Gesetzeslücken geschieht gewöhnlich im Wege der Analogie. Unter einer Analogie ist die Übertragung der für einen Tatbestand konkret kodifizierten Regeln auf einen vom Gesetz nicht geregelten vergleichbaren Tatbestand zu verstehen.

### bb) Vergleichbare Interessenlage

Die Vorschrift des § 11 Abs. 2 Nr. 2 InsO findet auf verschiedene Sondervermögen, unter anderem das Nachlassvermögen, Anwendung. Gemäß § 1975 BGB beschränkt sich die Haftung des Erben für die Nachlassverbindlichkeiten auf den Nachlass, wenn das Nachlassinsolvenzverfahren nach §§ 315 ff. InsO eröffnet ist. Der Nachlass hat keine eigene Rechtspersönlichkeit, sondern bildet innerhalb des Vermögens des Erben mit der Eröffnung des Insolvenzverfahrens eine separierte Vermögensmasse – ein Sondervermögen. Dieses Sondervermögen wird mit der Eröffnung des Insolvenzverfahrens zur alleinigen Haftungs-

---

[492] *Lent*, in Jäger (Hrsg.), Konkursordnung, 8. Auflage 1958, § 1 KO, Rn. 66. Mit Verweisen auf einige Urteile des Reichsgerichts, die seine Meinung tragen.

[493] *Lent*, in Jäger (Hrsg.), Konkursordnung, 8. Auflage 1958, § 1 KO, Rn. 66. Mit Verweisen auf einige Urteile des Reichsgerichts, die seine Meinung tragen.

[494] *Larenz*, Methodenlehre der Rechtswissenschaft, 6. Auflage 1991, S. 377; *Rüthers*, Rechtstheorie, 1999, Rn. 847.

[495] Vgl. auch *Larenz*, Methodenlehre der Rechtswissenschaft, 6. Auflage 1991, S. 377.

masse für die Nachlassverbindlichkeiten.[496] Diese Situation entspricht im Wesentlichen der Regelung des § 34 Abs. 2 Satz 2 InvG. Hier bilden die Teilfondsvermögen die alleinige Haftungsmasse für die auf den einzelnen Teilfonds entfallenden Verbindlichkeiten. Wie ein Nachlass hat auch ein Teilfonds keine eigene Rechtspersönlichkeit. Die Nachlassinsolvenz dient unter anderem dem Rechtsfrieden und dem Schutz der Gläubiger der Nachlassverbindlichkeiten. Auch die Gläubiger der auf den Teilfonds lautenden Verbindlichkeiten sind in gleicher Weise schutzbedürftig. Insgesamt besteht somit für die Eröffnung eines Insolvenzverfahrens über das Vermögen eines Teilfonds eine der Nachlassinsolvenz vergleichbare Interessenlage. Eine analoge Anwendung des § 11 Abs. 2 Nr. 2 InsO auf ein Teilfondsvermögen einer Investmentaktiengesellschaft ist damit rechtlich zulässig.

**b) Heilung durch rechtskräftigen Eröffnungsbeschluss**

Der BGH geht bei der Eröffnung des Insolvenzverfahrens über ein nicht im Positivkatalog des § 11 InsO genanntes Vermögen bzw. den Rechtsträger eines solchen Vermögens noch einen Schritt weiter. Nach Auffassung des BGH soll der rechtskräftige Beschluss über die Eröffnung eines Insolvenzverfahrens grundsätzlich die fehlende Insolvenzfähigkeit heilen können.[497] Dies entspricht dem allgemeinen Grundsatz, dass ein Hoheitsakt – wie der Beschluss über die Eröffnung eines Insolvenzverfahrens – nur in dem dafür vorgesehenen Verfahren beseitigt werden kann und, solange dies nicht geschehen ist, grundsätzlich wirksam ist.[498] Dieser Grundsatz soll lediglich dann keine Anwendung finden, wenn dem Eröffnungsbeschluss ein so schwerwiegender Mangel anhaftet, dass er als nichtig angesehen werden muss.[499] Wenngleich der BGH sich in der konkreten Entscheidung damit nicht auf eine analoge Anwendung für § 11 InsO stützt, kann mit den oben dargestellten Argumenten auch ein schwerwiegender Mangel des Eröffnungsbeschlusses ausgeschlossen werden.

---

[496] *Schmerbach*, in Wimmer (Hrsg.), Frankfurter Kommentar zur Insolvenzordnung, 3. Auflage 2001, § 11 InsO, Rn. 18.

[497] *BGH*, ZIP 1991, 233, 234; *Schmerbach*, in Wimmer (Hrsg.), Frankfurter Kommentar zur Insolvenzordnung, 3. Auflage 2001, § 11 InsO, Rn. 35.

[498] *BGH*, ZIP 1991, 233, 234.

[499] *BGH*, ZIP 1990, 1591, 1592; ZIP 1991, 233, 234; *Kilger*, EWiR 1991, 109.

## C.   Zusammenfassung

In Ermangelung einer investmentgesetzlichen Spezialregelung findet das allgemeine Insolvenzrecht auf eine Investmentaktiengesellschaft Anwendung. Auch im Falle einer Insolvenz einer Investmentaktiengesellschaft mit Teilfonds bleibt die Haftungsseparierung für die auf den einzelnen Teilfonds entfallenden Verbindlichkeiten bestehen. Für die Gemeinschaftsverbindlichkeiten haften die Teilfonds unbeschränkt.

Weder das Investmentgesetz noch die Insolvenzordnungen sehen eine ausdrückliche Lösung für das Problem der Zahlungsunfähigkeit eines Teilfonds vor. Als Lösung kommt die Eröffnung eines Insolvenzverfahrens über das betroffene Teilgesellschaftsvermögen in Betracht. Die Eröffnung eines Insolvenzverfahrens über ein Teilfondsvermögen setzt nicht die Rechtsfähigkeit des Teilfonds voraus. In Analogie zu § 11 Abs. 2 Nr. 2 InsO kann aufgrund der Nähe zur Nachlassinsolvenz auch über das Vermögen eines Teilfonds einer Investmentaktiengesellschaft ein Insolvenzverfahren eröffnet werden. Mit Blick auf die aufgezeigten Probleme wäre zur Klarstellung *de lege ferenda* eine gesetzliche Regelung für das Problem der Zahlungsunfähigkeit eines Teilfonds aber zu begrüßen.

## 11. Kapitel: Die Zukunft der Investmentaktiengesellschaft

In den vorhergehenden Kapiteln wurden unter anderem die Vorzüge der Implementierung einer Investmentaktiengesellschaft am deutschen Kapitalanlagemarkt aufgezeigt. Nach einer schweren Geburt wurden in der jüngsten Vergangenheit von der Bundesanstalt mehrere Erlaubnisse zum Geschäftsbetrieb einer Investmentaktiengesellschaft erteilt. Insoweit konnte das Ziel des Gesetzgebers verwirklicht und einem weiteren Abwandern der deutschen Fondsindustrie in das benachbarte europäische Ausland zumindest teilweise entgegen gewirkt werden.

Dieser Umstand kann jedoch nur als ein erster Schritt in die „richtige" Richtung angesehen werden. Anhand dieser Arbeit wurden an verschiedenen Stellen Probleme einer Investmentaktiengesellschaft in der Praxis aufgezeigt. Diese Probleme gilt es zu beseitigen. Im Rahmen der Überarbeitung des Investmentgesetzes sollte der Gesetzgeber jedoch nicht nur die bestehenden Unstimmigkeiten beheben, sondern zusätzlich einen Schritt weiter gehen und die Investmentaktiengesellschaft als Plattform für weitere Kapitalanlageformen ausbauen. Nur dann ist die deutsche Investmentaktiengesellschaft im europäischen Wettbewerb nicht nur gleichwertig, sondern hat die Möglichkeit, ihren mitgliedstaatlichen Pendants den Rang abzulaufen.

Dies ist dem Gesetzgeber des Investmentänderungsgesetzes mit den vorgenommen Reformen grundsätzlich gelungen.

Nachfolgend werden einige Beispiele aus dem (teilweise) noch ungenutzten Potential der Investmentaktiengesellschaft umrissen:

## A.     Die fremdverwaltete Investmentaktiengesellschaft

Bereits die OGAW-Richtlinie unterscheidet im Bezug auf die Art der Verwaltung zwischen zwei Alternativen der Investmentaktiengesellschaft mit veränderlichem Kapital. Neben der im Investmentgesetz ausdrücklich geregelten selbstverwalteten Investmentaktiengesellschaft findet sich in Art. 13a Abs. 1 OGAW-RiLi auch die Variante einer fremdverwalteten Investmentaktiengesellschaft.

Sowohl in Luxemburg in Art. 27 Abs. 1 OGAG, als auch in Liechtenstein in Art. 35 Abs. 1 IUG sind fremdverwaltete Investmentaktiengesellschaften kodifiziert.

Die Fremdverwaltung ist für eine Investmentaktiengesellschaft insbesondere aufgrund der mit ihr einhergehenden Reduzierung der Haftungsrisiken besonders sinnvoll. Ferner sollte eine fremdverwaltete Investmentaktiengesellschaft ihre Tätigkeit im Verhältnis kostengünstiger ausüben können, da breit auf die vorhandenen Ressourcen der Verwaltungsgesellschaft zurückgegriffen werden kann.

Im Unterschied zu einer selbstverwalteten Investmentaktiengesellschaft muss eine fremdverwaltete Investmentaktiengesellschaft nicht über die einer Kapitalanlagegesellschaft entsprechenden Struktur verfügen, da alle in einer Investmentaktiengesellschaft anfallenden Tätigkeiten originär in den Pflichtenkreis der Verwaltungsgesellschaft fallen. Die Benennung einer Verwaltungsgesellschaft ist damit keine Auslagerungslösung i.S.v. § 16 InvG. Damit ist jedoch nicht gesagt, dass im Falle einer fremdverwalteten Investmentaktiengesellschaft die Möglichkeit der Auslagerung ausgeschlossen ist. Das auslagernde Unternehmen ist lediglich nicht die fremdverwaltete Investmentaktiengesellschaft, sondern ihre Verwaltungsgesellschaft.

Im Übrigen ist Fremdverwaltung einer Investmentaktiengesellschaft dem Investmentgesetz nicht unbekannt. Nach § 7 Abs. 2 InvG ist es einer Kapitalanlagegesellschaft erlaubt Investmentvermögen und damit gemäß § 1 Satz 1 Nr. 1 InvG auch Investmentaktiengesellschaften zu verwalten.[500] Insoweit ist die Fremdverwaltung der Investmentaktiengesellschaft im Investmentgesetz bereits angelegt. Neben den Kapitalanlagegesellschaften kommen die Verwaltungsgesellschaften der §§ 13, 14 InvG für die Fremdverwaltung in Betracht.

Im Rahmen des Investmentänderungsgesetzes wird die fremdverwaltete Investmentaktiengesellschaft in das Investmentgesetz aufgenommen.[501]

---

[500] In den Vorschriften über Kapitalanlagegesellschaften wäre in verschiedenen Regelungen, etwa in § 2 Abs. 6 InvG, § 6 Abs. 1 Satz 1 InvG und § 9 Abs. 1 Satz 1 InvG, der Begriff „Sondervermögen" durch den Begriff „Investmentvermögen" zu ersetzen.

[501] § 96 Abs. 4 InvG n.F.

**B. Weitere Kapitalanlageprodukte unter dem Dach der Investmentaktiengesellschaft**

Gegenwärtig sind die Anlagegegenstände einer Investmentaktiengesellschaft in §§ 96 Abs. 2 Satz 2 InvG i.V.m. § 2 Abs. 4 Nr. 1 bis 4 und 7 bis 9 InvG abschließend aufgezählt. Die schlanke Struktur einer Investmentaktiengesellschaft, ihre steuerrechtlichen Privilegien und die Tatsache ihrer Beaufsichtigung durch die Bundesanstalt werfen die Frage auf, ob die zulässigen Anlagegegenstände nicht erweitert werden sollten, um dem interessierten (Klein-)Anleger weitere beaufsichtigte Kapitalanlageprodukte zugänglich zu machen, die ihm in dieser Form bisher verschlossen sind.

**I. Private-Equity-Fonds**

So könnte die Investmentaktiengesellschaft als Plattform für Private-Equity-Fonds verwendet werden. Nach dem ausdrücklichen Willen des Gesetzgebers fallen Private-Equity-Fonds jedoch nicht in den Anwendungsbereich des Investmentgesetzes.[502] Deshalb muss für diese Anlageprodukte gegenwärtig auf die steuerrechtlich transparente Publikums-Kommanditgesellschaft zurückgegriffen werden.[503] In der jüngeren Vergangenheit interessieren sich jedoch nicht nur institutionelle Investoren, sondern vermehrt auch private „Kleinanleger" für ein Investment in ungelistete Unternehmensbeteiligungen. Mit Blick auf die sich ändernde Nachfrage am Kapitalanlagemarkt sollte der Gesetzgeber reagieren und dem Kleinanleger eine beaufsichtigte Struktur zur Verfügung stellen.

Private-Equity-Fonds werden grundsätzlich als geschlossene Fonds ausgestaltet. Da ihre Anlagegegenstände eine Verwaltung über einen längeren Zeitraum erfordern und deshalb keinen Marktbewertungsansatz zulassen, ist ein Rücknahmeanspruch des Anlegers vor der Liquidation des Fonds ausgeschlossen. Somit würde sich die Investmentaktiengesellschaft mit veränderlichem Kapital als Plattform für beaufsichtigte Private-Equity-Kapitalanlageprodukte anbieten.

---

[502] BT-Drucks 15/1553 S. 65.

[503] Gegenwärtig dürfen gemäß § 112 Abs. 1 Satz 3 lediglich Hedgefonds bis zu 30% ihres Vermögens in ungelistete Unternehmensbeteiligungen investieren. Gemäß § 112 Abs. 2 InvG dürfen die Anteile eines Single-Hedgefonds allerdings nicht öffentlich vertrieben werden. Der öffentliche Vertrieb ist nur für einen Dach-Hedgefonds i.S.v. § 113 InvG zulässig.

Die im Zuge des Investmentänderungsgesetz neu in das Investmentgesetz aufgenommene Fondsklasse der „sonstigen Sondervermögen" erlaubt ein anteiliges
Investment in nicht notierte Unternehmensbeteiligungen. Insoweit kann nach
dem in Kraft treten des Investmentänderungsgesetzes ein nach dem Investmentgesetz reguliertes deutsches Investmentvermögen erstmals auch in Private Equi-
ty investieren.

## II. Mezzanine Fonds

Als alternative Form der Unternehmensfinanzierung bedient sich auch der deutsche Mittelstand vermehrt dem so genannten Mezzanine-Kapital.[504] Das deutsche Kapitalanlagerecht enthält allerdings nur vereinzelt Regelungen, die sich
für die rechtliche Ausgestaltung von Mezzanine-Kapital eignen, etwa als stille
Gesellschaft, Wandelanleihe, Optionsanleihe oder Genussrecht.[505] Entsprechend
unklar ist derzeit auch die aufsichtsrechtliche Behandlung von Mezzanine
Fonds. Gemäß § 1 Abs. 1 Satz 2 Nr. 2 KWG ist bereits die Gewährung von
Gelddarlehen ein erlaubnispflichtiges Bankgeschäft, unabhängig davon, ob
gleichzeitig ein Einlagengeschäft betrieben wird oder nicht.[506] Damit bedarf ein
in Deutschland aufgelegter Mezzanine Fonds nach § 32 Abs. 1 Satz 1 KWG ei-
ner schriftlichen Erlaubnis der Bundesanstalt. Aufgrund der hohen Anforderungen an den Erhalt einer solchen Bankerlaubnis initiieren deutsche Fondsanbieter
Mezzanine Fonds im benachbarten europäischen Ausland, da dort lediglich die
Fondsmanager für die Verwaltung des Fondsvermögens eine aufsichtsrechtliche
Erlaubnis benötigen. Da dem Kreditwesengesetz eine vergleichbare Erlaubnis
fremd ist, könnte die Investmentaktiengesellschaft mit fixem Kapital auch als
Plattform für Mezzanine Fonds verwendet und so auch in diesem Kapitalanlage-

---

[504]  Ebenso wenig wie in der Wirtschaftswissenschaft existiert in der Rechtswissenschaft eine
       Definition für den Begriff „Mezzanine-Kapital". Das Wort „Mezzanine" stammt aus der
       Architektur und bezeichnet ein Zwischengeschoss zwischen zwei Hauptstockwerken.
       Dieser Begriff hat sich als Oberbegriff für verschiedene hybride Finanzierungsformen
       eingebürgert. Diese hybriden Finanzierungsformen nehmen eine Stellung zwischen Ei-
       gen- und Fremdkapital ein. Je nach vertraglicher Ausgestaltung vereint das Mezzanine-
       Kapital mehr eigenkapitaltypische oder mehr fremdkapitaltypische Eigenschaften. Hierzu
       ausführlich, *Golland/Gelhaar/Grossmann/Eickhoff-Kley/Jänisch*, BB 2005 (Beilage zu
       Heft 13) S. 22.
[505]  *Golland/Gelhaar/Grossmann/Eickhoff-Kley/Jänisch*, BB 2005 (Beilage zu Heft 13) S. 22.
[506]  *Fülbier*, in Boos/Fischer/Schulte-Mattler (Hrsg.), Kreditwesengesetz, 2. Auflage 2004,
       § 1 KWG, Rn. 44 ff.; *Volhard/Kayser*, Absolut Report Nr. 30, 2006, 46.

segment einem weiteren Abwandern entgegen gewirkt werden. Dies entspricht im Übrigen den Motiven des Gesetzgebers bei der Einführung der Investmentaktiengesellschaft mit fixem Kapital.[507] Mit der Investmentaktiengesellschaft sollte ein schlankes und beaufsichtigtes Vehikel geschaffen werden, das unter Erfüllung gewisser Diversifikationsvorgaben sein Kapitalanlagekonzept umsetzen kann, ohne gleichzeitig die umfangreichen Voraussetzungen eines Bankbetriebs erfüllen zu müssen.[508]

## III. Hybride Fonds

Da stetig mehr Anbieter auf den Hedgefonds-Markt drängen und deshalb die traditionellen Investitionsmöglichkeiten für Hedgefonds immer geringer werden, sind einige Initiatoren dazu übergegangen zumindest teilweise von ihren traditionellen Anlagestrategien – etwa dem Leerverkauf von Aktien – abzuweichen. So wurde am Markt beobachtet, dass Hedgefonds sich teilweise direkt und teilweise über Mezzanine-Kapital an privat gehaltenen Unternehmen als Gesellschafter beteiligen.[509] Da diese Fonds sowohl klassische Hedgefonds- als auch Private-Equity-Strategien verfolgen, werden sie als „hybride Fonds" bezeichnet.

Gegenwärtig erlauben die Anlagegrundsätze des § 112 Abs. 1 Satz 2 InvG i.V.m. § 99 Abs. 3 InvG zwar eine Investmentaktiengesellschaft als hybriden Fonds auszugestalten, allerdings dürfen nach § 112 Abs. 1 Satz 3 InvG nur 30 % des gehaltenen Kapitals in ungelistete Unternehmen investiert werden. Bildet eine Investmentaktiengesellschaft unter ihrem Dach Teilfonds, so gilt die 30 %-Grenze für jeden Teilfonds.[510] Wird diese Grenze aufgehoben, so könnte eine Investmentaktiengesellschaft unter ihrem Dach beispielsweise einen reinen Private-Equity-Teilfonds und einen weiteren reinen Hedge-(Teil)fonds auflegen. Der Anleger hätte damit die Möglichkeit unter dem Dach eines Fondsvehikels selbst den Anteil seiner Beteiligung an der jeweiligen Strategie zu bestimmen; er

---

[507] BT-Drucks 13/ 8933, S. 55 f.

[508] *Volhard/Kayser*, Absolut Report Nr. 30, 2006, 46.

[509] *Volhard/Kayser*, Absolut Report Nr. 30, 2006, 47.

[510] Die Regelung des § 112 Abs. 1 Satz 3 InvG ist hier insoweit unklar, als sie vom „Wert des Sondervermögens" spricht. Eine andere Lesart als die dargestellte würde Sinn und Zweck der Vorschrift aushebeln. Mit Blick auf die Möglichkeit zur Teilfondsbildung in § 34 Abs. 2 Satz 2 InvG wäre deshalb eine Nachbesserung durch den Gesetzgeber zu begrüßen.

wäre insoweit nicht mehr ausschließlich von der Anlageentscheidung des Portfolioverwalters abhängig.

# Schlussbetrachtung

Mit der Aufnahme der Investmentaktiengesellschaft mit veränderlichem Kapital in das deutsche Kapitalanlagerecht hat der Gesetzgeber einen wichtigen Schritt getan, um die Leistungsfähigkeit und internationale Wettbewerbsfähigkeit des Finanzplatzes Deutschlands dauerhaft zu stärken. Es wurde ein Vehikel für Kapitalanlageprodukte geschaffen, dessen rechtlicher Rahmen im europäischen Vergleich voll konkurrenzfähig ist. Mit Blick auf die gesetzlichen Gestaltungsmöglichkeiten sind für Finanzintermediäre somit keine Gründe mehr ersichtlich, die luxemburgische SICAV der deutschen Investmentaktiengesellschaft vorzuziehen. Ihre schlanke Struktur, ein weites Feld an möglichen Anlagegegenständen, die steuerliche Transparenz und weitere steuerliche Anreize bieten ein ausreichendes Potential für einen wirtschaftlichen Durchbruch des deutschen Investmentvermögens in Satzungsform. Auch die BaFin hat ihre zentrale Bedeutung für die Implementierung und den erforderlichen Erfolg der Investmentaktiengesellschaft im europäischen Wettbewerb erkannt und ihre Bereitschaft zur Zusammenarbeit mit den Initiatoren signalisiert.

Im Übrigen hat diese Arbeit gezeigt, dass die vereinzelt noch vorhandenen Rechtsunsicherheiten bis zur Nachbesserung durch den Gesetzgeber auch mit den bestehenden Regelungen einer praxisorientierten, gesetzmäßigen Lösung zugeführt werden können.

1. Wenngleich der Gesetzgeber die Investmentaktiengesellschaft mit veränderlichem Kapital ursprünglich nicht als einen weiteren Organismus im Sinne der OGAW-Richtlinie vorgesehen hatte, ermöglichen die Vorschriften des Kapitels 3 des Investmentgesetzes eine Investmentaktiengesellschaft richtlinienkonform auszugestalten. Ist dies der Fall, so sind die investmentrechtlichen Vorschriften von Verwaltung und Rechtsprechung im Lichte der europarechtlichen Vorgaben auszulegen und anzuwenden. Die Investmentaktiengesellschaft hat somit auch einen Anspruch auf Erteilung eines europäischen Passes.

2. Namensgebendes Erkennungsmerkmal einer Investmentaktiengesellschaft mit veränderlichem Kapital ist das veränderliche bzw. atmende Grundkapital. Dessen Einführung ermöglicht es dem Vorstand in Abhängigkeit von der konkreten Nachfrage am Markt jederzeit neue Aktien zu begeben. Er ist nicht mehr auf den zeitaufwändigen Prozess eines Kapitalerhöhungsbeschlusses

der Hauptversammlung angewiesen. Flankiert wird dieses Recht des Vorstands von einem Ausschluss des Bezugsrechts der Altaktionäre. Für den Verlust an Mitgliedschafts- und Teilhaberechten erhalten die Aktionäre gegen die Gesellschaft einen Anspruch auf Rücknahme ihrer Aktien.

3. Die gesetzgeberischen Absichten bei der Aufnahme der Pflicht zur jederzeitigen Deckung des Grundkapitals durch den Wert des Gesellschaftsvermögens bleiben unklar. Durch die Wahl eines im Verhältnis zum Grundkapital deutlich höheren Anfangskapitals können im erheblichen Umfang Rücklagen gebildet werden, die einen Verstoß gegen § 105 Abs. 1 Satz 2 InvG zum grundsätzlich theoretischen Szenario werden lassen. Im Rahmen der Überarbeitung des Investmentgesetzes sollte der Gesetzgeber die Streichung dieser „motivlosen" Vorschrift erwägen.

4. Erst die Einführung von Teilfonds hat die Investmentaktiengesellschaft als Investmentvehikel nicht nur für hochspezialisierte Fondsanbieter, sondern auch für große Finanzintermediäre interessant gemacht. Investmentaktiengesellschaft und Kapitalanlagegesellschaft stehen deshalb nicht zwingend in einem Konkurrenzverhältnis. Vielmehr können sich auch die am Markt etablierten Kapitalanlagegesellschaften des Potentials des Investmentvermögens in Satzungsform für neue Kapitalanlageprodukte bedienen.

a) Neben den Teilfondsverbindlichkeiten fallen im täglichen Geschäft einer Investmentaktiengesellschaft auch Verbindlichkeiten an, die keinem Teilfonds konkret zurechenbar sind. Für diese Gemeinschaftsverbindlichkeiten greift die Haftungsseparierung des § 34 Abs. 2 Satz 2 InvG nicht. Das die einzelnen Teilfonds verkörpernde Teilgesellschaftsvermögen steht für Gemeinschaftsverbindlichkeiten in vollem Umfang als Haftungsmasse zur Verfügung. Im Fall einer einseitigen Inanspruchnahme eines Teilgesellschaftsvermögens durch einen Gläubiger ist der Vorstand aufgrund des aktienrechtlichen Gleichbehandlungsgrundsatzes verpflichtet, einen Ausgleich zwischen den Aktionären der unterschiedlichen Teilfonds herbeizuführen.

b) Bereits unter der Geltung des ehemaligen Gesetzes über Kapitalanlagegesellschaften war es zulässig, für die einzelnen Sondervermögen unterschiedliche Depotbanken zu bestellen. Da der Teilfonds einer Investmentaktiengesellschaft ein wirtschaftlich selbständiges Segment bildet und insoweit einem herkömmlichen Sondervermögen entspricht, kann eine Investmentaktiengesellschaft für die einzelnen Teilfonds unterschiedliche Depotbanken bestellen, vorausgesetzt jede Depotbank erfüllt für sich die gesetzlichen Anforderungen.

c) Der Teilfonds einer Investmentaktiengesellschaft kann nicht durch die „bloße Beendigung des Verwaltungsverhältnisses" aufgelöst werden, wie dies im Fall eines Sondervermögens der Fall ist. Die Regelungen der §§ 38, 39 InvG sind nicht anwendbar. Die Auflösung eines Teilfonds ist *de lege lata* nur über die Zwangseinziehung der Aktien möglich. Dies setzt mit Blick auf den Bestimmtheitsgrundsatz des § 237 Abs. 1 Satz 2 AktG entsprechend detaillierte Regelungen in der Satzung voraus.

5. Die Investmentaktiengesellschaft ist aufgrund ihrer schlanken Struktur grundsätzlich auf Auslagerungslösungen angewiesen. Eine weitgehende Auslagerung der anfallenden Tätigkeiten ist mit Blick auf das Briefkastenverbot zulässig, wenn das dem Outsourcing zu Grunde liegende Vertragswerk die Vorgaben des § 25a Abs. 2 KWG berücksichtigt. Das Auslagerungsrundschreiben 11/2001 findet grundsätzlich auch auf Auslagerungssachverhalte einer Investmentaktiengesellschaft Anwendung. Es ist jedoch im Lichte der Besonderheiten eines Investmentvermögens in Satzungsform und dem hieraus resultierenden Bedürfnis nach einer schlanken Struktur auszulegen und zu konkretisieren. Als Alternative zur Auslagerung einzelner Tätigkeiten sollte der Gesetzgeber die Kodifizierung einer fremdverwalteten Investmentaktiengesellschaft, wie bereits in den anderen europäischen Jurisdiktionen üblich, in Betracht ziehen.

6. Für das Problem einer „feindlichen Übernahme" enthält das Investmentgesetz gegenwärtig keine ausreichenden Schutzvorschriften. Im Rahmen der Vertragsgestaltung sind deshalb in die Satzung der Gesellschaft und in das sonstige Vertragswerk Regelungen aufzunehmen, die die Gefahr einer solchen Übernahme auf ein theoretisches Maß reduzieren. Das Recht zur Bestellung eines Teils der Aufsichtsratsmitglieder durch den Initiator und Klauseln zur Sicherung der von diesem zur Verfügung gestellten Zeichenrechte seien als Beispiele genannt. Sollte sich der Gesetzgeber im Rahmen der Überarbeitung des Investmentgesetzes dazu entschließen, es einer Investmentaktiengesellschaft zu erlauben nach liechtensteinischem Vorbild stimmrechtslose Aktien begeben zu dürfen, so wäre das Problem einer feindlichen Übernahme gelöst.

7. Als Kapitalgesellschaft fällt die Investmentaktiengesellschaft in den Anwendungsbereich der Insolvenzordnung. Weder das Investmentgesetz noch die Insolvenzordnung sehen eine Lösung für das Problem der Zahlungsunfähigkeit eines Teilfonds vor. In Analogie zu § 11 Abs. 2 Nr. 2 InsO kann über das betroffene Teilgesellschaftsvermögen ein Insolvenzverfahren eröffnet werden, insbesondere um die Aktionäre der „gesunden" Teilfonds vor unnötigem Schaden zu bewahren. Die Aufnahme einer Lösung dieses Problems in das Gesetz wäre zu begrüßen.

8. Aufgrund seiner ausdrücklichen Nennung in § 99 Abs. 3 InvG findet auch der investmentrechtliche Spezialfall der Verschmelzung des § 40 InvG auf eine Investmentaktiengesellschaft Anwendung. Gemäß dem in dieser Arbeit gefundenen Ergebnis können klassische Sondervermögen und Teilfonds eines solchen auf eine Investmentaktiengesellschaft verschmolzen werden, gleiches gilt für Teilfonds derselben Investmentaktiengesellschaft. Eine Klarstellung im Gesetz ist mit Blick auf das Sacheinlageverbot des § 103 Abs. 1 Satz 2 InvG erforderlich, da dieses in § 40 Satz 1 InvG nicht ausdrücklich genannt wird. Ferner sollte in Zukunft auch die Verschmelzung einer Investmentaktiengesellschaft oder ihrer Teilfonds auf ein anderes Investmentvermögen zulässig sein. Schließlich sollten Verschmelzungstatbestände unter Einbeziehung einer Investmentaktiengesellschaft ebenfalls in den Genuss der steuerlichen Privilegien des § 14 InvStG gelangen. Diese Schritte sind für die Vollendung der Gleichstellung von Sondervermögen und Investmentaktiengesellschaft erforderlich.

9. Der Gesetzgeber des Investmentänderungsgesetzes hat die Bedürfnisse der Praxis weitestgehend erkannt und mit der Reform der Vorschriften über die Investmentaktiengesellschaft einen im europäischen Vergleich weitestgehend wettbewerbsfähigen rechtlichen Rahmen geschaffen. Viele der in dieser Arbeit herausgearbeiteten praxisbezogenen Rechtsfragen werden aufgrund der Reformen behoben. Wenngleich das Investmentänderungsgesetz grundsätzlich nicht Gegenstand der Untersuchungen in dieser Arbeit ist, wurden jedoch bereits bei der Einbeziehung des künftigen Rechts in die Analyse der gelten Vorschriften erste klärungsbedürftige Fragen identifiziert. Entscheidend ist jedoch, dass der neue Rahmen als der endgültige Durchbruch der Investmentaktiengesellschaft als Plattform für deutsche Investmentfonds angesehen werden kann. Künftige Unklarheiten werden sich bei entsprechend ausführlicher Diskussion auf der Grundlage des neuen Investmentrechts unter

Hinzuziehung der Grundsätze der rechtswissenschaftlichen Lehre und Methodik lösen lassen – dies hat diese Arbeit für den rechtlichen Rahmen des Investmentmodernisierungsgesetz gezeigt.

# Literaturverzeichnis

*Baumbach Adolf/ Hopt, Klaus J.* , Handelgesetzbuch, 31. Aufl., München 2003.

*Baums, Theodor/ Kiem, Roger*, Die Investmentaktiengesellschaft mit veränderlichem Kapital, in: Festschrift für Walther Hadding, 2004, S. 741.

*Baums, Theodor*, Spartenorganisation, "Tracking Stock" und deutsches Aktienrecht, in: Verantwortung und Gestaltung, Festschrift für Karlheinz Boujong, 1996, S. 19.

*Baur, Jürgen*, Investmentgesetz, 2. Aufl., Berlin u.a. 1997.

*Beckmann, Klaus/ Scholtz, Rolf-Detlev*, Investment: Ergänzbares Handbuch für das ganze Investmentwesen, Kommentar, Losebl.-Ausg., Stand: Juli 2006 Berlin.

*Berger, Hanno/ Steck, Kai-Uwe*, Regulierung von Hedgefonds in Deutschland, ZBB 2003, S. 192.

*Bieber, Roland/ Epiney, Astrid/ Haag, Marcel*, Die Europäische Union, 6. Aufl., Baden- Baden 2005.

*Boos, Karl Heinz/ Fischer, Reinfrid/ Schulte-Mattler, Hermann*, Kreditwesengesetz, 2. Aufl., München 2004.

*Borries von, Reimer/ Petschke, Matthias*, Gleichwertigkeitsklausel als Instrument zur Gewährleistung des freien Warenverkehrs in der Europäischen Gemeinschaft, DVBl. 1996, 1343.

*Brauer, Ulrich*, Die Zulässigkeit der Ausgabe von sog. „Tracking Stocks" durch Aktiengesellschaften nach deutschem Recht, AG 1993, S. 342.

*Brinkhaus, Josef/ Scherer, Peter*, Kommentar zum Gesetz über Kapitalanlagegesellschaften und Auslandinvestment-Gesetz, München 2003.

*Burger, Anton/ Schellberg, Bernhard*, Die Auslösetatbestände im neuen Insolvenzrecht, BB 1995, 261.

*Bydlinski, Franz*, Juristische Methodenlehre und Rechtsbegriff, 2. Aufl., Wien 1991.

*Calliess, Christian/ Ruffert, Matthias*, Kommentar zum EU- und EG-Vertrag, 2. Aufl., Neuwied 2002.

*Canaris, Claus-Wilhelm*, Die richtlinienkonforme Auslegung und Rechtsfortbildung im System der juristischen Methodenlehre, in: Festschrift für Bydlinski 2002, S. 47.

*Coenenberg, Adolf Gerhard*, Jahresabschluss und Jahresabschlussanalyse, 17. Aufl., Landsberg am Lech 2000.

*Dieterich, Niklas*, Outsourcing bei Kapitalanlagegesellschaften, Frankfurt am Main, 2005.

*Escher Markus/Walz Christian*, Diskussionsentwurf für eine grundlegende Reform des Investmentrechts, BKR 2003, S. 645 ff.

*Eyles, Uwe*, Das Niederlassungsrecht der Kapitalgesellschaften in der Europäischen Gemeinschaft, Baden-Baden 1990.

*Fischer, Carsten*, Die Investmentaktiengesellschaft mit veränderlichem Kapital – Ein Organismus im Sinn der OGAW-Richtlinie (unveröffentlichte Magisterarbeit), Würzburg 2006.

*Fischer, Peter/ Köck, Heribert/ Karollus, Margit Maria*, Europarecht, 4. Aufl., Wien 2002.

*Fock, Till*, Investmentbesteuerung im künftigem Recht, BB 2003, 1589.

*Förster, Wolfgang/ Hertrampf, Urte*, Das Recht der Investmentfonds, 3. Auflage, Neuwied 2000.

*Fromm, Andreas*, Die société d'investissement à capital variable (SICAV) als Steuersubjekt der Mehrwertsteuer - gleichzeitig Anmerkungen zum Urteil des EuGH vom 21.10.2004, C-8/03, IStR 2005, 227.

*Fuchs, Andreas*, ECLR – Tracking Stock – Spartenaktien als Finanzierungsinstrument für deutsche Aktiengesellschaften, ZGR 2003, 167 ff.

*Geißelmeier, Werner/Gemmel, Heiko*, Neuerungen des Investmentsteuergesetzes im Rahmen des Richtlinien-Umsetzungsgesetzes, DStR 2005, 45 ff.

*Gernhuber, Joachim*, Die fiduziarische Treuhand, JuS 1988, 355.

*Geßler, E.*, Das Recht der Investmentgesellschaften und ihrer Zertifikatsinhaber, WM 1957, Sonderbeilage Nr. 4, S. 10.

*Golland, Franz/ Gelhaar, Lars/ Grossmann, Klaus/ Eickhoff-Kley, Xenia/ Jänisch, Christian*, Mezzanine-Kapital, BB 2005, Beilage zu Heft 13, S. 1.

*Grabitz, Eberhard/ Hilf, Meinhard (Hrsg.)*, Das Recht der Europäischen Union, Kommentar, Losblattsammlung, Stand: Dezember 2005, München 2005.

*Groß, Wolfgang*, Kapitalmarktrecht, 2. Aufl., München 2002.

*Grunewald, Barbara*, Der Ausschluss aus Gesellschaft und Verein, 1987, S. 152.

*Gstädtner, Thomas/ Elicker, Michael*, Das Aufsichtsrecht der Hedgefonds – Anspruch und Wirklichkeit, BKR 2006, 91.

*Henn, Günter*, Handbuch des Aktienrechts, 7. Aufl., Heidelberg 2002.

*Henssler, Martin*, Treuhandgeschäft – Dogmatik und Wirklichkeit, in Archiv für die civilistische Praxis, Band 196, 37.

*Hermanns, Marc,* Die Investmentaktiengesellschaft nach dem Investmentmodernisierungsgesetz - eine neue Gesellschaftsform, ZIP 2004, 1297.

*Hoffmann-Becking, Michael,* Münchener Handbuch des Gesellschaftsrechts, Band 4 Aktiengesellschaft, 2. Auflage, München 1999 (zitiert nach Bearbeitern).

*Hopt, Klaus/ Wiedemann, Klaus (Hrsg.),* Aktiengesetz, Großkommentar, 4. Aufl., Berlin 1992, 2004 (zitiert nach Bearbeitern).

*Hüffer, Uwe,* Aktiengesetz, 7. Aufl., München 2006.

*Ingerl, Reinhard/ Rohnke, Christian,* Markengesetz, 2. Aufl., München 2003.

*Jaeger, Ernst (Hrsg.),* Konkursordnung, Großkommentar,, 8. Aufl., Berlin 1997 (zitiert nach Bearbeiter).

*Jarass, Hans D./ Beljin, Sasa,* Die Bedeutung von Vorrang und Durchführung des EG-Rechts für die nationale Rechtsatzung und Rechtsanwendung, NVwZ, 2004, S. 1.

*Jarass, Hans D.,* Richtlinienkonforme Interpretation nationalen Rechts bzw. EG- rechtskonforme Auslegung nationalen Rechts, EuR 1991, 211.

*Kallmeyer, Harald,* Kommentar zum Umwandlungsgesetz, 3. Aufl., Köln 2006.

*Kaune, Clemens R./ Oulds, Mark K.,* Das neue Investmentgesetz, ZBB 2004, S. 114.

*Kilger, Joachim,* Kurzkommentar zu BGH, Urt. v. 25.10.1990 – IX ZR 13/90, EWiR 1991, S. 109.

*Köndgen, Johannes/ Schmies, Christian,* Die Neuordnung des deutschen Investmentrechts, WM 2004, Sonderbeilage Nr. 1/2004, S. 2.

*Kugler, Stefan/ Rittler, Thomas*, Viertes Finanzmarktförderungsgesetz - Aufbruch zu neuen Ufern im Investmentrecht?, BB 2002, 1001.

*Kübler Bruno/Prütting Hanns*, Kommentar zur Insolvenzordnung, Losblattsammlung, Köln Stand: März 2006 (zitiert nach Bearbeitern).

*Lang, Norbert*, Das Investmentgesetz - Kein großer Wurf, aber ein Schritt in die richtige Richtung, WM 2004, 53 ff.

*Larenz, Karl*, Methodenlehre der Rechtswissenschaft, 6. Auflage, Berlin u.a. 1991.

*Larenz, Karl/ Canaris, Claus-Wilhelm*, Methodenlehre der Rechtswissenschaft, 3. Aufl., Berlin 1995.

*Larenz, Karl/ Wolf, Manfred*, Allgemeiner Teil des Bürgerlichen Rechts, 9. Aufl., München 2004.

*Leistikow, Michael/ Ellerkmann, Dirk*, Neuerungen nach dem Investmentgesetz, BB 2003, 2693.

*Liebich, Dieter/ Mathews, Kurt*, Treuhand und Treuhänder in Recht und Wissenschaft, 2. Aufl., Herne 1983.

*Loges, Rainer/ Distler, Wolfram*, Gestaltungsmöglichkeiten durch Aktiengattungen, ZIP 2002, 469.

*Looschelders, Dirk/ Roth, Wolfgang*, Juristische Methodik im Prozess der Rechtsanwendung, Berlin 1996.

*Lübbehüsen, Dieter/ Schmitt, Rainer*, Geplante Änderungen bei der Besteuerung der Investmentanlage nach dem Referentenentwurf zum neuen Investmentsteuergesetz, DB 2003, 1696.

*Lübbehüsen, Dieter/ Schmitt, Rainer*, Investmentsteuergesetz - Änderungen gegenüber dem Regierungsentwurf, DB 2004, 268.

*Lutter, Marcus,* Die Auslegung angeglichenen Rechts, JZ 1992, 593.

*Luttermann, Claus,* Die „mangelhafte" Umsetzung europäischer Richtlinien, EuZW 1998, 264.

*Maunz, Theodor/Dürig, Günter,* Grundgesetz, Loseblatt-Kommentar, München Stand: 47. Erg. 6/2006.

Münchener Kommentar zum Aktiengesetz, Bd. 1 (2000), Bd. 2 (2003), Bd. 3 (2004), Bd. 4 (2004), Bd. 6 (2005), Bd. 7 (2001), Bd. 9/1 (2004), 2. Aufl., München (zit.: MüKo-AktG/Bearbeiter).

Münchener Kommentar zum Bürgerlichen Gesetzbuch, Bd. 1 (2001), Bd. 2a (2003), Bd. 4 (2005), 4. Aufl., München (zit.: Müko-BGB/Bearbeiter).

Münchener Kommentar zum Handelsgesetzbuch, Bd. 1 (2005), 2. Aufl. München 1996, (zit.: Müko-HGB/Bearbeiter).

*Müller, Welf/Rödder Thomas,* Beck'sches Handbuch der AG, München 2004 (zitiert nach Bearbeiter).

*Ohler, Christoph,* Der Status von Finanzdienstleistungen in EGV und GATS, ZEuS 2002, 321.

*Palandt, Otto,* Bürgerliches Gesetzbuch, 66. Aufl., München 2007.

*Pluskat, Sorika,* Die Investmentaktiengesellschaft mit veränderlichem Kapital - Tot- oder Lebendgeburt?, WM 2005, 772.

*Raiser, Thomas/ Veil, Rüdiger,* Das Recht der Kapitalgesellschaften, 4. Aufl., München 2004.

*Rüthers, Michael,* Rechtstheorie, München 1999.

*Schäcker, Hanns-Erhard,* Entwicklung und System des Investmentsparens, Knapp 1961, S.111.

*Schellberg, Bernhard,* Die Auslösetatbestände im neuen Insolvenzrecht, BB 1995, 261.

*Schmidt, Karsten,* Gesellschaftsrecht, 4. Aufl., Köln u.a. 2002.

*Schwark, Eberhard,* Börsengesetz, 3. Aufl., München 2004.

*Semler, Johannes,* Umwandlungsgesetz, München 2003 (zitiert nach Bearbeiter).

*Staudingers, Julius von (Hrsg.),* Kommentar zum Bürgerlichen Gesetzbuch, 13. Aufl., Bearbeitung 2003, Berlin 2003 (zitiert nach Bearbeiter).

*Steck, Kai-Uwe,* Regulierung von US-amerikanischen Investmentgesellschaften (Investment Companies), Frankfurt am Main, 2000.

*Steck, Kai-Uwe / Schmitz, Rainer,* Die Investmentaktiengesellschaft mit veränderlichem und fixem Grundkapital. Eine (neue) Rechtsform für Kapitalanlagen, AG 2004, 658 ff.

*Streinz, Rudolf,* Europarecht, 7. Aufl., Heidelberg, 2005.

*Streinz, Rudolf,* Kommentar zum EUV/EGV, München 2003.

*Thoma, Georg F./Steck, Kai-Uwe,* "The Investmentaktiengesellschaft" (German closed-end-fund) - Investmentalternative oder gesetzgeberischer Fehlschlag?, AG 2001, 330.

*Tratz, Klaus,* Die Novellierung des Investmentrechts 1998 nach dem Dritten Finanzmarktförderungsgesetz, Frankfurt 1998.

*Ulmer, Peter,* Abfindungsklauseln in Personengesellschafts- und GmbH-Verträgen – Plädoyer für die Ertragswertklausel, in: Festschrift für Karlheinz Quack, de Gruyter 1991, S. 477.

*Volhard, Patricia/ Kayser, Joachim,* Die Investmentaktiengesellschaft – Status Quo und Entwicklungsmöglichkeiten, Absolut Report Nr. 30, 2006, 44.

*Vollbracht, Jörg,* Investmentmodernisierungsgesetz, Herausforderungen bei der Umsetzung der OGAW-Richtlinie, Schriftenreihe des Instituts für Bankrecht der Johann Wolfgang Goethe-Universität Frankfurt am Main, Nr. 13.

*Vollmer, Lothar/ Lorch, Bernhard,* Der Schutz des aktienähnlichen Genußkapitals bei Kapitalveränderungen, ZBB 1992, 44 ff.

*Wilderink, Wilhelm,* Die Auflösung, die Übertragung und die Verschmelzung von Investmentfonds, Frankfurt am Main, 2003.

*Wimmer, Klaus,* Frankfurter Kommentar zur Insolvenzordnung, 3. Aufl., Neuwied 2001.

*Zerwas, Herbert/ Hanten, Mathias,* Outsourcing bei Kredit- und Finanzdienstleistungen, WM 1998, 1111.

*Zöllner, Wolfgang (Hrsg.),* Kölner Kommentar zum Aktiengesetz: 2. Aufl., Bd. 1 (1998), Bd. 2 (1996), Bd. 5/1 (1995), Köln.

*Zöllner, Wolfgang,* Gerechtigkeit bei der Kapitalerhöhung, AG 2002, 585.

**Studien zum europäischen Privat- und Prozessrecht**

Herausgegeben von Marina Wellenhofer
Begründet von Prof. Dr. Manfred Wolf

www.peterlang.de

**Peter Lang · Internationaler Verlag der Wissenschaften**

Linda Kristina Kasberg

# Steuerliche Aspekte der Investment-Aktiengesellschaft

Frankfurt am Main, Berlin, Bern, Bruxelles, New York, Oxford, Wien, 2007.
XXXVI, 229 S.
Europäische Hochschulschriften: Reihe 2, Rechtswissenschaft. Bd. 4547
ISBN 978-3-631-56642-8 · br. € 48.70*

Ausgangspunkt des Buches ist die durch das Investmentsteuergesetz zum 1.1.2004 gewährte transparente Besteuerung der Ebene der Investment-Aktiengesellschaft. Die Autorin untersucht neben umsatzsteuerlichen und internationalen Aspekten die Einhaltung des investmentsteuerlichen Transparenzprinzips sowie dessen Rechtfertigung und Praktikabilität in Bezug auf die Investment-Aktiengesellschaft. Dabei kommt sie zu dem Ergebnis, dass die transparente Besteuerung der Investment-Aktiengesellschaft als Unterform einer Aktiengesellschaft ambivalent zu beurteilen ist.

*Aus dem Inhalt*: Wesen der Investment-Aktiengesellschaft · Grundlagen der Besteuerung · Steuerliche Behandlung der Ebene der Investment-Aktiengesellschaft sowie ihrer Anteilseigner · Internationale Aspekte bei der Besteuerung der Investment-Aktiengesellschaft · Berechtigung und Praktikabilität der transparenten Besteuerung der Investment-Aktiengesellschaft

Frankfurt am Main · Berlin · Bern · Bruxelles · New York · Oxford · Wien
Auslieferung: Verlag Peter Lang AG
Moosstr. 1, CH-2542 Pieterlen
Telefax 00 41 (0) 32 / 376 17 27

*inklusive der in Deutschland gültigen Mehrwertsteuer
Preisänderungen vorbehalten
**Homepage http://www.peterlang.de**